WELCOME TO RIO

IMPRESSUM

Bibliografische Information der Deutschen Nationalbibliothek:
Die Deutsche Nationalbibliothek verzeichnet diese Publikation in der Deutschen Nationalbibliografie; detaillierte bibliografische Daten sind im Internet über http://dnb.d-nb.de abrufbar.

Copyright@2016 Verlag Die Werkstatt GmbH
Lotzestraße 22a
D-37083 Göttingen
www.werkstatt-verlag.de
Alle Rechte vorbehalten

Projektmanagement:
Spobucom, München

Herausgeber:
Ulrich Kühne-Hellmessen, Schondorf

Autor:
Detlef Vetten, Berlin

Redaktionelle Mitarbeit:
Klaus Feuerherm

Schlussredaktion:
Die Werkstatt, Göttingen

Fotos:
Getty Images, München
picture alliance, Frankfurt am Main
Barbara Ellen Volkmer, Berlin

Grafik:
Véronique de Céa, Berlin
Uwe Langner, Berlin

Druck und Bindung:
Grafisches Centrum Cuno, Calbe

ISBN 978-3-7307-0246-8

DER HERAUSGEBER

Ulrich Kühne-Hellmessen (Jhg. 1957) hat über London 2012 und Sotschi 2014 Olympiabücher herausgebracht. Ereignisbücher hat er seit 2004 veröffentlicht, darunter 2014 den Bestseller »Der Triumph von Rio«. Dazu kommen Biografien über Matthias Sammer [»Der Feuerkopf«], Lothar Matthäus [»Der Leitwolf«], Rudi Völler [»Ruuuuudi«] oder Franz Beckenbauer [»Schaun mer mal«] sowie diverse Sachbücher. Die drei Bände »Verrückter Fußball« haben sich in diversen Auflagen über 200.000-mal verkauft. Der Hobbygolfer ist Autor, Herausgeber und Produzent von weit über 60 Sportbuchtiteln. Kühne-Hellmessen war Sportkoordinator bei der Nachrichtenagentur dapd, geschäftsführender Chefredakteur beim Sportverlag Europa, Sportchef beim »Blick«, stellvertretender Sportchef bei »Bild«, Chefreporter bei »Sport-Bild«, leitender Redakteur beim »Kicker«, und lernte Journalismus beim »Westfalen-Blatt« in Bielefeld. Mit der Firma Spobucom hat er sich auf die Produktion von Sportbüchern spezialisiert.

DER AUTOR

Detlef Vetten (Jahrgang 1956) landete nach einem Abstecher in die französische Schauspielerei bei der »Schwäbischen Zeitung«. Weitere Stationen: die Münchner »Abendzeitung«, der »Stern« und »Sports«. Nach zehn Jahren als freier Journalist übernahm Vetten die Chefredaktion von »Horizont Sport Business«, er führte die Lokalredaktion der »AZ« und war Chefreporter der Nachrichtenagentur dapd. Der Extremsportler wurde mehrfach mit Preisen des Verbands Deutscher Sportjournalisten ausgezeichnet (der letzte datiert aus dem Jahr 2013), schrieb ein Standardwerk über Adidas, verfasste eine autorisierte Biografie über den Boxer Henry Maske und die literarische Reportage »50 Tage lebenslänglich«. Sie landete ebenso in den Bestsellerlisten wie »Der Triumph von Rio« 2014 und »Triple«, beide im Verlag Die Werkstatt erschienen. Sein neuestes Werk ist eine Biografie über Gerd Schönfelder mit dem Titel »Sieger«, die ebenfalls im Verlag Die Werkstatt erscheint.

PROLOG MIT PAUKEN UND TROMPETEN
10.500 Sportler aus 208 Nationen. 306 Siegerzeremonien in 34 Sportarten. 25.000 Journalisten und 3.000 Offizielle. Die Mega-Spiele der Neuzeit mögen beginnen. Bunt wird es werden in Rio, der Stadt des Samba, des Karnevals und von Olympia – von der Eröffnung bis zur Schlussfeier.

NICHT HÄNGEN LASSEN!
Der 24-jährige Monegasse Kevin Crovetto ist ein echter Olympionike. Sein Motto in Rio: Dabei sein ist alles. Vier Jahre hat er sich im Training geschunden und beim Erlernen neuer, gefährlicher Elemente nie aufgegeben. Jetzt geht's ans Gerät, und der Turner weiß: Nach dem Vorkampf ist Schluss. Macht nichts. Hauptsache, er war am Start.

WEIT HINAUSGELEHNT
Gemma Jones und Jason Saunders aus Neuseeland hetzen den Spitzenbooten hinterher. Sie sind positiv überrascht: Vor einem Jahr noch pflügten die Segler in der Lagune durch eine Brühe von Müll, einige holten sich gar die »Krätze«. 2016 ist das Wasser ganz annehmbar. Es gibt sogar Sieger, die vor Freude ein schmutziges Bad nehmen.

GUCK MAL, WER DA BAGGERT
Volles Haus an der Copacabana. Beachvolleyball ist ein Publikumsrenner bei den Spielen von Rio. Die Matches sind spannend, die Sportler machen echt was her. Und wenn Agatha und Barbara im Sand zugange sind, halten die Menschen auf der Tribüne die Luft an.

FLIEG, LIEBCHEN, FLIEG!
Marina Durunda aus Aserbeidschan wirbelt mit den Bändern, dass den Zuschauern schwindlig wird. In Brasilien sind die Menschen entzückt, dass es diese Sportart bei Olympia gibt. Das ist ja eine Farb-Orgie und ein Fest der Schönheit – wie gemacht für die Stadt, in der der Karneval das Höchste ist.

AUF. AB. SPRUNG. SIEG
Anthony Dean aus Australien führt. Der Mann hat schon 25 Jahre auf dem gestählten Buckel, ein älterer Herr in BMX-Kreisen ist er. Im Januar hat er sich beim Radfahren über widriges Gelände das Schlüsselbein gebrochen. Seine Konkurrenten sind jung und noch nicht nachhaltig verletzt gewesen (einige zumindest). Sie alle wollen den Sieg im Viertelfinale bei Olympia. Und wer führt? Anthony.

SIEH AN, ES IST BEI UNS!
Die Favela hat den Namen Mangueira. Man hat es sauber, man hat seinen Stolz, man lebt gern hier. Der junge Nachbar ist mit den Kids gekommen. Die Männer stehen und schauen zu, wie die Welt zuschaut. Es ist ein gutes Gefühl, Olympia im Land zu haben.

ALLEZ HOPP!
Pénélope Leprévost muss »Flora de Mariposa« nicht sonderlich motivieren. Das Tier trägt seine Reiterin im olympischen Springen bravourös ein Hindernis weiter. Sie ist nie ganz unumstritten gewesen, die Französin – doch in Rio entwickelt sich alles »formidablement«. Pénélope und Flora gewinnen mit der Mannschaft Gold.

STOPP! HAB DICH! ODER NICH?
Gib her das Ding! Nein, niemals! Der Südafrikaner Rosko Speckman wird vom Briten Dan Norton arg bedrängt. Aber im olympischen Rugby-Turnier – zumal im Halbfinale – lässt man sich das Ei nicht einfach wegklauben. Da kämpft man bis zum letzten Grashalm. Nützt beiden aber nichts. Gold gewinnen schlussendlich: die Kerle von den Fidschis.

GUTER RAT: NIMM'S BESTE
Da sind die Räder der besten australischen Radfahrer. Die dürfen bei Olympia mitmachen, werden aber keine Medaille gewinnen. Doch sie werden nicht vergessen, was sie erlebt haben in Brasilien, als das Land die Szenerie für Olympia gewesen ist. Sie werden sich immer erinnern an den Usain und den Phelps, an den Cancellara und die Landsfrau Emma McKeon. Sie werden ihre Räder in die Garage schieben und sagen können: Ich war dabei ...

INHALT

Mit Sport spielt man nicht — – 28 –

Die deutschen Medaillen — – 36 –

Alle deutschen Teilnehmer — – 42 –

Olympia-Tagebuch

- *Tag 1* – Entflammt für die Spiele — – 44 –
- *Tag 2* – Siegen und Fair-lieren — – 50 –
- *Tag 3* – Abgetaucht, aufgetaucht — – 56 –
- *Tag 4* – Kleine, ganz groß — – 62 –
- *Tag 5* – Stille Sieger — – 68 –
- *Tag 6* – Der Tag danach — – 74 –
- *Tag 7* – Geht doch! — – 80 –
- *Tag 8* – Zum Glück getänzelt — – 86 –
- *Tag 9* – GOLD! — – 92 –
- *Tag 10* – Der Vorläufer — – 98 –

Die Stars von Rio 2016 — – 104 –

Olympia-Tagebuch

- *Tag 11* – Der Ringe-Kämpfer — – 110 –
- *Tag 12* – Endlich! — – 116 –
- *Tag 13* – Golden Girls — – 124 –
- *Tag 14* – Wenn Träume wahr werden — – 130 –
- *Tag 15* – Mannomann, diese Frau! — – 136 –
- *Tag 16* – Flugs mal Gold gewonnen — – 142 –
- *Tag 17* – Final Countdown — – 148 –

Die teilnehmenden Nationen — – 154 –

Sieger und Platzierte

Ergebnisse / Statistik — – 156 –

Medaillenspiegel — – 172 –

EDITORIAL

TEAMGEIST!

Liebe Leser

Olympia in Rio hat uns mal wieder fasziniert. Mit seinen Superstars wie Usain Bolt oder Michael Phelps und mit deutschen Tugenden, die wir schon vergessen glaubten. Wir sind Teamplayer!

Auch wenn die Handballer in letzter Sekunde den Einzug ins Finale verpassten, die Fußball-Männer im letzten Elfmeter am Gold scheiterten: Im Mannschaftssport sammelten wir Medaillen wie nie zuvor. Das gilt für die Kanuten ebenso wie für die Reiter und für ein Traumpaar, das sich durch den Sand der Copacabana und in unsere Herzen baggerte: Laura Ludwig und Kira Walkenhorst.

Dieser Teamgeist hat auch uns infiziert. **OLYMPIA – Stars & Spiele** ist mit sportlicher Leidenschaft, großem Kämpferherz und dem notwendigen Ehrgeiz entstanden, um die Faszination von Olympia packend zu reflektieren. Schauen Sie rein in unser Tagebuch und erleben Sie die spannenden Spiele, herausragenden Könner in packenden Storys und faszinierenden Fotos.

Viel Spaß beim Lesen wünscht

ULRICH KÜHNE-HELLMESSEN
Herausgeber

MIT SPORT SPIELT MAN NICHT

von
DETLEF VETTEN

Historische Sternstunden für Usain Bolt und Michael Phelps. Ein golden glänzendes Karriere-Finale für Florian Hambüchen. Herz-

FLUCHT IN DEN SCHATTEN. Auch beim Dressurreiten blieb die halbe Tribüne leer – besonders dort, wo Brasiliens Wintersonne brannte.

schlag-Entscheidungen im Hockey und Handball. Bärenstarke Ringerinnen, aufgelöst in Tränen der Freude oder der Enttäuschung. Olympia in Rio ließ an Dramatik nichts aus, was der Sport zu bieten hat. Millionen ließen sich faszinieren, bis in die späte Nacht hinein. Doch was an dieser Show war makellos und was nur schöner Schein?

Die dunkle Seite Olympias hat viele Schattierungen, die nur zuweilen durch Schlaglichter erhellt werden. In der Kalenderwoche 33 erscheinen am Mittwoch ein Dutzend Anzugträger und ein Trupp Uniformierter der Polícia Civil in den edlen Hallen des Hotels »Windsor Marapendi«. Höflich und diskret nehmen sie den 71-jährigen Patrick Hickey fest.

Der Mann ist ein distinguierter, silberhaariger Herr und bekleidet die Präsidentschaft des Nationalen Olympischen Komitees Irlands (OCI) sowie den Chefposten des Europäischen Olympischen Komitees (EOC). Nun aber zieht sich eine Schlinge zu.

Der Funktionär soll beim Schwarzhandel mit Eintrittskarten an den Strippen gezogen haben. Außerdem wird ihm die Bildung einer kriminellen Vereinigung vorgeworfen. Belastende E-Mails haben die Ermittler gefunden, die Beweislage sei überzeugend, heißt es. Insgesamt sollten Tickets für Top-Events für bis zu 2,8 Millionen Euro verkauft werden. Auch einen Fluchtversuch habe es gegeben. Hickeys Olympia-Akkreditierung und ein Flugticket werden beschlagnahmt, ihm drohen bis zu sieben Jahre Haft.

Wieder mal wird in der Chefetage des Internationalen Olympischen Komitees (IOC) eine Krisensitzung anberaumt. Danach gehen die Olympier in gewohnter Saubermann-Attitüde an die Öffentlichkeit. »Wir werden umfassend kooperieren«, erklärt IOC-Sprecher Mark Adams, er habe volles Vertrauen in das brasilianische Rechtssystem. Aber: »Für jeden gilt die Unschuldsvermutung.«

Typisch Olympia 2016, mögen jetzt übel-

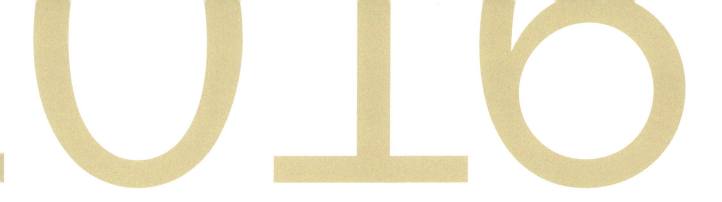

ORIGINELLES OUTFIT. Nicht alle Brasilianer ließ Olympia kalt. Dieser Fan unterstützte die Marathonfrauen.

launige Dauernörgler maulen. Den Dopingsumpf trocknen sie nicht aus, die politischen Verwicklungen werden nicht entwirrt, das Schieben und Schummeln nimmt kein Ende – und jetzt müssen sie sich auch noch mit einem Ticket-Skandal herumschlagen.

Andere Beobachter sehen es spöttisch. Wie kann man mit überteuerten Eintrittskarten denn bei diesen Olympischen Spielen die Big Deals machen – wo doch bei vielen Veranstaltungen die Zuschauerränge arg licht sind.

Das kennt man von Spielen so gar nicht: dass sogar bei Final-Wettbewerben ganze Reihen auf den Rängen leer bleiben. Hat Olympia ein Problem? Bleiben die Zuschauer weg? Verliert sich das Interesse an den Spielen der Jugend?

Ach was! Der Sport zieht noch immer, die TV-Einschaltquoten sind weltweit zufriedenstellend. Und die Macher bilanzieren, die Spiele seien für Brasilien und für Rio im Besonderen ein großer Erfolg. Das trifft zu, wenn der Besucher sich dort umsieht, wo der Sport nicht weit ist. Rund um die Arenen pulsiert das Leben, die Menschen sind vom Treiben der Sportler inspiriert. Zu einem Hotspot der Spiele entwickelt sich zum Beispiel die Beachvolleyball-Anlage. Hier lassen die Fans ihrer Lebenslust freien Lauf. Hier können sie schließlich auch noch die Goldmedaille von Sand-Männern aus dem eigenen Land bejubeln.

Fußball, Volleyball, Reiten, Leichtathletik – das sind Selbstgänger in Rio. Bei den Schwimmern jedoch bleiben Hunderte von Zuschauerplätzen leer, die Stimmung machen – wenn überhaupt – Sport-Touristen aus den USA, aus China, aus England oder Japan.

Die Abermillionen in der Stadt nehmen das Ereignis mit fröhlicher Sympathie hin. Olympia ist eine schöne Abwechslung, die Getränkeverkäufer an der Copacabana machen überdurchschnittlich gute Geschäfte, die Fremden sind willkommen und werden lachend aufgenommen. Olympia – das ist ein gern gesehener Anlass, sich über die Probleme des Alltags hinwegzufeiern.

Eines aber wissen die Menschen in Rio. Olympia macht ihre Stadt nicht lebenswerter. Die Sonderspuren auf den Stau-Straßen werden nach den Spielen verschwinden. Die neuen öffentlichen Verkehrsmittel fahren ins Irgendwo, aber nicht in die eigene Favela. Die Arbeitslosen bleiben arbeitslos – und von dem

DER HERR DER RINGE. Keine einfachen Tage hatte IOC-Präsident Thomas Bach.

DEUTSCHE BILANZ. Der Chef de Mission Michael Vesper (links), Fahnenträger Timo Boll, DOSB-Präsident Alfons Hörmann.

ganzen schönen Olympia-Geld haben die Brasilianer nicht viel.

Olympia lässt die Quellen sprudeln. Das Business mit den Ringen: offenbar ein Selbstläufer. In der Zeit von 2013 bis 2016 macht das IOC Einnahmen in Höhe von 5,0 Milliarden Euro. Im Vergleich zu den Jahren von 2009 bis 2012 ist das ein Plus von 6,2 Prozent.

Das große Geld erwirtschaften die Olympier durch den Verkauf von TV-Rechten (3,6 Milliarden Euro/Steigerung 7,1 Prozent) und durch das TOP-Marketingprogramm (0,89 Milliarden Euro/Steigerung 7,6 Prozent).

Es ist ja, so argumentieren die Herrschaften des IOC, für einen guten Zweck. 90 Prozent der Einnahmen werden an die olympische Familie ausgeschüttet. Das sind die internationalen Fachverbände, die NOKs und die Organisationskomitees. Die restlichen zehn Prozent fließen in die Eigenfinanzierung der Organisation für Personal oder Verwaltung.

Via Olympic Solidarity werden Vorbereitung und Ausstattung der einzelnen Teams aus einem Solidarfond unterstützt. Darüber hinaus partizipieren die NOKs an den Vermarktungseinnahmen. Für Athen erhielten die NOKs 209 Millionen Euro, für London 2012 waren es schon 465 Millionen Euro.

Mit diesen und mit vielen anderen Win-to-win-Zahlen deckt das IOC die Öffentlichkeit ein.

Olympia, so schwärmen Pressesprecher der Institutionen, sei ein logistisches Meisterstück. In den Hochhäusern für die Sportler, Trainer und Betreuer gibt es 19.000 Betten, 10.650 Schränke, 11.152 Klimaanlagen, 3.604 Sofas, 120.580 Handtücher. Klingt beeindruckend – doch nach dem Einchecken sind Olympia-Routiniers erst einmal enttäuscht. Die Pools, die Fahrradwege und die Tennisplätze sind sonnengeflutet und sehen toll aus. Aber drinnen wirkt's eher kärglich: schmale Betten mit Eisengittern. Statt Kleiderschränken gibt es mit Reißverschlüssen versehene Plastikboxen. Der Sprinterstar Usain Bolt geht fix mal shoppen, nachdem er die Bude besichtigt hat. Er kauft 'nen Fernseher.

Nach den Spielen freilich wird es exklusiv im ehemaligen olympischen Dorf. Da ist zum Beispiel der Komplex Saint Michel mit fünf Hochhäusern – benannt nach den französischen Regionen Bordeaux, Bourgogne, Provence, Alsace (Elsass) und Champagne. 131 bis 160 Quadratmeter große Apartments. Natürlich gehört ein Pool zum Haus. Preis: 1,52 Millionen Reais (400.000 Euro) für 160 Quadratmeter.

Doch das ist teure Zukunft. Für die Athleten hat das Dorf, nach ein paar Anpassungsproblemen, dann doch bestens funktioniert. Golfer Martin Kaymer, millionenschwerer Profi, schwärmt sogar: »Hier kommst du gut auf den Boden zurück, wenn du in die Apartments reinkommst. Das zeichnet Olympia aus. Es geht nicht um Geld, es geht um Leistung und Sport, deswegen habe ich damals angefangen, Golf zu spielen.«

Das olympische Volk, 10.500 Köpfe stark, trifft sich, fachsimpelt, radebrecht,

HEIMSPIEL AN DER COPACABANA. Beim Beachvolleyball machten die Brasilianer mächtig Stimmung – wenn ihre Landsleute spielten.

feiert gemeinsam. Völkerverständigung, für die nebenbei 450.000 Kondome gratis verteilt werden – auch dies olympischer Rekord.

Nach den ersten Goldmedaillen werden die Nationenhäuser zu Partyzonen. Die Niederländer in ihrem »Heineken House« – Sponsoren sind im olympischen Dorf allgegenwärtig – nehmen diesen Namen als Programm und gelten als Rios Fetenkönige. Den Rang laufen ihnen höchstens noch die Österreicher ab. Die Skisportnation holt in Rio nur eine mickrige Bronzemedaille. Aber die Stimmung in ihrem Austria-Haus ist bestens. Dabeisein ist alles – hier gilt's noch.

Zurück zu den Problemen. Viele machen sich in den Tagen vor und von Rio Sorgen um Olympia. Juristische Ringer-Spiele gehen den sportlichen Festtagen voraus. Geschmeidig bewegt sich Thomas Bach, der Präsident des Internationalen Olympischen Komitees (IOC), auf den politischen Minenfeldern. Nachdem das IOC einem Großteil der russischen Athleten ein Startrecht eingeräumt hat, obwohl der Großnation flächendeckendes Doping nachgewiesen worden ist, gibt sich Bach selbstsicher.

Der Wirtschaftsanwalt aus Tauberbischofsheim vergleicht den Russland-Fall mit der Situation in Deutschland nach der Wiedervereinigung. »Damals hat kein Mensch danach gerufen, die deutsche Mannschaft von den Olympischen Spielen 1992 auszuschließen, weil zur gleichen Zeit das Staatsdoping-System der DDR aufgedeckt wurde«, sagt Bach. Er wähnt sich unschuldig in der Schusslinie. »Es wird überwiegend politisch argumentiert. Hier geht es um Gerechtigkeit und nicht um Politik. Gerechtigkeit muss unabhängig von politischen Einschätzungen sein.«

DER STAR DER SPIELE. Der Jamaikaner Usain Bolt krönte sich erneut zum schnellsten Mann der Welt und holte wie in London und Peking alle drei Sprinttitel.

Und er, Bach, ist sicher, in der Armada der Gerechten zu streiten. Enttäuscht ist er von den Kritikern im eigenen Land. »Die Entscheidung in Deutschland wird sehr einseitig vom Mainstream betrachtet.« Unkommentiert bleiben dann Einlassungen wie die des deutschen Ringers Almir Velagic. Der wiegt über 150 Kilo, die er sich für seinen Auftritt in Rio gezielt antrainiert hat. 2008 wog der Mann noch 132; 2012 brachte er es schon auf 141 Kilo. Das musste sein – schließlich will er in Rio lebensbedrohlich schwere Hantel-Ungetüme zur Hochstrecke bringen. Velagic bleibt dennoch chancenlos. Er registriert zornbebend, dass noch vor der Schlussfeier Medaillengewinner aus Kirgisistan oder ähnlich exotischen Ländern des Dopings überführt werden. Dann platzt ihm der Kragen:

»Wenn man sich die Wettkämpfe hier anguckt, dann ist das einfach nur peinlich. Da sind junge Leute, die fangen fast mit Weltrekord an. Der Kasache, der hier die Gewichtsklasse bis 77 Kilogramm gewonnen hat (Nijat Rahimov, d. Red.), war schon mal positiv, kommt zurück aus der Sperre und macht 40 Kilo mehr. Komischerweise hat er anscheinend die zwei Jahre gut genutzt. Die spielen mit diesen Lasten, mit Weltrekorden. Es ist wirklich lächerlich.«

Ein anderes Problem spricht Christian Schenk an. 1988 gewann er für die DDR Gold im Zehnkampf, er ist ein wacher Begleiter des Leistungssports. Und sagt:

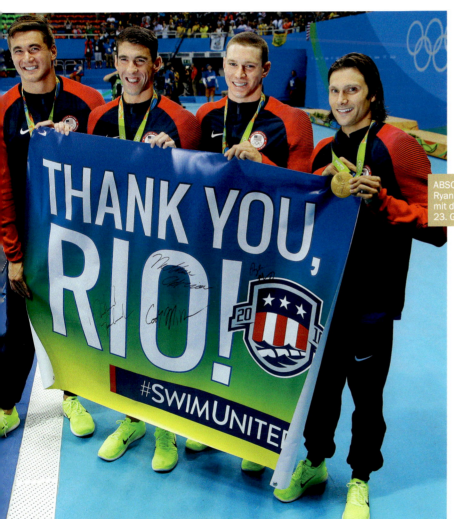

ABSCHIED. Michael Phelps (2.v.l.) mit Nathan Adrian, Ryan Murphy, Cody Miller nach seinem letzten Auftritt mit der 4x100-m-Staffel. Er sammelte in Rio seine 23. Goldmedaille und war einer der Superstars.

»Der deutsche Sport braucht dringend Reformen. Die Rahmenbedingungen für die Sportler müssen drastisch verbessert werden. Viele machen sich Sorgen um ihre Zukunft nach der Karriere, deshalb springen sie ab. Ich musste mir als aktiver Sportler zu DDR-Zeiten nie Gedanken machen, der Staat hat uns abgesichert. Das ist jetzt natürlich nicht mehr zeitgemäß, aber ich hätte einen konkreten Vorschlag.« Ja bitte, raus damit!
»Wir brauchen eine Deutschland Sport AG. Die Gesellschafter sollten die einzelnen Verbände, das Innenministerium und private Investoren sein. Der Aufsichtsrat sollte paritätisch besetzt sein: 50 Prozent Sportlervertreter, 50 Prozent Staat, Verbände und Investoren. Auf diese Weise könnten Profis den Laden schmeißen und nicht mehr Ehrenamtliche.«
Gemach, gemach, beruhigt Alfons Hörmann, der Präsident des des Deutschen Olympischen Sportbundes (DOSB). Er hat es nicht leicht in den Tagen von Rio.

Er sieht, wie recht die Kritiker haben – aber er muss auch den Sport und die Sportler schützen.
»Wir waren in einigen Sportarten schon im Vorfeld schlicht nicht so aufgestellt, dass sich da eine Vielzahl von Medaillenchancen bot. Unsere ehemalige Paradedisziplin Fechten und vor allem die Schwimmer haben ihre Ziele definitiv nicht erreicht.«

Hörmann beunruhigt dabei vor allem, wie kläglich beispielsweise die Schwimmer in Rio abschneiden. Warum überstehen sie nicht einmal die Vorläufe?
»Es ist dringend notwendig, dass im Fachverband jetzt intensiv diskutiert wird, was nun konkret geändert werden muss. Wir sind an einem Punkt angelangt, an dem bei solchen Verbänden eben alles auf den Prüfstand muss.«
Wenn Alfons Hörmann sich Gedanken macht, welche Zukunft die Olympischen Spiele wohl haben werden, dann hat er viele Sorgenfalten.
Aber die Augen des Funktionärs beginnen zu leuchten, wenn er erzählt, was er alles in Rio erleben durfte: Wie der Schwimmer Phelps sich nach einer schlimmen persönlichen Krise selbst aus dem Sumpf zog und wieder zum strahlenden Helden wurde. Wie Laura Ludwig und Kira Walkenhorst im nächtlichen Hexenkessel an der Copacabana Gold holten. Wie es war, Usain Bolt beim Rennen zuzusehen. Was für eine tolle Figur Isabell Werth auf ihrer Stute »Weihegold« machte. Wie …
Ja, genau. Das ist das Traum-Olympia. Es beginnt mit einer großen Fiesta. Tag eins. Eröffnungsfeier!
Bitte umblättern!

PHILIPP WENDE, LAURITZ SCHOOF, KARL SCHULZE, HANS GRUHNE *Rudern Doppelvierer*

CHRISTOPH HARTING *Diskus*

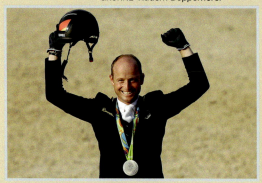

MICHAEL JUNG *Vielseitigkeits-Reiten*

THOMAS RÖHLER *Speerwurf*

JAN VANDREY, SEBASTIAN BRENDEL *Canadier Zweier*

LAURA LUDWIG, KIRA WALKENHORST *Beachvolleyball*

LISA SCHMIDLA, JULIA LIER, CARINA BAER, ANNE-KATRIN THIELE *Rudern Doppelvierer*

FABIAN HAMBÜCHEN *Reck*

Deutsche Goldmedaillen

ISABELL WERTH, DOROTHEE SCHNEIDER, SÖNKE ROTHEN-
BERGER, KRISTINA BRORING-SPREHE *Dressur Mannschaft*

MAX RENDSCHMIDT, TOM LIEBSCHER, MAX HOFF, MARCUS
GROSS *Kajak Vierer*

FRAUEN-FUSSBALL-NATIONALMANNSCHAFT

MAX RENDSCHMIDT, MARCUS GROSS *Kajak Zweier*

CHRISTIAN REITZ *Schnellfeuerpistole*

HENRI JUNGHÄNEL *KK-Luftgewehr*

KRISTINA VOGEL *Bahnrad Sprint*

BARBARA ENGLEDER
KK-Dreistellungskampf

SEBASTIAN BRENDEL *Canadier Einer*

SANDRA AUFFARTH, MICHAEL JUNG, INGRID KLIMKE, JULIA KRAJEWSKI *Vielseitigkeits-Reiten Mannschaft*

DIE FUSSBALL-OLYMPIAMANNSCHAFT

LISA UNRUH *Bogenschießen*

MALTE JAKSCHIK, ERIC JOHANNESEN, ANDREAS KUFFNER, MAXIMILIAN MUNSKI, HANNES OCIK, MAXIMILIAN REINELT, MARTIN SAUER, RICHARD SCHMIDT, FELIX DRAHOTTA *Rudern Achter*

Deutsche Silbermedaillen

SABRINA HERING, FRANZI WEBER, STEFFI KRIEGERSTEIN, TINA DIETZE *Kajak Vierer*

ISABELL WERTH *Dressur*

MONIKA KARSCH *Sportpistole*

YING HAN, XIAONA SHAN, PETRISSA SOLJA *Tischtennis Mannschaft Frauen*

ANGELIQUE KERBER *Tennis*

FRANZI WEBER, TINA DIETZE *Kajak Zweier*

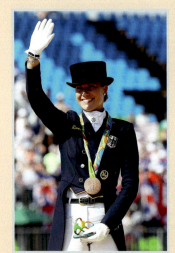

KRISTINA BRÖRING-SPREHE
Dressur

HOCKEY-NATIONALMANNSCHAFT, MÄNNER

LAURA VARGAS KOCH *Judo*

CHRISTIAN AHLMANN, LUDGER BEERBAUM, MEREDITH MICHAELS-BEERBAUM, DANIEL DEUSSER *Springreiten Mannschaft*

SOPHIE SCHEDER *Stufenbarren*

HOCKEY-NATIONALMANNSCHAFT, FRAUEN

DENIS KUDLA *Ringen*

Deutsche Bronzemedaillen

DANIEL JASINSKI *Diskus*

PATRICK HAUSDING
Wasserspringen

HANDBALL-NATIONALMANNSCHAFT, MÄNNER

KRISTINA VOGEL, MIRIAM WELTE *Bahnrad Teamsprint*

ARTEM HARUTYUNYAN *Boxen*

ERIK HEIL, THOMAS PLÖSSEL *Segeln*

RONALD RAUHE *Kajak*

TIMO BOLL, DIMITRIJ OVTCHAROV, BASTIAN STEGER
Tischtennis Mannschaft Männer

Die deutschen Olympiateilnehmer

TEILNEHMER *Disziplin*

ARTHUR ABELE Leichtathletik
LEONIE ADAM Trampolinturnen
MAREIKE ADAMS Rudern
CHRISTIAN AHLMANN Reiten
HANNES AIGNER Kanuslalom
TABEA ALT Turnen
LISA ALTENBURG Hockey
FRANZ ANTON Kanuslalom
MARIE-CATHERINE ARNOLD Rudern
SANDRA AUFFARTH Reiten

CARINA BÄR Rudern
SASKIA BARTUSIAK Fußball
ROBERT BAUER Fußball
JACKIE BAUMANN Leichtathletik
ANNIKA BECK Tennis
LEONIE ANTONIA BECK Schwimmen
CHARLOTTE BECKER Radsport – Bahn
JANA BECKMANN Schießen
LUDGER BEERBAUM Reiten
MELANIE BEHRINGER Fußball
LARS BENDER Fußball
SVEN BENDER Fußball
LAURA BENKARTH Fußball
JAN BENZIEN Kanuslalom
JANA BEREZKO-MARGGRANDER R. S.
PAUL BIEDERMANN Schwimmen
ANNIKA BOCHMANN Segeln
MARKUS BÖCKERMANN Beachvolleyball
TIMO BOLL Tischtennis
HENNING BOMMEL Radsport – Bahn
KARLA BORGER Beachvolleyball
DOROTHEA BRANDT Schwimmen
JULIAN BRANDT Fußball
ANTON BRAUN Rudern
ANDRE BREITBARTH Judo
NILS BREMBACH Leichtathletik
SEBASTIAN BRENDEL Kanu
LISA BRENNAUER Radsport – Straße
LUIS BRETHAUER Radsport – BMX
ANDREAS BRETSCHNEIDER Turnen
DANIEL BRODMEIER Schießen
KRISTINA BRÖRING-SPREHE Reiten
DUSTIN BROWN Tennis
ANNIKA BRUHN Schwimmen
RALF BUCHHEIM Schießen
EMANUEL BUCHMANN Radsport – Straße
PHILIPP BUHL Segeln
MATTHIAS BÜHLER Leichtathletik
KIM BUI Turnen
ALEXANDRA BURGHARDT Leichtathletik
BRITTA BÜTHE Beachvolleyball
LINUS BUTT Hockey

ALYN CAMARA Leichtathletik
ALEXANDER CEJKA Golf
MAX CHRISTIANSEN Fußball
SHANICE CRAFT Leichtathletik

SARA DÄBRITZ Fußball
TOBIAS DAHM Leichtathletik
LUKAS DAUSER Turnen
OSKAR DEECKE Hockey
STEFFEN DEIBLER Schwimmen
DANIEL DEUSSER Reiten
CHRISTIAN DIENER Schwimmen
TINA DIETZE Kanu
KARSTEN DILLA Leichtathletik
CHRISTIAN DISSINGER Handball
PATRICK DOGUE Moderner Fünfkampf
CARL DOHMANN Leichtathletik
MARIE-LOUISE DRÄGER Rudern
FELIX DRAHOTTA Rudern
PAUL DRUX Handball
PAMELA DUTKIEWICZ Leichtathletik

MARCUS EHNING Reiten
JOACHIM EILERS Radsport – Bahn
JENNY ELBE Leichtathletik
RENÉ ENDERS Radsport – Bahn
BARBARA ENGLEDER Schießen
TOBIAS ENGLMAIER Judo
ROBIN EREWA Leichtathletik

STEFFEN FÄTH Handball
STEPHAN FECK Wasserspringen
DANIELA FERENZ Leichtathletik
CHRISTOPH FILDEBRANDT Schwimmen
JULIA FISCHER Leichtathletik
FLORIAN FLOTO Bogenschießen
JULIAN FLÜGEL Leichtathletik
LARS FLÜGGEN Beachvolleyball
ALINE FOCKEN Ringen
YVONNE FRANK Hockey
TOBIAS FRANZMANN Rudern
RICO FREIMUTH Leichtathletik
KARL-RICHARD FREY Judo
FLORIAN FUCHS Hockey
MICHAEL FUCHS Badminton
MANUEL FUMIC Mountainbike
MORITZ FÜRSTE Hockey

SANDRA GÁL Golf
SARA GAMBETTA Leichtathletik
OLIVER GEIS Schießen
UWE GENSHEIMER Handball
FERDINAND GERZ Segeln
SIMON GESCHKE Radsport – Straße
KRISTIN GIERISCH Leichtathletik
MATTHIAS GINTER Fußball
JAN-PHILIP GLANIA Schwimmen
SERGE GNABRY Fußball
LENA GOESSLING Fußball
JOHANNA GOLISZEWSKI Badminton
CAROLIN GOLUBYTSKYI Fechten
NADINE GONSKA Leichtathletik
LEON GORETZKA Fußball
DAVID GRAF Boxen
LISA GRAF Schwimmen
MATS GRAMBUSCH Hockey
TOM GRAMBUSCH Hockey
VANESSA GRIMBERG Schwimmen
HELEN GROBERT Mountainbike
PATRIK GROETZKI Handball
TIM GROHMANN Rudern
ANNA-LENA GRÖNEFELD Tennis
MARCUS GROSS Kanu
HANS GRUHNE Rudern
SELINA GSCHWANDTNER Schießen
TAHIR GÜLEC Taekwondo
RABIA GÜLEC Taekwondo
CHRISTIAN GÜNTER Fußball

REBEKKA HAASE Leichtathletik
MARCEL HACKER Rudern
KAI HÄFNER Handball
ANNA HAHNER Leichtathletik
LISA HAHNER Leichtathletik
FABIAN HAMBÜCHEN Turnen
YING HAN Tischtennis
MARTIN HÄNER Hockey
ISABELLE HÄRLE Schwimmen
CHRISTOPH HARTING Leichtathletik
ROBERT HARTING Leichtathletik
KERSTIN HARTMANN Rudern
MAXIMILIAN HARTUNG Fechten
ARTEM HARUTYUNYAN Boxen
ANNE HAUG Triathlon
FRANZISCA HAUKE Hockey
TOBIAS HAUKE Hockey
PATRICK HAUSDING Wasserspringen
BETTY HEIDLER Leichtathletik
JACOB HEIDTMANN Schwimmen
ERIK HEIL Segeln
SILVIO HEINEVETTER Handball
FABIAN HEINLE Leichtathletik
PHILIP HEINTZ Schwimmen
NINA HEMMER Ringen
JOSEPHINE HENNING Fußball
FRANZISKA HENTKE Schwimmen
CHRISTINA HERING Leichtathletik
ROBERT HERING Leichtathletik
SABRINA HERING Kanu
NATALIE HERMANN R. Sportgymn.
TIMM HERZBRUCH Hockey
MAX HESS Leichtathletik
NADINE HILDEBRAND Leichtathletik
JOHANNES HINTZE Schwimmen
EMMA HINZE Radsport – Bahn
MAX HOFF Kanu
LARA HOFFMANN Leichtathletik
RAPHAEL HOLZDEPPE Leichtathletik
TIMO HORN Fußball
BJÖRN HORNIKEL Schwimmen
CHRISTIN HUSSONG Leichtathletik
JANNIK HUTH Fußball
SVENJA HUTH Fußball

MANDY ISLACKER Fußball

NICOLAS JACOBI Hockey
MALTE JAKSCHIK Rudern
LUCAS JAKUBCZYK Leichtathletik
MICHAEL JANKER Schießen
DANIEL JASINSKI Leichtathletik
ERIC JOHANNESEN Rudern
ALEXANDER JOHN Leichtathletik
PETER JOPPICH Fechten
MICHAEL JUNG Reiten
MARIE-LAURENCE JUNGFLEISCH Leichtath.
HENRI JUNGHÄNEL Schießen
VICTORIA JURCZOK Segeln
JULIAN JUSTUS Schießen

MONIKA KARSCH Schießen
ROMY KASPER Radsport – Straße
MARTIN KAYMER Golf
KAI KAZMIREK Leichtathletik
TABEA KEMME Fußball
ANGELIQUE KERBER Tennis
ISABEL KERSCHOWSKI Fußball
ANASTASIJA KHMELNYTSKA R. Sportgymn.
STEFAN KIRAJ Kanu
KATHRIN KLAAS Leichtathletik
SASCHA KLEIN Wasserspringen
INGRID KLIMKE Reiten
KONSTANZE KLOSTERHALFEN Leichtath.
LUKAS KLOSTERMANN Fußball
ROGER KLUGE Radsport – Bahn
ANNA KNAUER Radsport – Bahn
SVEN KNIPPHALS Leichtathletik
JONATHAN KOCH Rudern
MARCO KOCH Schwimmen
SARAH KÖHLER Schwimmen
PAUL KOHLHOFF Segeln
FABIENNE KOHLMANN Leichtathletik
PHILIPP KOHLSCHREIBER Tennis
MAXIMILIAN KORGE Rudern
OLIVER KORN Hockey
ALEXANDER KOSENKOW Leichtathletik
SANAA KOUBAA Leichtathletik
MAREEN KRÄH Judo
ANNIKE KRAHN Fußball
JULIA KRAJEWSKI Reiten
GESA FELICITAS KRAUSE Leichtathletik
STEFFI KRIEGERSTEIN Kanu
MIEKE KRÖGER Radsport – Bahn
HANNAH KRÜGER Hockey
STEPHAN KRÜGER Rudern
DENIS KUDLA Ringen
ANDREAS KUFFNER Rudern
JULIUS KÜHN Handball
JASMIN KÜLBS Judo
LEONIE KULLMANN Schwimmen
MARIA KURJO Wasserspringen
SABINE KUSTERER Gewichtheben
YASMIN KWADWO Leichtathletik

SIMONE LAUDEHR Fußball
FINN LEMKE Handball
MELANIE LEUPOLZ Fußball
MAXIMILIAN LEVY Radsport – Straße
CLAUDIA LICHTENBERG Radsport – Straße
TOM LIEBSCHER Kanu
JULIA LIER Rudern
LAURA LINDEMANN Triathlon
ANDRÉ LINK Schießen
CHRISTOPHER LINKE Leichtathletik
ANIKA LORENZ Segeln
NIKE LORENZ Hockey
ANDREAS LÖW Schießen
GINA LÜCKENKEMPER Leichtathletik
LAURA LUDWIG Beachvolleyball

LEONIE MAIER Fußball
LUISE MALZAHN Judo
KATHRIN MARCHAND Rudern
SVEN MARESCH Judo
DZSENIFER MAROZSAN Fußball
TONY MARTIN Radsport – Straße
ARAJIK MARUTJAN Boxen
CAROLINE MASSON Golf
MARIE MÄVERS Hockey
PHILIPP MAX Fußball
LISA MAYER Leichtathletik
ALEIXO PLATINI MENGA Leichtathletik
JENNY MENSING Schwimmen
MAX MEYER Fußball
MEREDITH MICHAELS-BEERBAUM Reiten
SERGE MICHEL Boxen
BIRGIT MICHELS Badminton
MALAIKA MIHAMBO Leichtathletik
MORITZ MILATZ Mountainbike
ANJA MITTAG Fußball
SOSTHENE MOGUENARA Leichtathletik
FRIEDERIKE MÖHLENKAMP Leichtathletik
MORITZ MOOS Rudern
JULIA MÜLLER Hockey
LAURA MÜLLER Leichtathletik
NADINE MÜLLER Leichtathletik
NICO MÜLLER Gewichtheben
MATHIAS MÜLLER Hockey
JANNE MÜLLER-WIELAND Hockey
MAXIMILIAN MUNSKI Rudern

CARLA NELTE Badminton
MARCEL NGUYEN Turnen
MAX NIEDERLAG Radsport – Bahn
LUISA NIEMESCH Ringen

CHRISTINA OBERGFÖLL Leichtathletik
HANNES OCIK Rudern
MARC ODENTHAL Judo
JENNIFER OESER Leichtathletik
PIA-SOPHIE OLDHAFER Hockey
EIKE ONNEN Leichtathletik
FLORIAN ORTH Leichtathletik
SELIN ORUZ Hockey
TIMUR ORUZ Hockey
JASON OSBORNE Rudern
KATHARINA OTTE Hockey
DIMITRIJ OVTCHAROV Tischtennis

HENDRIK PEKELER Handball
BABETT PETER Fußball
NILS PETERSEN Fußball
ANDREA PETKOVIC Tennis
ERIK PFEIFER Boxen
MELANIE PFEIFER Kanuslalom
PHILIPP PFLIEGER Leichtathletik
CECILE PIEPER Hockey
TATJANA PINTO Leichtathletik
MAXIMILIAN PLANER Rudern
THOMAS PLÖSSEL Segeln
STEPHANIE POHL Radsport – Bahn
HAGEN POHLE Leichtathletik
ALEXANDRA POPP Fußball
EDUARD POPP Ringen
DANIELA POTAPOVA R. Sportgymn.
NADJA PRIES Radsport – BMX
ALEXEJ PROCHOROW Gewichtheben
GRISCHA PRÖMEL Fußball
MATEUSZ PRZYBYLKO Leichtathletik
TINA PUNZEL Wasserspringen

CLEMENS RAPP Schwimmen
CLAUDIA RATH Leichtathletik
RONALD RAUHE Kanu
MAYA REHBERG Leichtathletik
CHRISTIAN REICHERT Schwimmen
TOBIAS REICHMANN Handball
MAXIMILIAN REINELT Rudern
THEO REINHARDT Radsport – Bahn
CHRISTIAN REITZ Schießen
MAX RENDSCHMIDT Kanu
JULIAN REUS Leichtathletik
KRISTINA REYNOLDS Hockey
RICHARD RINGER Leichtathletik
THOMAS RÖHLER Leichtathletik
CINDY ROLEDER Leichtathletik
ANNIKA ROLOFF Leichtathletik
MIRYAM ROPER YEARWOOD Judo
EVA RÖSKEN Schießen
SÖNKE ROTHENBERGER Reiten
JAN CHRISTOPHER RÜHR Hockey
LISA RYZIH Leichtathletik

MARTIN SAUER Rudern
CAROLIN SCHÄFER Leichtathletik
LUCAS SCHÄFER Rudern
PAULINE SCHÄFER Turnen
SOPHIE SCHEDER Turnen
TOBIAS SCHERBARTH Leichtathletik
ANJA SCHERL Leichtathletik
ANNIKA SCHLEU Moderner Fünfkampf
LISA SCHMIDLA Rudern
JULIAN SCHMIDT Radsport – BMX
RICHARD SCHMIDT Rudern
ROY SCHMIDT Leichtathletik
PAULINA SCHMIEDEL Schwimmen
KARIN SCHNAASE Badminton
DOROTHEE SCHNEIDER Reiten
NILS SCHOMBER Radsport – Bahn
LENA SCHÖNEBORN Moderner Fünfkampf
JOHANNES LAURITZ SCHOOF Rudern
JOHANNES SCHÖTTLER Badminton
ANNE SCHRÖDER Hockey
ALMUTH SCHULT Fußball
KARL SCHULZE Rudern
LISA MARIE SCHÜTZE Hockey
CHRISTINA SCHWANITZ Leichtathletik
SEBASTIAN SEIDL Judo
ELISABETH SEITZ Turnen
DAVIE SELKE Fußball
MARIA SELMAIER Ringen
XIAONA SHAN Tischtennis
LAURA SIEGEMUND Tennis
PETRISSA SOLJA Tischtennis
RUTH SOPHIA SPELMEYER Leichtathletik
JÜRGEN SPIESS Gewichtheben
SABINE SPITZ Mountainbike
ANNIKA MARIE SPRINK Hockey
FRANK STÄBLER Ringen
LINDA STAHL Leichtathletik
CHARLOTTE STAPENHORST Hockey
JULIA STAVICKAJA R. Sportgymn.
BASTIAN STEGER Tischtennis
MARLENE STEINHERR Segeln
GUDRUN STOCK Radsport – Bahn
DAVID STORL Leichtathletik
MARTIN STROBEL Handball
JAN-LENNARD STRUFF Tennis
MARTINA STRUTZ Leichtathletik
RONJA FINI STURM Rudern
NORA SUBSCHINSKI Wasserspringen
DIANA SUJEW Leichtathletik
NIKLAS SÜLE Fußball
MATYAS SZABO Fechten
OLIVER SZYMANSKI Segeln

SIDERIS TASIADIS Kanuslalom
JANA TESCHKE Hockey
HOMIYU TESFAYE Leichtathletik
ANNEKATRIN THIELE Rudern
KERSTEN THIELE Radsport – Bahn
SINA TKALTSCHEWITSCH R. Sportgymn.
ANDREAS TOBA Turnen
JEREMY TOLJAN Fußball
HAMZA TOUBA Boxen
GREGOR TRABER Leichtathletik
MARTYNA TRAJDOS Judo
MORITZ TROMPERTZ Hockey
LEVENT TUNCAT Taekwondo

LISA UNRUH Bogenschießen
LENA URBANIAK Leichtathletik

JAN VANDREY Kanu
LAURA VARGAS KOCH Judo
ALMIR VELAGIC Gewichtheben
JOHANNES VETTER Leichtathletik
FLORIAN VOGEL Schwimmen
KRISTINA VOGEL Radsport – Bahn
CHRISTIAN VOM LEHN Schwimmen

KIRA WALKENHORST Beachvolleyball
IGOR WANDTKE Judo
ELENA WASSEN Wasserspringen
CONNY WASSMUTH Kanu
FRANZISKA WEBER Kanu
JULIAN WEBER Leichtathletik
STEFFEN WEINHOLD Handball
DOMENIC WEINSTEIN Radsport – Bahn
FLORIAN WELLBROCK Schwimmen
NIKLAS WELLEN Hockey
MIRIAM WELTE Radsport – Bahn
PHILIPP WENDE Rudern
ALEXANDRA WENK Schwimmen
CHRISTINE WENZEL Schießen
MARIA CAROLINA WERNER Segeln
ISABELL WERTH Reiten
CHRISTOPHER WESLEY Hockey
ALEXANDRA WESTER Leichtathletik
LARS WICHERT Rudern
FABIAN WIEDE Handball
PATRICK WIENCEK Handball
DAMIAN WIERLING Schwimmen
TONI PAUL WILHELM Segeln
FELIX WIMBERGER Rudern
CHARLENE WOITHA Leichtathletik
ANDREAS WOLFF Handball
PHILIPP PETER WOLF Schwimmen
MARTIN WOLFRAM Wasserspringen
TRIXI WORRACK Radsport – Straße

CHRISTIAN ZILLEKENS Mod. Fünfkampf
MARTIN ZWICKER Hockey
MARC ZWIEBLER Badminton

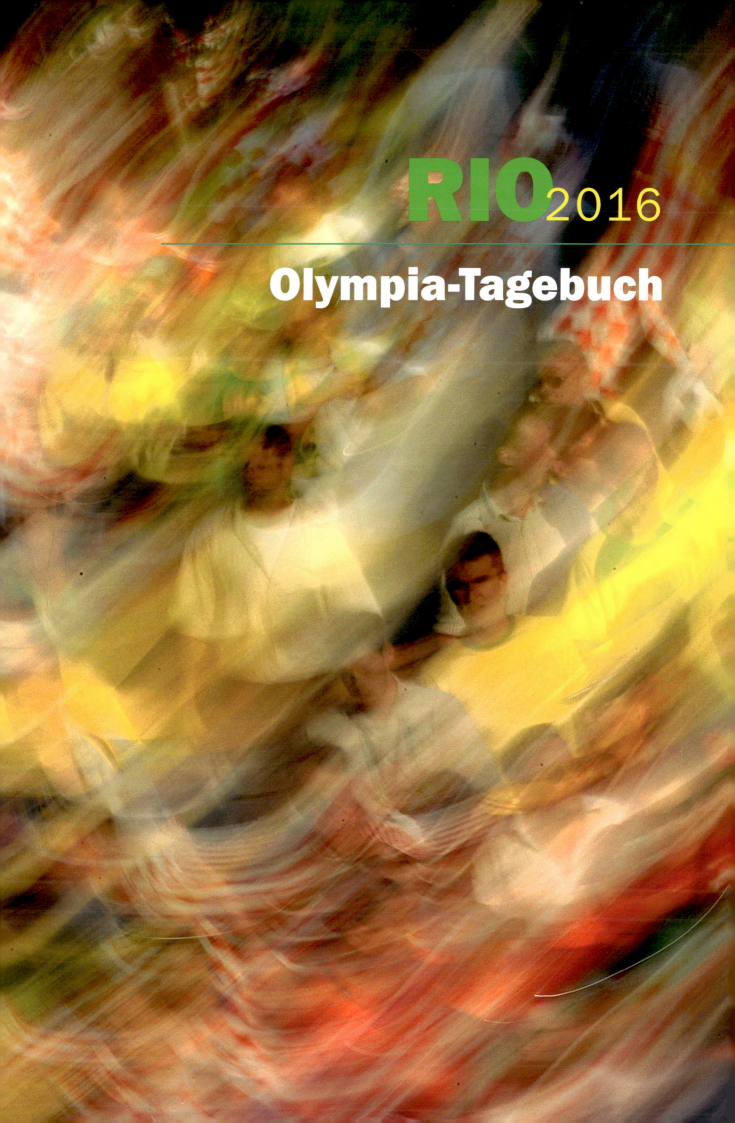

RIO 2016

Olympia-Tagebuch

Fr. 5.8.2016

Spruch des Tages
»*Das ist der Höhepunkt meiner Karriere und ein Wahnsinnsgefühl.*« Tischtennis-As Timo Boll, der von rund 300.000 Fans und seinen Sportlerkollegen zum deutschen Fahnenträger gewählt wurde.

Zahl des Tages
13 …
… Euro kostet die billigste Eintrittskarte während der Spiele, rund 3,8 Millionen der insgesamt 7,5 Millionen Tickets werden zu einem Preis von rund 23 Euro oder weniger angeboten. Die günstigsten Eintrittskarten für Eröffnungs- und Schlussfeier liegen bei 66 Euro.

Meldungen

Absage. Er wäre gern dabei gewesen, aber weil er »auf dem Zahnfleisch« geht, muss der Bundespräsident passen. Joachim Gauck schreibt den deutschen Sportlerinnen und Sportlern einen aufmunternden Brief. »Sie werden, da bin ich mir sicher, unser Land hervorragend vertreten. Das gilt natürlich auch, wenn es nicht zu einer Medaille reicht. Sie haben es zu den Olympischen Spielen geschafft – das allein ist bewundernswert!« Eigentlich wollte Gauck die Eröffnungsfeier besuchen, er hatte sich für die Turn- und Ruderwettbewerbe angemeldet und wollte mit deutschen Athletinnen und Athleten zu Mittag essen. Dann erwischte es den Präsidenten – und er musste wegen einer Zahnoperation absagen.

Fehlstart. Die Gold-Hoffnungen der brasilianischen Fußballer haben zum Olympia-Auftakt einen Dämpfer bekommen. Trotz 31-minütiger Überzahl kommt das Gastgeber-Team in Brasília nicht über ein torloses Unentschieden gegen Außenseiter Südafrika hinaus. Die Brasilianer berennen das Tor des Gegners unaufhörlich, können aber ihre Überlegenheit nicht in Tore ummünzen. Die Enttäuschung ist groß – hat doch Superstar Neymar noch in den Tagen vor den Spielen erklärt, für ihn zähle bei Olympia nur Gold.

Olympia **2016**

Die beeindruckende Eröffnungsfeier der Spiele von Rio bringt die Sportfreunde in Laune. Endlich wird nicht mehr über Doping und solche Dinge geredet. Endlich schweigen die Politiker. Nun gehört die Bühne den Athletinnen und den Athleten. Die Spiele beginnen. Und der Auftakt ist ein vielversprechendes Feuerwerk.

5. August 2016, es wird Nacht in Rio. Auf der Ehrentribüne lehnt sich Thomas Bach zurück und hat ein Lächeln im Gesicht.

Die Verwerfungen aus den letzten Tagen sind geglättet, als Supermodel Gisele Bündchen und die restlichen 80.000 Besucher im Maracanã-Stadion nach einer knappen Stunde »Pais tropical« anstimmen. Sie singen, als ob in Rio der ewig währende Karneval angebrochen sei.

»Pais tropical«! Gisele Bündchen, die eben noch als stolze Schönheit den Innenraum der Arena in ganzer Länge durchschritten hat – ein Auftritt, der Menschen auf der ganzen Welt den Atem raubte –, steht unter Freunden in vorderer Reihe der Besucherränge und wiegt sich begeistert in den Hüften.

Die Eröffnungsfeier der XXXI. Olympischen Sommerspiele von Rio de Janeiro ist das große Spektakel, auf das die Veranstalter gebaut haben. Sie haben viel über sich ergehen lassen müssen in den vergangenen Wochen.

Rio, der Moloch, als Austragungsort der Spiele? Das kann doch nicht sein. Das gefährliche Zika-Virus als Killer der Spiele? Klar muss man Angst haben, unken Mediziner. Das Internationale Olympische Komitee in der Schusslinie? Naja, das haben sich die Herrschaften schon selbst zuzuschreiben. Soll man den Doping-Sport noch mögen? Zugegeben, die Unverfrorenheit mancher Athleten und einiger Verbände könnte einem die Lust schon vermiesen, aber…

Aber jetzt ist Olympia – und die Athleten haben das Stadion zwar noch nicht betreten, doch die Veranstalter haben ihr Ziel schon erreicht. Die Menschen lassen sich begeistert entführen in die Traumwelt der Show und des Sports.

Die brasilianische Goldmedaillengewinnerin im Volleyball, Jackie Silva, sagt, dass Olympia für den internationalen Sport und für ihr Land »eine kurze Auszeit von dem ganzen Chaos« bringen werde. »Die politische Krise hat die Leute heruntergezogen.« Korruptionsskandale, Rezession, die Suspendierung von Staatspräsidentin Dilma Rousseff, die dramatische Zerstörung der Umwelt – das alles hat die Menschen im Land verbittert.

Doch nun wollen viele, dass die Spiele es richten.

»Ich hoffe, dass Rio der Welt zeigt, dass es Olympia kann. Es ist ein magisches Ereignis, die gesamte Sportelite der Welt trifft sich.«

Silva stockt. Macht sie sich nicht selbst etwas vor?

Bis in die 1990er Jahre seien die Spiele noch überschaubar gewesen. »Danach

TAG 1

ist alles nur noch immer größer geworden, man konnte die Wettkämpfe kaum noch organisieren. Das muss ein Ende haben. Rio wird ein Wendepunkt sein.«
Über 6000 Tänzer springen, hüpfen, tanzen und klettern rastlos. Laserlichter verwandeln den Rasen in ein Urmeer, in einen tropischen Urwald, in den Dschungel der Städte. Brasiliens Geschichte wird im Schnelllauf durcheilt.
Alles wie gehabt bei Eröffnungsfeiern. Wirklich?

GRÜN. Jede Nation brachte Saatgut für einen Baum mit, der zum Olympia-Wald werden soll. Die grünen olympischen Ringe dienen als Symbol.

DIE FLAMME BRENNT. Fackelträger Vanderlei de Lima entfacht das olympische Feuer, das anschließend ein Mobile in Bewegung setzt (Foto links).

Wirklich nicht. Die Filmemacher Fernando Meirelles (Regisseur des Films »City of God«) und Andrucha Waddington und der Rest des kreativen Teams ziehen eine große moderne Show auf. Brasilien lacht, es singt, es tanzt. Ein fröhlicher, ein bescheidener, ein glücklicher Gastgeber.
Und gerade, als die Menschen auf den Rängen richtig ausflippen, wird es ernst in der Arena. Nur nicht übermütig werden!
Die Welt ist in Gefahr, erzählen die Macher der Eröffnungsfeier. Das Klima kippt, das Eis am Pol schmilzt weg, den Küstengegenden droht der Untergang.
Die Menschen im Stadion haben verstanden.

Nun kommen die Athleten. Die Österreicher in Lederhosen. Michael Phelps, der Schwimm-Supermann, trägt die Fahne der USA, die Italiener sehen aus wie Models, einer aus einem Exotenland hat fast nichts an – und die Deutschen federn fröhlich hinter dem Tischtennisspieler Timo Boll her, obwohl sie sehr merkwürdig gewandet sind.
Als vorletzte Mannschaft kommt das Team der Flüchtlinge ins Stadion. Beifall, sehr großer Beifall.
In der Équipe sind fünf Läufer aus dem Südsudan, ein Schwimmer aus Syrien, zwei Judoka aus der Demokratischen Republik Kongo, ein Marathonläufer aus Äthiopien und Yusra Mardini von den Wasserfreunden Spandau 04.

Mittlerweile interessieren sich auch Filmemacher für das Leben des Mädchens, das in den Wochen vor Olympia Interview um Interview geben musste.
Geboren ist Yusra in Damaskus, geflohen über Beirut, Istanbul und Lesbos.
Anfang Juni erfuhr Mardini, dass sie vom IOC ins Team der Flüchtlinge gewählt worden war. Sie war ganz irre vor Freude, hüpfte wie ein Springfrosch durch das Zimmer ihrer Charlottenburger Wohnung: »Ich war gleichzeitig so glücklich und so stolz.«
Dann kamen die Fragen. »Sind Sie verliebt?«, wollte jemand wissen. »Nein«, kicherte sie, »nur ins Wasser.« »War Ihre Geburt schwierig?« Was das mit Schwimmen zu tun haben sollte? Na gut, sie

Fr. 5.8.2016

Treffer. Bogenschütze Kim Woo-Jin aus Südkorea stellt bei den Spielen den ersten Weltrekord auf. In der Qualifikation für den Einzelwettbewerb mit dem olympischen Recurvebogen erreicht er 700 von möglichen 720 Ringen.

Kontrollverlust. Brasilien hat im Monat vor den Spielen bei seinen führenden Athleten keine Dopingtests mehr vorgenommen. Dies bestätigt die Welt-Anti-Doping-agentur (Wada) der britischen Zeitung »The Times«. Die Wada spricht von »inakzeptablen« Zuständen. Das Sportministerium des Landes soll bei einigen Top-Athleten unangemeldete Kontrollen gestoppt haben. Das Ministerium bestätigt, dass zwischen dem 1. und 24. Juli keine Tests vorgenommen worden seien. Die Tests konnten angeblich nicht gemacht werden, weil dem Anti-Dopinglabor in Rio die Akkreditierung entzogen worden sei.

PROMINENZ 1. Michael Phelps, der erfolgreichste Olympionike aller Zeiten, trug die Fahne der USA ins Maracanã-Stadion.

PROMINENZ 2. Für Spanien lief Tennisstar Raphael Nadal mit der Fahne ein.

Olympia **2016**

EINMARSCH DER NATION. Timo Boll als Fahnenträger, dahinter in mutigem Outfit die deutsche Mannschaft.

hatte nichts zu verbergen. »Nein, es ging sehr schnell.«

So ging das, Interview für Interview. Yusra war nicht als Sportlerin interessant, sondern als eine Frau mit einem schlimmen Schicksal.

Doch davon erzählt sie nicht mehr. Die Geschichte würde davon handeln, wie Schlepper 20 Flüchtlinge aus Syrien und Somalia, fast alle Nichtschwimmer, in der Türkei in ein kleines Boot stapelten. Sie kamen nicht weit, vor der Küste fiel der Motor aus. Wellen schwappten ins Boot. Die Menschen warfen das Gepäck von Bord, trotzdem begann das Schlauchboot in der Ägäis zu sinken. Yusra Mardini und ihre ältere Schwester Sarah, auch Leistungsschwimmerin, sprangen ins Meer. Sie nahmen das Boot ins Schlepptau, paddelten der Insel Lesbos entgegen, retteten sich und den anderen so das Leben.

Das ist die Geschichte, die Yusra nicht erzählen mag. Sie möchte über ihren Sport reden.

In Syrien wurde sie über 200 und 400 Meter Lagen sowie über 50, 100 und 200 Meter Schmetterling Landesmeisterin, sie nahm an den Asienspielen teil, vor vier Jahren startete Yusra bei der Kurzbahn-WM in der Türkei. Das Schwimmen hatte ihr der Vater beigebracht, Syrien hatte er noch vor ihr verlassen, um in Jordanien als Schwimmtrainer Geld für die Familie zu verdienen.

Dann kam Yusra Mardini im Spätsommer 2015 nach Berlin. Sie war nicht mehr in Form, musste wieder »von vorn« anfangen. »Aber ich wollte es noch einmal wissen.«

Also hat sie in Spandau die Trainingsfron wieder aufgenommen. In Rio wird sie über 100 Meter Freistil und 100 Meter Schmetterling antreten – und vermutlich nach dem Vorlauf ausscheiden. Nur manche ihrer Bestzeiten hat sie im Training wieder erreicht. Ihre Trainingszeiten in Rio über 100 Meter Freistil liegen bei 57 Sekunden, meist braucht sie ein wenig länger. Die Olympiasiegerin wird wohl unter 53 Sekunden bleiben.

Yusra Mardini ist am Eröffnungstag der Spiele eine glückliche junge Frau. »Viele sagen mir: ›Du bist wirklich stark. Ich

TAG 1

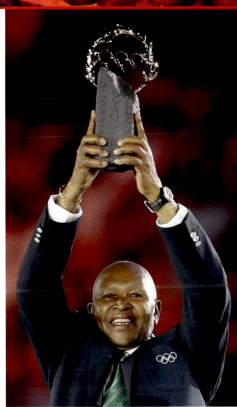

EHRUNG. IOC-Präsident Dr. Thomas Bach verlieh erstmals den Olympia-Laurel. Er ging an Kipchoge Keino, Kenias Vorbild-Olympioniken.

will wie du sein.‹ Ich will sie nicht enttäuschen.«

Gottseidank – so muss das Thomas Bach sehen – gibt es die olympische Flüchtlingstruppe. Das Refugee Olympic Team werde weltweit auf das Ausmaß der Flüchtlingskrise aufmerksam machen, glaubt der IOC-Präsident: »Es ist ein Signal für die internationale Gemeinschaft, dass Flüchtlinge unsere Mitmenschen und eine Bereicherung für unsere Gesellschaft sind.«

Am Abend der Eröffnung wirkt der ehemalige Fechter aus Tauberbischofsheim – dunkelblauer Anzug, stahlblauer Binder, lachsrosa Hemd mit weißem Kragen – zufrieden. Auf jeden Fall steht da kein Mann am Pult, dem man die Anfechtungen der letzten Wochen ansieht.

»Wir leben«, erklärt er nicht ohne Pathos, »in einer Welt der Krisen – aber hier ist unsere Antwort. Die Athleten sind friedlich vereint im olympischen Dorf, wo sie ihre Mahlzeiten und ihr Leben teilen. In der olympischen Welt sind wir alle gleich.«

Er blickt auf die Hundertschaften von Sportlern, die im Innenraum versammelt sind.

»Ich appelliere an euch Athleten: Achtet euch und die olympischen Werte.

Wir leben in einer Welt der Selbstsucht und des Egoismus. Aber hier ist unsere olympische Antwort: Mit größtem Respekt begrüßen wir das olympische Flüchtlingsteam.«

Großer Beifall. Jetzt klingt der Präsident des Internationalen Olympischen Komitees gut. Nun fühlt er sich wohl.

»Ihr sendet eine Botschaft der Hoffnung aus. Ihr musstet fliehen aus der Heimat. Wir heißen euch willkommen in unserer olympischen Welt.«

Der Sport mache die Welt besser, sagt Bach.

Anschließend verleiht er einen Preis an den gerührten kenianischen Läufer Kipchoge Keino.

Dann ist der Übergangspräsident Brasiliens, Michel Temer, dran. Er soll die Spiele für eröffnet erklären. Als er das in dürren Worten tut, wird er böse ausgebuht. Die Brasilianer vergessen selbst an diesem Abend die Korruption der Politikerkaste nicht.

Auf dem Rasen, in der ersten Reihe der deutschen Mannschaft, steht der Tischtennisspieler Timo Boll. Lächelnd lässt er die Reden der Macher an sich vorbeitreiben. Ihm scheint es auch nichts auszumachen, dass das Outfit der Mannschaft – graue Leggins unter schwarzen kurzen Hosen – durchaus gewöhnungsbedürftig ist. Er hat einen glücklichen Abend erlebt.

Timo Boll ist der Fahnenträger der Deutschen. »Als ich gehört habe, dass ich bei der Eröffnungsfeier die deutsche Fahne tragen soll, war ich wirklich sprachlos«, sagt der 35-Jährige. »Ich freue mich und bin unglaublich stolz.«

Boll ist der erste deutsche Tischtennisspieler überhaupt, der die deutsche Mannschaft ins olympische Geschehen führen darf. Und er ist der Erste, der nicht von ein paar Funktionären im stillen Kämmerlein bestimmt, sondern richtig »demokratisch« gewählt wurde. Je zur Hälfte entschieden die Stimmen der deutschen Sportlerinnen und Sportler in Rio sowie von rund 300.000 Sportfans, die sich an der Abstimmung im Internet beteiligt hatten.

Nun lehnt Boll neben der deutschen Fahne und blickt in den Nachthimmel, unter dem ein flammendes Feuerwerk tobt. Die Spiele können beginnen.

Und die Klamotten?

Naja, hübsch sind sie nicht. Aber behalten sollte man sie trotzdem. Es war nämlich Auflage der Veranstalter, dass die Kleidung der Athleten an diesem Abend mit einem Mittel behandelt werden musste, das die Zika-Mücke fernhält.

Klasse! Das IOC hat alles im Griff.

TAG 2

SIEGEN UND FAIR-LIEREN

Der zweite Tag von Olympia bringt zwei Weltrekorde und erste Medaillen. Ein Radsportler gewinnt Gold und führt die Sieger-Tradition seiner Familie fort. Die ersten deutschen Sportler, die ins Geschehen eingreifen, hadern mit ihren Auftritten. Da geht ziemlich viel schief. Wie geht ein Sportler damit um? →

Sa 6.8.2016

Spruch des Tages
»Ich habe weder Zeit noch Respekt für Dopingbetrüger.«
Schwimmer Mack Horton nach dem Olympiasieg über 400 Meter Freistil. Er greift damit seinen Gegner Sun Yang aus China an. Der verschwindet weinend von der Bühne.

Zahl des Tages
13 ...
... Jahre alt ist Gaurika Singh, die jüngste Olympionikin von Rio. Sie schwimmt für Nepal, nachdem sie 2005 nach London umgesiedelt ist, wo ihr Vater als Urologe arbeitet. Über den Einsatz in Rio sagt Gaurika: »Cool und surreal!«

Entscheidungen

Schießen Luftgewehr 10 m Frauen *Gold:* Thrasher, Virginia [USA]; *Silber:* Du, Li [CHN]; *Bronze:* Yi, Siling [CHN] + + + + **Schießen** Luftpistole 10 m Männer *Gold:* Hoang, Xuan Vinh [VIE]; *Silber:* Wu, Felipe Almeida [BRA]; *Bronze:* Pang, Wei [CHN] + + + + **Bogenschießen** Recurve Mannschaft Männer *Gold:* Südkorea; *Silber:* USA; *Bronze:* Australien + + + + **Radsport** Straßenrennen Männer *Gold:* van Avermaet, Greg [BEL]; *Silber:* Fuglsang, Jakob [DEN]; *Bronze:* Majka, Rafal [POL] + + + + **Judo** 48 kg Frauen *Gold:* Pareto, Paula [ARG]; *Silber:* Jeong, Bo Kyeong [KOR]; *Bronze:* Kondo, Ami [JPN] / Galbadrakh, Otgontsetseg [KAZ] + + + + **Judo** 60 kg Männer *Gold:* Mudranov, Beslan [RUS]; *Silber:* Smetov, Yeldos [KAZ]; *Bronze:* Takato, Naohisa [JPN] / Urozboev, Diyorbek [UZB] + + + + **Fechten** Degen Einzel Frauen *Gold:* Szasz, Emese [HUN]; *Silber:* Fiamingo, Rossella [ITA]; *Bronze:* Sun, Yiwen [CHN] + + + + **Gewichtheben** 48 kg Frauen *Gold:* Tanasan, Sopita [THA]; *Silber:* Agustiani, Sri Wahyuni [INA]; *Bronze:* Miyake, Hiromi [JPN] + + + + **Schwimmen** 400 m Freistil Männer *Gold:* Horton, Mack [AUS]; *Silber:* Sun, Yang [CHN]; *Bronze:* Detti, Gabriele [ITA] + + + + **Schwimmen** 400 m Lagen Männer *Gold:* Hagino, Kosuke [JPN]; *Silber:* Kalisz, Chase [USA]; *Bronze:* Seto, Daiya [JPN] + + + + **Schwimmen** 4 x 100 m Freistil Frauen *Gold:* Australien; *Silber:* USA;

DIE FAVORITEN. Die britische Mannschaft um Kapitän Christopher Froome (links) beim Start. Es wurde nichts mit der geplanten Medaille.

Ein ansonsten nicht gerade hochintellektueller deutscher Fußballprofi hat einmal nach einer unglücklichen Niederlage gesagt: »Zuerst hatten wir kein Glück, und dann kam auch noch Pech dazu.« Hat sich in die Kabine verabschiedet, den Kummer am Abend ertränkt – und beim nächsten Spiel hat er wieder das Tor getroffen. Die Politiker Franz Josef Strauß (»Spiegel«-Affäre), Wolfgang Schäuble (Spenden-Schmu) oder Cem Özdemir und Gregor Gysi (Bonusmeilen-Trickserei) sind jählings völlig out gewesen. Niemand hat mehr einen Pfifferling auf sie gewettet, aber sie haben nicht aufgegeben. Und nach langen Durststrecken waren sie wieder da und haben munter mitgemischt in der Politik.

Was das mit den Olympischen Spielen 2016 zu tun hat?

Nichts und doch ganz viel.

Das größte Sportereignis der Welt ist eben auch die Bühne der großen Sieger und der niedergeschmetterten Verlierer. Die Sieger springen aufs Podest und bekommen Medaillen um den Hals gehängt (in Rio haben Bronze, Silber und Gold jeweils einen eigenen Klingelton, wenn man sie schüttelt). Sie geben Interviews, werden bewundert und umworben.

Die Verlierer verdrücken sich ins olympische Dorf und lecken die Wunden. Vier Jahre Schinderei für die Katz. Das Publikum wendet sich ab, die Medaillenzähler sind enttäuscht.

Wer sich jetzt aufgibt, wird ein Verlierer bleiben. Wer wieder aufsteht, kann ein ganz großer Sieger werden.

Tag zwei bei Olympia – es ist ein Tag des Jubels und der Niedergeschlagenheit. Die Orte der Handlungen sind die Straßen von Rio, die Turnhalle, die Schießanlage, das Reitstadion, das Zentrum der Schwimmer und die olympischen Tenniscourts. Handelnde Personen: Tour-de-France-Helden und andere Velo-Fahrer. Strauchelnde Körper-Artisten. Frauen unter Waffen. Nicht ganz sattelfeste Reitersleute. Wasserschlucker.

Am Vormittag machen sich die Teilnehmer des Straßenradrennens der Männer auf den langen Weg. Sie müssen sich 241,5 Kilometer bei 30 Grad im Schatten über die Straßen vor und in der Stadt quälen. Schon vor dem Rennen sind sich alle einig:

Das wird ein harter Ritt.

241,5 Kilometer und 4.600 Höhenmeter – da bekommen sogar die Kletterspezialisten der Tour de France Respekt. Sie werden wohl den Sieg unter sich ausmachen. Die Sprinter haben von vornherein abgewunken und gehen erst gar nicht an den Start. So werden als Favoriten die Klassikerspezialisten mit guten Kletterfähigkeiten gehandelt. Da schieben sich der Spanier Alejandro Valverde, der Niederländer Bauke Mollema, Rafal Majka, frischgebackener Bergkönig der Tour de France, und Tour-Sieger Chris Froome in die erste Reihe.

Der Rest hat eher Muffe.

Jan Schaffrath hat schon viel erlebt im Radsport, doch vor dem olympischen Kurs hat der Nationaltrainer des deutschen Teams vor allem eines: Respekt.

TAG 2

STARKE LEISTUNG. Simon Geschke (hinten rechts) mischte im olympischen Straßenrennen lange in einer Ausreißergruppe mit, suchte seine Chance.

»Ich kann mich an keine annähernd so schwere Olympiastrecke erinnern«, sagt der 44-Jährige, der seine aktive Karriere 2005 beendete und seither als Sportlicher Leiter und eben Bundestrainer arbeitet.

Schaffrath steht mit seinen Jungs vor dem Straßenrennen in Rio vor einer Herkulesaufgabe. Weil der überlange Rennkurs mit dem enorm schweren, bergigen Profil nicht wirklich zu den derzeit besten deutschen Straßenfahrern passt, hat der Bund Deutscher Radfahrer die vier ihm zustehenden Startplätze noch nicht einmal voll ausgeschöpft.

Start und Ziel der 241,5 Kilometer sind an der Copacabana. Es beginnt idyllisch. Flach sind die ersten Kilometer, die Fahrer können sich sattsehen an den schönen Stadtteilen. Ipanema, São Conrado. Strände, Villen, Reichtum, breite flache Straßen. Es rollt so wunderbar sanft. Nur der stramme Wind vom Meer stört.

Dann verlässt die Strecke den Strand, und Schluss ist es mit lustig. Nach knapp 40 Kilometern geht's westwärts auf den ersten von zwei Rundkursen. Der Grumari Circuit ist nach dem nur 1,2 Kilometer langen, aber giftigen Grumari-Anstieg benannt, der diesen Streckenabschnitt prägt. Ihm folgt der etwas längere Grota-Funda-Anstieg. 24,8 Kilometer lang ist der Grumari Circuit und wird viermal wiederholt.

Die Abfahrten sind jäh und verwinkelt, die ersten Exoten stürzen schlimm. Eine Gruppe von sechs Fahrern setzt sich ab, darunter auch der Deutsche Simon Geschke. Sie arbeiten unbeirrt zusammen und halten das Feld auf zwei Minuten Abstand.

Dort belauern sich die Favoriten. Vor allem passen alle auf den Briten Christopher Froome auf, der im Juli die Tour de France gewonnen hat. Man ist sich einig, dass Froome sich eigentlich die Goldmedaille nur noch abzuholen braucht. Wer soll den Mann, bitte schön, in die Schranken weisen?

Alles läuft also nach Plan für den Unschlagbaren. Die Fahrer lassen den Rundkurs Nummer eins hinter sich und machen sich auf den Rückweg in Richtung Rio de Janeiro. 22 Kilometer flach, viel Wind, Küste, schnelle Fahrt, es geht ans Eingemachte.

Denn nun biegen die besten Radfahrer der Welt auf den zweiten Rundkurs ein. Den müssen sie dreimal absolvieren. Der Canoas/Vista Chinesa Circuit, eine teuflische Angelegenheit. Rechts weg vom Meer und den Berg hinauf. Vorbei an Favelas und durch dichte Wälder, die Steigung hört erst nach neun Kilometern auf, danach führt die kurvige Straße jäh talwärts.

Wieder stürzen Fahrer, die chancenlos an den Start gegangen sind. Die Gruppe um Simon Geschke wird vom Feld eingeholt, die sechs Fahrer haben nun Mühe, sich ins Ziel zu quälen. Vorne löst sich wieder eine Zehnerschar aus dem Peloton und arbeitet einen einminütigen Vorsprung heraus.

Christopher Froome nimmt es gelassen. Er kennt diese Eigendynamik eines jagenden Feldes. Er macht sich noch nicht verrückt. Der Sieg-Routinier sammelt Kräfte – schließlich musste er nach einem Defekt zum Peloton aufschließen. Nun rollt er mit und bereitet sich auf den Showdown im Finale des Rennens vor.

220 Kilometer sind die Ersten unterwegs. Der letzte Anstieg hat ein Ende, es beginnt die letzte Abfahrt des Tages. Auch in der Schlussphase des Rennens dürfen die Profis hier nicht die Nerven verlieren, denn die anschließende Abfahrt ist nicht einfach, und die Beine sind schwer.

Es ist steil, sehr steil. Die Spitzengruppe darf nicht bremsen, zu dicht folgt das Hauptfeld. Also jagen die Führenden hasardierend den Berg hinunter. Zuerst stürzen zwei Radprofis, die zu den besten Abfahrern der Welt gehören. Der Italiener Vincenzo Nibali bleibt mit einem Schlüsselbeinbruch auf dem Asphalt liegen. Der mit ihm zu Fall gekommene Kolumbianer Sergio Henao hat sich das Becken gebrochen, die restlichen Führenden umkurven die beiden.

Ein paar Kurven weiter erwischt es Geraint Thomas. Der Brite wird ins Krankenhaus gebracht. Gehirnerschütterung, diverse Brüche – das ist seine Olympia-Bilanz.

Der Pole Rafal Majka hat sich an den Verunfallten vorbeilaviert, nun rast er ungebremst in die Ebene. Noch sieben Kilometer, Majka ist jenseits einer Schmerzgrenze, die ein Normalmensch nie überschreiten würde. Mit weit geöffnetem Mund und halb geschlossenen Augen tritt er seine Rennmaschine in Richtung Ziel. 23 Sekunden hinter ihm streiten sieben Verfolger, wer sich für die Jagd im Wind opfern soll. Wenn das so weitergeht, wird Majka sich ins Ziel retten können.

Noch sechs Kilometer, 25 Sekunden Vorsprung. Die Verfolger sind sich noch immer nicht einig.

Noch fünf Kilometer. Majka sieht sich um. Er kann ganz hinten, 17 Sekunden hinter sich, das Knäuel von Motorrädern und Fahrern ausmachen, die zu ihm wollen. Noch vier Kilometer, die Copacabana ist erreicht. Jetzt hat Majka es noch mit zwei Konkurrenten zu tun, dem Dänen Jakob Fuglsang und dem Belgier Greg van Avermaet. Zwölf Sekunden liegen zwischen ihm und den beiden. Van Avermaet ist bekannt als brillanter Sprinter auf den letzten Metern.

Sa 6.8.2016

Bronze: Kanada + + + +
Schwimmen 400 m Lagen Frauen *Gold:* Hosszu, Katinka [HUN]; *Silber:* Dirado, Madeline [USA]; *Bronze:* Belmonte Garcia, Mireia [ESP]

Meldungen

Windige Angelegenheit. »Das ist meiner Meinung nach nicht ruderbar. Wenn die Bedingungen so sind wie beim Training, ist es reine Lotterie, reines Glücksspiel«, schimpft Bundestrainer Ralf Holtmeyer nach einer abgebrochenen Übungseinheit des Deutschland-Achters. Das Paradeboot läuft voll, kurz nachdem es die Athleten zu Wasser getragen haben. Nach dem Abbruch wird die Einheit auf die Ergometer im olympischen Dorf verlegt. Damit fällt für diese Jungs das Training ins Wasser – während die Kollegen in anderen Booten schon im Ernstfall kentern: Am ersten Tag scheitern die meisten deutschen Teilnehmer bei der Premiere und müssen sich nun in den Hoffnungsläufen bewähren.

Erstes Russen-Gold. Judoka Beslan Mudranov hüpft seinem Trainer jubelnd in die Arme. Im Finale der Klasse bis 60 Kilogramm hat sich Mudranov in der Verlängerung gegen den Kasachen Yeldos Smetov durchgesetzt. Gold für Russland. »Natürlich bedeutet diese Medaille viel für unser Land«, sagt der dreifache Europameister. »Es gab viel psychologischen Druck. Aber wir haben uns vorbereitet und sind darunter nicht zusammengebrochen.« Nach dem Staatsdoping-Skandal war bis zuletzt um das Startrecht russischer Athleten in Rio gerungen worden.

Sportsfreunde? Nein danke! Die serbische Regierung rät ihren Athleten, jeden Kontakt mit Sportlern aus dem benachbarten Kosovo zu vermeiden. Selbst bei einer Siegerehrung sollten die Serben das Podest unter Protest verlassen, sagt Sportminister Vanja Udovicic. »Wir können weder die Hymne hören noch die Nationalfahne ansehen.« Damit würde man automatisch die Souveränität der früheren serbischen Provinz anerkennen.

BITTERER AUFTAKT. Jacob Heidtmann schwamm über 400 m Lagen neuen Deutschen Rekord, wurde aber disqualifiziert. Aus der Traum!

Drei Kilometer. Elf Sekunden. Fuglsang und van Avermaet sehen, wie die fünf Motorräder rund um den Führenden Platz machen.
Noch eineinhalb Kilometer. Sie haben ihn.
Der Spurt ist Formsache. Der Belgier gewinnt, Fuglsang holt Silber. Majka rollt erschöpft und glücklich als Dritter über die Linie.
Ein Belgier ist also einer der ersten Sieger von Rio. Zuhause feiert man ihn als Superhelden. Nun ist er der erfolgreichste Sportler seiner Familie. Sein Großvater Aimé war von 1957 bis 1963 Radprofi, sein Vater Ronald nahm 1980 in Moskau am olympischen Straßenrennen teil. 36 Jahre später gewinnt der Sohn und erklärt bei einem Sieger-Interview vor traumhafter Strandkulisse, er habe ziemlich viel Dusel gehabt. »Ich war nicht der stärkste Mann im Rennen, aber das gehört zum Radsport dazu.«

Schwimmen, Reiten, Tennis
BADEN GEGANGEN

GOLD-TANZ. Die australische 4x100-m-Freistil-Staffel schwamm mit Emma McKeon, Brittany Elmslie, Bronte Campbell und Cate Campbell neuen Weltrekord.

So hören sich also Siegergeschichten von Olympia an. Die Sportler der deutschen Mannschaft, die an diesem Tag zwei der Spiele ihren Auftritt haben, können freilich von Sieger-Interviews nur träumen.
Sie müssen erklären, woran es denn gehapert habe.
Da sind zum Beispiel die Schwimmer. Sie gehen ziemlich kläglich baden – obwohl nach den letzten Vorbereitungen die Trainer gehofft hatten, dass diesmal die Garde der Jungen, Ehrgeizigen sich nach einer »Dürre« wieder in der Weltspitze einreihen könne.
Nach dem ersten Tag der Schwimmwettkämpfe sieht es noch nicht so aus. Alle fünf Starter scheiden in den Vorläufen

TAG 2

BITTERE VIERTE. Die Medaille ist so nah, aber mit dem Luftgewehr schießt sich Barbara Engleder nur auf Platz vier. Die Mimik sagt alles.

DRAMA AUF DER MATTE. Andreas Toba hält sich die Hände vors Gesicht. Er weiß, es ist Schlimmes passiert. Trotz Kreuzbandriss turnt er weiter, bringt die Mannschaft ins Finale.

aus. Einzig Jacob Heidtmann jubelt nach dem Anschlag über 400 Meter Lagen. Doch das Siegergefühl ist von kurzer Dauer. Auf der Anzeigetafel glimmt hinter dem Namen »Heidtmann« ein »d« auf. »D« steht für »disqualified«. Rausgeflogen. Mit Tränen in den Augen flüchtet der Elmshorner Jacob Heidtmann aus dem Schwimmstadion von Rio de Janeiro. Der 21-Jährige hat zwar nach 4:11,85 Minuten in deutscher Rekordzeit angeschlagen, doch wegen zwei Delfinkicks bei der Brustwende wird er disqualifiziert.

Neidvoll blicken die deutschen Schwimmerfreunde auf das weitere Geschehen an diesem Tag. Zwei Weltrekorde bei den Frauen – die Ungarin Katinka Hosszu schwimmt über 400 Meter Lagen ebenso in Rekordzeit zu Gold wie die australische Freistilstaffel über 4 x 100 Meter. Bei den Männern gewinnt der Japaner Kosuke Hagino Gold über 400 Meter Lagen, der Australier Mack Horton über 400 Meter Freistil.

Was tun nach solchen Misserfolgs-Erlebnissen? Der Freistilschwimmer Clemens Rapp macht sich und den Mitleidenden Mut: »Wie der erste Wettkampftag läuft, so läuft es zwar in der Regel weiter. Aber unsere starken Leute kommen ja noch.«

Am Abend verbreitet sich auch im Deutschen Haus eine allgemeine Kopf-hoch!- und Jetzt-erst-recht!-Stimmung. Die Bilanz des ersten Tages verschreckt sogar die Pessimisten. Von den Tennis-Assen hat sich bislang nur Philipp Kohlschreiber in die zweite Runde durchgeschlagen. Die Reiter haben gepatzt, während die Konkurrenz um Gold auf höchstem Niveau punktete.

Turnen, Schießen
KOPF HOCH!

Und bei den Turnern ist ein Deutscher Hauptdarsteller eines sportlichen Dramas gewesen. In der Bodenübung landet der Turner Andreas Toba nach einer Bahn mit zwei Sprüngen und knickt sofort weg.

Da ist etwas kaputt. »Auf einmal hat es gekracht, und ich konnte das Bein nicht mehr halten.«

Helfer tragen den weinenden Sportler aus der Olympic-Arena, der Freiburger Teamarzt Hans-Peter Boschert stellt die verheerende Diagnose: Kreuzbandriss. Das war's dann wohl.

»Ich dachte mir, das kann doch nicht wahr sein. Du musst dem Team helfen und am Pferd turnen. Wir sind hier nicht bei irgendeiner Gau-Meisterschaft.«

Der Arzt rät ab, die Kampfrichter haben Toba schon aus den Startlisten gestrichen. Da humpelt der 25-Jährige in die Arena und setzt am Pauschenpferd seinen Wettkampf fort. Mit 14,233 Punkten turnt er unter Schmerzen die höchste Wertung der Deutschen und sichert dem Team trotz des Missgeschicks auf Rang acht schließlich den Finalstart.

Und nicht genug. »Wenn es irgendwie möglich ist, will ich auch im Finale noch einmal turnen.«

So etwas macht Mut. Mit solchen Sportlern schafft man es vom Verlieren zum triumphalen Siegen. Oder mit einer Einstellung, wie sie die Schützin Barbara Engleder zeigt. Die ist mit ihrem Luftgewehr auf Medaillenkurs, als sie einen Schuss leicht verpatzt. Am Ende wird sie Vierte. Das ist nun mal ärgerlich!

Barbara Engleder wird wohl nie Politikerin, sie hat es nicht mit dem Drumrum-Reden. Nach dem letzten Schuss schildert sie das Erlebte, wie man das bei ihr daheim in Eggenfelden am besten versteht. »Ist der Wettkampf noch so klein, einer muss das Arschloch sein.« Im Augenblick sei sie nur sauer, »die große Traurigkeit wird wohl später kommen.«

Dann versucht sie eine heitere Miene. Das gelingt auch beinahe. Barbara Engleder, diese sau-sympathische Vierte, sagt: »Konnst nix machen, des war ja ned der letzte Wettkampf in Rio. Muass i mi halt wieda schindn, da wer i mi halt wieda aufhaxn. Jetz hob i Bluat gleckt, jetz muass a Medajn her.«

Oder, in Untertiteln: Da kann man nichts machen, es war ja nicht mein letzter Auftritt bei Olympia. Jetzt werde ich mich an den Haaren aus dem Morast ziehen, auch wenn es weh tut. Nun will ich es wissen. Nun muss eine Medaille her.

So lobt man sich die Verlierer. Solche Typen sind zum Siegen gemacht.

ABGETAUCHT, AUFGETAUCHT

Michael Phelps ist der beste Schwimmer aller Zeiten. Aber er war sich auch selbst im Weg, nachdem er alles gewonnen hatte, was der Sport bietet. Phelps rutschte ab, er drohte unterzugehen. Jetzt hat er in Rio sein 19. olympisches Gold gewonnen. Ein Comeback ins Leben.

Michael Phelps steht neben dem Startblock und fixiert seinen Mannschaftskameraden Nathan Adrian, der sich in der Ferne abarbeitet. Adrian wendet, verschwindet im Wasser, taucht wieder auf und prügelt das Wasser. Knapp hinter ihm hält ein Franzose dagegen. Noch ist nichts entschieden im Finale der 4x100-Meter-Staffel der Herren.

Phelps stützt die überlangen Arme auf die Oberschenkel und starrt zum Kollegen, als könne er durch seine Blicke den Kumpel auf den letzten 50 Metern schneller machen. Sein Oberkörper pumpt noch nach seinem 47-Sekunden-Einsatz. Er ist ein Kerl mit einem Oberkörper wie ein mächtiger Kasten. Auf der Schulter hat er einen kreisrunden Bluterguss, der kommt von einer Behandlung, die die Muskeln aktivieren soll.

Der 31-jährige Schwimmer Michael Phelps ist ein Hüne aus Sehnen, Muskeln, Knochen und Haut. 3,3 Kilogramm Fett bei 83 Kilo Gewicht haben Wissenschaftler bei dem besten Schwimmer aller Zeiten gemessen. Er ist ein Mensch wie geschaffen fürs Wasser: →

7.8.2016

Spruch des Tages
»Mit fehlt es echt an nichts ... außer das eine Kreuzband.«
Andreas Toba, der nach einem Kreuzbandriss bei der Bodenübung am Pauschenpferd eine hoch benotete Übung geturnt und die Turn-Herren damit ins Finale gebracht hat.

Zahl des Tages
54 ...
... Jahre alt ist die brasilianische Sportschützin Janice Teixeira. 2008 war sie TV-Kommentatorin in Peking. Dann hatte sie einen Schlaganfall. Sie erholte sich, lebt seither rundum gesund – und hat sich für Olympia im eigenen Land qualifiziert.

Entscheidungen

Judo **66 kg Männer** *Gold:* Basile, Fabio [ITA]; *Silber:* An, Baul [KOR]; *Bronze:* Sobirov, Rishod [UZB] / Ebinuma, Masashi [JPN] + + + + *Judo* **52 kg Frauen** *Gold:* Kelmendi, Majlinda [KOS]; *Silber:* Giuffrida, Odette [ITA]; *Bronze:* Kuzyutina, Natalya [RUS] / Nakamura, Misato [JPN] + + + + *Gewichtheben* **56 kg Männer** *Gold:* Long, Qingquan [CHN]; *Silber:* Om, Yun Chol [PRK]; *Bronze:* Kruaithong, Sinphet [THA] + + + + *Gewichtheben* **53 kg Frauen** *Gold:* Hsu, Shu-Ching [TPE]; *Silber:* Diaz, Hidilyn [PHI]; *Bronze:* Yoon, Jin-Hee [KOR] + + + + *Schießen* **Trap Frauen** *Gold:* Skinner, Catherine [AUS]; *Silber:* Rooney, Natalie Ellen [NZL]; *Bronze:* Cogdell, Corey [USA] + + + + *Schießen* **Luftpistole 10 m Frauen** *Gold:* Zhang, Mengxue [CHN]; *Silber:* Batsarashkina, Vitalina [RUS]; *Bronze:* Korakaki, Anna [GRE] + + + + *Fechten* **Florett Einzel Männer** *Gold:* Garozzo, Daniele [ITA]; *Silber:* Massialas, Alexander [USA]; *Bronze:* Safin, Timur [RUS] + + + + *Wasserspringen* **Synchron 3 m Frauen** *Gold:* China; *Silber:* Italien; *Bronze:* Australien + + + + *Radsport* **Straßenrennen Frauen** *Gold:* van der Breggen, Anna [NED]; *Silber:* Johansson, Emma [SWE]; *Bronze:* Longo Borghini, Elisa [ITA] + + + + *Bogenschießen* **Recurve Mannschaft Frauen** *Gold:* Südkorea; *Silber:* Russland; *Bronze:* Taiwan + + + + *Schwimmen* **100 m Schmetterling Frauen** *Gold:* Sjoestroem, Sarah [SWE];

Olympia **2016**

DER REKORDMANN. Michael Phelps (ganz oben) pflügt durch das Wasser, misst sich mit Russlands Danila Izitov, Australiens Kyle Chalmers, Kanadas Yuri Kisil und Belgiens Jasper Aerents.

Hände hat er wie Kohleschaufeln. 1,93 Meter groß ist der Amerikaner. Normalerweise haben solche Männer eine Armspannweite von 1,96 Metern. Phelps erreicht von Fingerspitze zu Fingerspitze ein Maß von 2,08 Metern.

Er hat einen langen Oberkörper und kurze Beine. Die erzeugen im Zusammenspiel mit den flossenartigen wendigen Füßen 90 Prozent des Vortriebs. Der Mann ist ein menschgewordener Delfin.

Jetzt hat er bei seinem ersten Auftritt in Rio den Job getan.

US-Startschwimmer Caeleb Dressel hat als Zweiter hinter Frankreich angeschlagen. Jetzt war es an Phelps, sich zu beweisen. Weiter Sprung ins Becken, lange, scheinbar ruhige Tauchfahrt, Phelps tauchte auf und erhöhte das Tempo. Schnell war er neben Fabien Gilot, ließ den Franzosen hinter sich, baute die Führung aus. Ryan Held übernahm, setzte sich noch ein kleines Stück weiter ab. Nun ist also Nathan Adrian dran. Noch 40 Meter, und der Franzose hat nichts mehr zuzusetzen. Phelps krallt sich am Startblock fest und schreit sich die Lunge aus dem Hals. Später wird er sagen: »Als Nathan auf mich zukam, dachte ich, mein Herz würde explodieren. Ich weiß nicht, ob ich jemals während eines Rennens so eine Atmosphäre auf den Rängen wahrgenommen habe, das Publikum war wild, ich war wild, die Welt war aus den Fugen.«

Da ist sie, seine 19. Goldmedaille bei Olympischen Spielen. Nach seinem Olympiadebüt 2000 in Sydney hat Phelps in Athen 2004 sechs Goldene geholt, ließ in Peking 2008 sonst nie erreichte acht folgen und schlug in London 2012 viermal zu. Dazu liegen bei ihm zuhause noch je zwei Silber- und Bronzemedaillen rum – wo genau, das weiß er nicht. Ist ihm auch egal. »Die Medaillen hat man im Kopf.«

Er ist immer wieder gefragt worden, wie ein Rekordsieger seine Trophäen aufbewahrt. Manchmal wurde er dann mürrisch. In gelassenen Phasen sagte er: »Wo sie sind? Oh. Ich weiß es gar nicht so genau. Einige sind zuhause in Baltimore. Einige sind hier, einige sind dort. Ich weiß es gar nicht so richtig. Ist ja nicht so, dass ich da meine Favoriten habe. Eine olympische Goldmedaille bedeutet, dass du zeit deines Lebens Olympiasieger bist. Das unterscheidet sie von Weltrekorden. Weltrekorde werden gebrochen, aber einen Olympiasieg kann dir keiner wegnehmen.«

Jetzt also Nummer 19.

Siegerehrung. Das ist eigentlich Routine, doch Michael Phelps empfindet alles wie ein neues Märchen. Er blickt um sich, staunend, genießend, ganz im Jetzt. Er geht aufs Siegerpodest zu und grinst wie ein aufgeregter Schuljunge auf dem Weg zum ersten Unterricht. Die Halle tobt – es scheint, als seien nur Amerikaner auf den Zuschauerrängen. »Olympic Champion – USA« brüllt es aus den Lautsprechern.

Neben Phelps jubeln die drei Staffelkollegen, auf der Tribüne flippen die Mutter und seine Freundin Nicole aus. Nicole hält den knapp drei Monate alten Sohn Boomer auf dem Arm. Phelps macht sie in der Ferne aus und winkt. Nicole winkt mit Boomers Ärmchen zurück.

Die Hymne.

Michael Phelps weint. Der Superstar, der Seriensieger, der Obercoole – er weint.

Der Mann hat alles, was man sich so vom Sport wünschen kann.

Siege über Siege. Rekordzeiten noch und nöcher. Geld wie kaum ein anderer. Seine Werbeeinnahmen werden auf rund 12 Millionen Dollar pro Jahr geschätzt. Seit 2014 steht er bei einem spendablen Ausrüster unter Vertrag, der Kontrakt läuft bis 2022.

Vor vier Jahren gewann Phelps die 18. Goldmedaille, danach setzte er sich müde vor die Mikros und erklärte, nun habe er die Faxen dicke. Er könne »kein Chlor mehr riechen«, er habe genug von dem eintönigen Leben eines Leistungssportlers. Training, Massage, vernünftiges Essen (in harten Phasen stopft Phelps 10.000 Kalorien in seinen Körper), schlafen – das kann doch nicht alles sein.

Also stieg er aus dem Becken und versuchte sich im normalen Leben. Daran wäre der Michael Phelps, der gewohnt ist, alles zu gewinnen, was er gewinnen will, beinahe zerbrochen.

»Es ist komisch«, hat Phelps vor Kurzem erzählt. »Ich habe im wahrsten Sinne des Wortes nichts getan.«

Es war eine grässliche Leere: Freunde, mit denen er tagsüber etwas unternehmen wollte, hatten keine Zeit, weil sie Geld verdienen mussten. »Ich war allein und irgendwie abgemeldet. Ich habe wohl 20.000 Golfbälle in dieser Zeit geschlagen, aber befriedigend war das nicht. Mir fehlte die Struktur im Leben.«

Phelps verlor sich selbst. Seine Ausrutscher wurden aufmerksam registriert und waren immer gut für Schlagzeilen: Im Februar 2009 brachte ein in der britischen Zeitung »News of the World« erschienenes Foto Phelps in Erklärungsnot. Die Aufnahme zeigte den Schwimmstar beim Inhalieren von Cannabis mit einer Wasserpfeife.

Er zockte im Spielerparadies Las Vegas und stürzte sich in eine Affäre mit einer redseligen Striptänzerin. 2014 wurde er bei einer Alkoholfahrt erwischt. In einer 45-Meilen-Zone (umgerechnet 72 km/h) war Phelps in seinem Landrover mit 135 km/h unterwegs.

Die Folgen: Festnahme, Verurteilung zu seiner zweiten Bewährungsstrafe, Suchttherapie mit 45 Tagen in einer Entzugsklinik. Der US-Verband nahm ihn vorübergehend aus dem Team. Es war genau das Warnsignal, das Phelps gebraucht hatte. Rückblickend sagt er: »Ich war an einem sehr dunklen Ort.«

Michael Phelps stand an der Klippe. Er entschuldigte sich via Facebook für seinen Fehltritt: »Ich begreife die Schwere meiner Taten und übernehme die volle Verantwortung. Ich weiß, dass meine Worte im Moment nicht viel bedeuten, aber ich bitte jeden um Verzeihung, den ich enttäuscht habe.«

Heute sagt er über diese Phase seines Lebens, zum Beispiel im Interview mit dem Sportsender ESPN: »Es war mir al-

GOLD NUMMER 19. Gemeinsam mit Caeleb Dressel feiert Michael Phelps (links) das Staffel-Gold und seine 19. Goldmedaille.

So
7.8.2016

Silber: Oleksiak, Penny [CAN]; *Bronze:* Vollmer, Dana [USA] + + + + **Schwimmen 100 m Brust Männer** *Gold:* Peaty, Adam [GBR]; *Silber:* van der Burgh, Cameron [RSA]; *Bronze:* Miller, Cody [USA] + + + + **Schwimmen 400 m Freistil Frauen** *Gold:* Ledecky, Katie [USA]; *Silber:* Carlin, Jazmine [GBR]; *Bronze:* Smith, Leah [USA] + + + + **Schwimmen 4 x 100 m Freistil Männer** *Gold:* USA; *Silber:* Frankreich; *Bronze:* Australien

Meldungen

Zittersieg. Zwei Tage nach seinem Auftritt als glücklicher Fahnenträger der deutschen Mannschaft besiegt Tischtennisspieler Timo Boll den Russen Alexander Schibajew mit Hängen und Würgen. Er gewinnt mit 4:3 Sätzen. Den ersten Durchgang verliert Boll mit 12:14. Den zweiten gewinnt der Weltranglisten-13. klar mit 11:3. Danach verheddert er sich in einem engen Match, ehe er mit einem 11:6 im letzten Durchgang alles klar macht.

Premiere. Das war eine schwere Geburt – doch nun haben sie es geschafft: Erstmals ziehen die deutschen Turnerinnen in ein Mannschaftsfinale ein. Lange bangen sie auf der Tribüne nach ihrem eigenen Wettkampf inmitten der 12.000 Zuschauer. Die Riegen der Niederlande, aus Japan, Kanada und Frankreich versuchen, die Deutschen noch aus den Finalrängen zu drängen. Vergebens. Unabhängig vom Ausgang des Finals steht das beste Mannschafts-Resultat seit der Wiedervereinigung fest.

Weltrekorde. Es geht noch schneller. Zum Beispiel bei den Frauen über 400 Meter Freistil. Die Amerikanerin Katie Ledecky braucht für die Distanz 3:56,46 Minuten. Weltrekord! Ledeckys Landsfrau Leah Smith holt Bronze. Silber geht an die Britin Jazmin Carlin – die hat übrigens beim letzten Anschlag 4,5 Sekunden Rückstand auf Ledecky. Eine weitere Weltbestleistung stellt der Brite Adam Peaty über 100 Meter Brust auf. Die neue Bestmarke liegt nun bei 57,13 Sekunden. Mit über eineinhalb Sekunden Rückstand wird Cameron van der Burgh (Südafrika) Zweiter. Bronze holt Cody Miller (USA).

Olympia **2016**

AUS IN RUNDE EINS. Wimbledon-Sieger Novak Djokovic muss sich bereits nach seinem ersten Match aus dem Turnier verabschieden.

les scheißegal. Ich hatte kein Selbstbewusstsein, keinen Selbstwert. Ich habe gedacht, dass die Welt ohne mich besser dran wäre. Ich dachte mir, das Beste, was ich tun kann, ist, mein Leben zu beenden.«

Aber ihm sind ein halbes Dutzend guter Freunde geblieben. Sie haben Michael eingehämmert, dass er sein Heil im Sport suchen solle. Sie hatten Erfolg. Ende 2014 erklärte der ehemalige Superschwimmer, der aus der Fasson geraten war:

»Ich will einfach nur wieder zurück ins Wasser.« Und er fügte hinzu, dass sein Trainer Bowman und er gemeinsam alles hinbekämen, was sie anpacken. »Das war schon so in der Vergangenheit. Deshalb freue ich mich darauf, herauszufinden, wohin mich dieser Weg führen wird.«

Der Sport, so Phelps, habe »das Beste aus mir herausgeholt. Da will ich wieder hin.«

Er hat einen Begleiter beim Comeback, seinen Trainer Bob Bowman. »Im Verlauf meiner Karriere habe ich versucht, die Dinge auf viele verschiedene Weisen anzupacken. Manche haben funktioniert, andere wurden zu einem epischen Fiasko. Bob und ich haben uns dazu entschlossen, es wieder zu versuchen, weil ich mich dazu verpflichtete, es nur auf die beste Art und Weise zu tun. Das war der Pakt. Jetzt sehe ich Ergebnisse und bin glücklich.«

Zwei Jahre später steht er mit den Staffelkollegen in der Schwimmhalle von Rio und weint.

Während der Eröffnungsfeier in Rio de Janeiro hat Phelps die amerikanische Fahne ins Stadion getragen. Er ist ein anderer Star als der Michael Phelps von London. Er genießt die Rolle als Frontmann des guten Sports, er hat etwas zu sagen. Aber er muss kein Lautsprecher mehr sein.

Wenn zum Beispiel das Thema Doping angesprochen wird, erklärt ein besonnener Michael Phelps: »Das ist alles sehr traurig. Es wäre schön, wenn alle mit denselben Voraussetzungen starten würden. Aber ich glaube, es wird immer Personen geben, die betrügen.«

Dann, ganz der unerschrockene Kämpfer aus Baltimore (in der »Welt«): »Doping ist beschissen. Und das sage ich, weil ich nicht weiß, wie man sich fühlt, wenn man vor einem Rennen auf den Startblock steigt und denkt: In diesem Wettbewerb sind alle sauber.«

So denkt er und so redet er. Aber dann kommt irgendwann sein Augenblick. Da kümmert er sich nicht mehr um die Doper und die Funktionäre, da sind alle »dunklen Orte« dieser Welt vergessen. Da steigt er auf den Startblock, wirft sich ins Wasser und prügelt sich zum Sieg. Es gibt wohl nur einen Unterschied zu früher:

Michael Phelps hat in den schlimmen Jahren gelernt, das Siegen zu genießen.

Tennis
COURT DER TRÄNEN

Juan Martin del Potro wird langsam nervös. Der Argentinier hat einen dringenden Termin – aber jetzt steckt er im Aufzug fest.

Nach 40 Minuten wird er befreit und jagt

TAG 3

DER JUBELSCHREI. Juan Martín Del Potro reißt die Arme in die Höhe, feiert seinen Triumph über den Weltranglisten-Ersten.

GEFÄHRLICHE IDYLLE. Die Aussicht ist traumhaft, die Kurven aber sind eng und bei zehn Prozent Gefälle eine riskante Sache.

zur olympischen Tennisanlage, wo sein Gegner Novak Djokovic schon auf ihn wartet.

Eigentlich hat del Potro keine Chance – aber wer weiß?

Zweieinhalb Stunden später ist das Match zu Ende. 6:7 (4:7), 6:7 (2:7) unterliegt der hohe Favorit Djokovic gegen den früheren US-Open-Sieger Juan Martin del Potro mit der gewaltigen Vorhand.

»Ohne Zweifel ist es eine der bittersten Niederlagen in meinem Leben, in meiner Karriere«, sagt der Bronze-Medaillengewinner von 2008 und Weltranglisten-Erste. »Es ist nicht leicht, damit umzugehen, vor allem direkt nach dem Match. Die Wunden sind noch frisch.«

Er ist ein fairer Verlierer – nach dem knüppelharten Duell auf dem Court hat die Nummer eins der Welt am Netz lange und herzlich den Kontrahenten aus Argentinien umarmt, der wegen drei Handgelenks-Operationen eine kleine Ewigkeit im Tenniszirkus pausierte.

Es war ein hochklassiges Spiel in einer begeisternden Atmosphäre. Boris Becker, ehemals deutscher Tennisstar und heute Trainer von Djokovic, hat das Match in serbischer Teamkleidung verfolgt. In Rio betreut die deutsche Tennis-Ikone nicht nur Djokovic, sondern die gesamte serbische Tennismannschaft. An diesem Abend kann er dem 12-fachen Grand-Slam-Sieger jedoch nicht viel helfen.

Am Ende heulen alle.

Der Hockeyspieler Moritz Fürste twittert später: »Olympia ist, wenn der beste Spieler der Welt in der ersten Runde ausscheidet – und er und sein Bezwinger nach dem Spiel bitterlich weinen.«

DAS STURZOPFER. Allein auf weiter Flur rast Annemiek van Vleuten Richtung Ziel, stürzt 15 Kilometer vor dem Ende schwer und hat Glück im Unglück.

Radsport
AUF SIEGKURS?

Annemiek van Vleuten stürzt in derselben Abfahrt, in der bei den Männern 24 Stunden zuvor schon zwei Weltklasse-Profis der Radfahrer zu Fall gekommen sind. Sie führt, 15 Kilometer vor dem Ziel, in der Talfahrt zum Meer, die von einer britischen Zeitung als »Abstieg zur Hölle« bezeichnet wird. In einer vertrackten Rechtskurve kann die Holländerin das Tempo nicht mehr kontrollieren, sie bremst und bremst, wird vom Rad geschleudert, fliegt unkontrolliert in Richtung Straßenrand. Ihr Körper prallt auf einen Bordstein und bleibt reglos liegen. Wenig später passieren Konkurrentinnen die Unfallstelle und jagen nach Rio, wo sie den Sieg unter sich ausmachen.

Annemiek wird ins Krankenhaus gebracht. Man befürchtet das Schlimmste. Auf der englischsprachigen Wikipedia-Seite ändert jemand den Text. Nun heißt es »Annemiek van Vleuten was...« anstelle von »Annemiek van Vleuten is...«.

Aber sie ist nicht tot.

Mit drei angeknacksten Rippen, einem gebrochenen Schlüsselbein und Schrammen im Gesicht liegt Annemiek van Vleuten im Krankenhaus. Und twittert nach ihrem Horrorsturz: »Ich hatte viel Glück, dass es nur das war und ich noch am Leben bin. Ich bin jetzt im Krankenhaus mit ein paar Verletzungen und Brüchen, aber alles wird gut.«

Man darf aufatmen. Und dann liest man einen weiteren Satz der Sportlerin, der sprachlos macht: »Nach dem besten Rennen meiner Karriere bin ich aber vor allem super enttäuscht.«

Aha.

TAG 4

KLEINE, GANZ GROSS

Sie kommen aus Nationen, deren Sportler für gewöhnlich einem uralten olympischen Motto folgen: »Dabei sein ist alles.« Doch immer wieder düpieren diese »Exoten« den Rest der Welt und gewinnen eine Medaille. Und die Olympischen Spiele machen richtig Spaß.

Am Tag drei der Olympischen Spiele sind die besten Rugby-Rowdys von den Fidschi-Inseln prächtig gelaunt. Sie bekommen Besuch von einer kleinen Gruppe australischer Journalisten – und die notieren dankbar, dass Kapitän Osea Kolinisau keine Zweifel an der Mission hat. »Wir holen Gold. Etwas anderes kommt nicht in Frage.«

Mo 8.8.2016

Spruch des Tages
»*Trauer. Wehmut. Leere. So fühlt man sich eben, wenn man den dritten Platz so hauchdünn verpasst hat.*« Der Sportler Patrick Hausding, nachdem er im Synchronspringen vom Turm mit Sascha Klein nur Vierter geworden ist.

Zahl des Tages
78 ...
... Prozent Auslastung. Das kennt man gar nicht von Olympia: Die Wettbewerbe sind nicht ausverkauft. Grund: Die Karten sind für Brasiliens Fans zu teuer.

Entscheidungen

Judo **57 kg Frauen** *Gold:* Silva, Rafaela [BRA]; *Silber:* Dorjsuren, Sumiya [MGL]; *Bronze:* Monteiro, Telma [POR] / Matsumoto, Kaori [JPN] ++++ *Judo* **73 kg Männer** *Gold:* Ono, Shohei [JPN]; *Silber:* Orujov, Rustam [AZE]; *Bronze:* Shavdatuashvili, Lasha [GEO] / van Tichelt, Dirk [BEL] ++++ *Gewichtheben* **58 kg Frauen** *Gold:* Srisurat, Sukaya [THA]; *Silber:* Sirikaew, Pimsiri [THA]; *Bronze:* Kuo, Hsing-Chun [TPE] ++++ *Gewichtheben* **62 kg Männer** *Gold:* Figueroa Mosquera, Oscar Albeiro [COL]; *Silber:* Irawan, Eko Yuli [INA]; *Bronze:* Kharki, Farkhad [KAZ] ++++ *Schießen* **Trap Männer** *Gold:* Glasnovic, Josip [CRO]; *Silber:* Pellielo, Giovanni [ITA]; *Bronze:* Ling, Edward [GBR] ++++ *Schießen* **Luftgewehr 10 m Männer** *Gold:* Campriani, Niccolo [ITA]; *Silber:* Kulish, Sergey [UKR]; *Bronze:* Maslennikov, Vladimir [RUS] ++++ *Geräteturnen* **Mehrkampf Mannschaft Männer** *Gold:* Japan; *Silber:* Russland; *Bronze:* China ++++ *Wasserspringen* **Synchron 10 m Männer** *Gold:* China; *Silber:* USA; *Bronze:* Großbritannien ++++ *Rugby* **7er Frauen** *Gold:* Australien; *Silber:* Neuseeland; *Bronze:* Kanada ++++ *Fechten* **Säbel Einzel Frauen** *Gold:* Egoryan, Yana [RUS]; *Silber:* Velikaia, Sophia [RUS]; *Bronze:* Kharlan, Olga [UKR] ++++ *Schwimmen* **100 m Brust Frauen** *Gold:* King, Lilly [USA]; *Silber:* Efimova, Yuliya [RUS]; *Bronze:* Meili, Katie [USA] ++++ *Schwimmen* **100 m Rücken Frauen** *Gold:* Hosszu, Katinka [HUN]; *Silber:* Baker, Kathleen [USA];

Olympia **2016**

EXOTISCHER TEAMGEIST. Das Rugbyteam der Fidschi-Inseln stimmt sich auf das olympische Turnier ein.

Na bitte! Schon wieder so ein olympischer Außenseiter, der für eine ganz große Überraschung gut ist.
Nun ist Rugby lange nicht im Programm der Olympischen Spiele gewesen. Nach 92 Jahren Auszeit freuen sich 250 Millionen Rugby-Fans auf der ganzen Welt, dass in Rio wieder um das Ei gerauft wird.
Insbesondere die 900.000 Einwohner von den Fidschi-Inseln fiebern dem Turnier entgegen. Ihre Damen haben ihnen nicht die erhoffte große Freude gemacht – nun müssen es die Männer richten. Und die Erwartungen sind durchaus realistisch. »Für mich sind die Fidschis der Top-Favorit, noch vor Weltmeister Neuseeland«, sagt Manuel Wilhelm, Leistungssportreferent beim Deutschen Rugby-Verband (DRV).
Rugby ist auf Fidschi Volkssport Nummer eins, noch vor Fußball. Gerade im Siebener-Wettbewerb fürchtet die Elite die strammen Kerls rund um Osea Kolnisau. Im Gegensatz zum klassischen Format besteht die Mannschaft nicht aus 15 Spielern. Sieben Mann sind ein Team. Ein Match dauert 14 statt 80 Minuten. In der knappen Viertelstunde geht es wild und bunt, rasant und rau zu. Es gibt viel Action und deutlich weniger Unterbrechungen als im normalen Rugby.
Die Fidschis, die im Vergleich zu anderen Rugby-Nationen wie Neuseeland, England, Australien oder Südafrika deutlich weniger Einwohner haben, haben sich auf diese schnelle Variante spezialisiert. »Das ist eine perfekte Kombination aus Spielwitz, Technik und Kraft. Sieben Spieler wiegen mehr als 100 Kilo und können sich dennoch geschmeidig bewegen«, erläutert Wilhelm die besondere

TAG 4

EXOTISCHE TRÄNEN. Majlinda Kelmendi holte im Judo die erste Goldmedaille für den Kosovo.

EXOTISCHER STOLZ. Mit der Goldmedaille und der Nationalflagge wird ein Selfie in die Heimat gepostet.

EXOTISCHES SILBER. Die Philippinin Hidilyn Diaz im Gewichtheben der Frauen bis 53 Kilo.

EXOTISCHES GOLD. Die Thailänderin Sopita Tanasan holte Platz eins im Gewichtheben der Frauen bis 48 Kilo.

Stärke des Südsee-Teams. Er war mit der DRV-Auswahl im Januar während der Olympia-Vorbereitung auf Fidschi und erinnert sich: »Die Begeisterung ist einfach riesig.«

Für die olympische Gemeinde freilich klänge es durchaus exotisch, wenn Sportler von den Fidschis aufs Siegertreppchen klettern würden. So fremd, wie es auch gewesen ist, als eine Judokämpferin aus dem Kosovo in Rio Gold gewann.

Zum ersten Mal ist der Kosovo mit eigenen Athleten bei Olympischen Spielen mit von der Partie. Und schon gibt's Gold. Majlinda Kelmendi, die in der Klasse bis 52 Kilogramm antritt, lässt sich heulend von den Fans feiern. »Majlinda ist golden, Kosovo ist golden! Lasst uns diesen Meilenstein zusammen feiern«, schreit ein euphorisierter Premierminister Isa Mustafa in der Hauptstadt Pristina. »Was manche Länder nicht in Jahrzehnten zustande gebracht haben, hat unser geliebter Kosovo durch unsere glorreiche Heldin bereits bei seinen ersten Spielen geschafft.«

Bereits 2013 ist die Kämpferin aus dem Städtchen Peja, ebenfalls in Rio, Weltmeisterin geworden. 2014 wiederholte sie in Tscheljabinsk den WM-Erfolg – und ist seither die populärste Kosovarin überhaupt.

Man möge bitte auf dem Teppich bleiben, sagt sie. »Es ist egal, ob ich Weltmeisterin bin, ob ich Olympiasiegerin bin. Ich werde immer das gleiche Mädchen aus Peja bleiben. Ich habe einfach hart gearbeitet, um meine Träume wahr werden zu lassen – aber das kann jeder. An mir ist nichts Besonderes.«

Naja, man muss die Kämpfe bei Olympia erst einmal gewinnen. Kelmendi siegt im Finale in Rio gegen die Italienerin Odette Giuffrida.

Danach üben sich die IOC-Bosse in Aktionismus. Der Präsident Thomas Bach – er braucht dringend schöne Schlagzeilen – lässt sich eilends in die Judohalle chauffieren. Dort hängt er Majlinda Kelmendi die Goldmedaille um und erklärt zum wiederholten Male: »Ihr gehört zu uns.«

Majlinda Kelmendi weiß, was es heißt, sportlich keine Heimat zu haben. 2012 war sie zum ersten Mal bei Olympischen Spielen – damals marschierte sie mit der albanischen Mannschaft ein. Ein Jahr später wurde sie erstmals Weltmeisterin. In den Ranglisten wird statt einer Länderbezeichnung das Kürzel IJF (International Judo Federation) des Internationalen Judoverbandes geführt. Auch 2014 galt Kelmendi bei der Weltmeisterschaft als staatenlos. Als sie Gold gewann, saß im Publikum Russlands Präsident Wladimir Putin, selber ein Judoka. Er hatte kurz vor dem Turnier gesagt, sein Land werde immer an der Seite Serbiens stehen – und den Kosovo niemals anerkennen.

Es braucht ein großes Kämpferherz, um all das durchzustehen. Und im Fall Kelmendi gab es den Trainer Driton Kuka, der das Mädchen mitzog. »Ich habe an sie als Sportlerin geglaubt, also habe ich mich gekümmert.« Kuka hat die Rechnungen der Athletin bezahlt, alles hat er finanziert: Essen, Trainingslager, Reisen. Ohne den Coach hätte Majlinda aufgeben müssen.

Kosovo ist eine kleine Sportnation, es gibt keine nennenswerte Förderung für die Athleten. So trainiert die Schwimmerin Rita Zeqiri in einem 15 Meter langen Hotelpool, weil es im ganzen Land kein Hallenbad gibt. Als auch dieser geschlossen wird, fährt Ritas Vater die Tochter täglich nach Mazedonien.

Mo 8.8.2016

Bronze: Fu, Yuanhui [CHN]
+ + + + *Schwimmen* **200 m Freistil Männer** *Gold:* Sun, Yang [CHN]; *Silber:* le Clos, Chad Guy [RSA]; *Bronze:* Dwyer, Conor [USA] + + + + *Schwimmen* **100 m Rücken Männer** *Gold:* Murphy, Ryan [USA]; *Silber:* Xu, Jiayu [CHN]; *Bronze:* Plummer, David [USA]

Meldungen

Der längste Satz. Dimitrij Ovtcharov spielt gegen den Slowenen Bojan Tokic um den Einzug ins Viertelfinale. Timo Boll ist gegen den Nigerianer Quadri Aruna rausgeflogen, nun bleibt noch ein Deutscher im Tischtennis-Turnier. Ovtcharov und Tokic beginnen mal so, mal so. Nach elf Punkten und rund fünf Minuten steht normalerweise der Sieger fest. Doch in diesem Duell landen die beiden beim 11:11. Also müssen sie weitermachen, bis einer mit zwei Punkten führt. Sie spielen und spielen, manchmal zieht Ovtcharov ein zwingendes Angriffsspiel auf, dann ist es wieder der Slowene, der das Geschehen an der Platte diktiert. 15:15. 20:20. 25:25. 30:30. Der deutsche Trainer Roßkopf nimmt eine Auszeit. 31:31. Der Slowene macht noch einen Punkt. Dann doch ein letzter Ball. 33:31. Fast scheint es, als ob beide die Platte erleichtert verlassen. Der Rest ist »normales« Tischtennis. Ovtcharov gewinnt locker die nächsten vier Sätze und ist eine Runde weiter.

Brasilien jubelt. Rafaela Silva, Judo-Weltmeisterin von 2013, besiegt im Finale Sumiya Dorjsuren aus der Mongolei. Für Silva, die in der ersten Runde die deutsche Judoka Miryam Roper in nur 46 Sekunden ausgeschaltet hat, ist es die erste Olympiamedaille. Das Publikum in Rio hat die Brasilianerin, die in der gefährlichsten Favela von Rio aufgewachsen ist, den gesamten Tag über angefeuert, bejubelt und gefeiert.

Last-Minute-Goal. 4,7 Sekunden vor Schluss trifft Hockeyspieler Christopher Rühr gegen Indien. Deutschland siegt mit 2:1 – die Chancen aufs Viertelfinale steigen.

AUSGESTRAHLT. Die Amerikanerin Lilly King holt Gold über 100 m Brust, die zuvor dopinggesperrte Russin Yuliya Efimova hat zur Freude aller das Nachsehen.

Inzwischen hat er seinen Familienbesitz verkauft und mit dem Erlös vor zwei Jahren in Pristina ein Bad mit vier Bahnen bauen lassen. Auch Zeqiri hat sich für die Spiele in Rio qualifiziert.

Regelmäßig treffen sich Majlinda und Rita im olympischen Dorf. Sie gehen zusammen in die Cafeteria, die eine besucht die Wettbewerbe der anderen. Und Rita hat Tränen in den Augen, als die Freundin nach ihrem Sieg Gold bekommt und dann die Musik einsetzt.

Klar, meint sie, klar kann sie verstehen, was Majlinda später in der Pressekonferenz gesagt hat: »Kein Geld der Welt könnte das Gefühl aufwiegen, das ich hatte, als ich hier auf dem Podest unsere Hymne hörte.«

Am Tag drauf bricht die Welt des ganz normalen großen Sports der Moderne über die Goldgewinnerin aus dem Kosovo herein.

Nach Informationen der Nachrichtenagentur AFP soll die 25-Jährige in Frankreich im Juni eine unangekündigte Urinprobe durch die französische Anti-Doping-Agentur (AFLD) abgelehnt haben. Coach Kuka habe Rücksprache mit Andrea Ember, der Anti-Doping-Verantwortlichen des Judo-Weltverbandes IJF, gehalten. Sie habe ihm bestätigt, dass Kelmendi nicht zu einem Dopingtest verpflichtet sei, wenn der AFLD-Kontrolleur kein mandatiertes Dokument der Welt-Anti-Doping-Agentur (WADA) oder des IOC vorlegen kann. Dies sei hier der Fall gewesen.

Das allerorten wabernde Dopinggerücht vergiftet natürlich auch die Wettbewerbe der Gewichtheber. Doch dann siegen reihenweise Frauen und Männer, die ihre Heimatländer in ungeahnte Spitzenpositionen der Medaillenspiegel-Skala hieven. Und das Flair des Exotischen ist angenehmer als der Hautgout des Dopings.

Sopita Tanasan gewinnt als vierte Thailänderin olympisches Gold. Die 21-Jährige erreicht in Rio de Janeiro in der leichtesten Klasse bis 48 Kilogramm im Zweikampf 200 Kilo (92 im Stoßen, 108 im Reißen) und siegt damit vor Sri Wahyuni Agustiani aus Indonesien (192 Kilogramm) und der Japanerin Hiromi Miyake (188 Kilogramm).

Sinphet Kruaithong aus Thailand wird in der Klasse bis 56 Kilogramm Dritter. Während der 20-Jährige in Rio feiert, kommt es in seiner Heimat zur Tragödie: Kruaithongs Großmutter stirbt beim Jubeln über die Medaille ihres Enkels. Mit Nachbarn sitzt sie in einem kleinen Dorf der Thai-Provinz Surin vor dem Fernsehgerät und feuert den Enkel an. Ihre letzten Worte: »Sieg! Sieg, Sinpeth! Sieg für dein Land!«

Und dann ist da noch Hidilyn Diaz. Die Philippinin wird in der Klasse bis 53 Kilogramm Zweite. Sie ist eine zierliche Frau mit unschuldigen Augen – und für eine Weile wird das Thema Doping von dem Phänomen überlagert, dass da eine Schwerathletin bei Olympia Silber gewonnen hat, deren Heimat bislang auf keiner Sport-Landkarte verzeichnet war. Bei der Siegerehrung heult Hidilyn wie ein Schlosshund. Während der Pressekonferenz weiß sie nicht so recht, was sie sagen will. Sie könne das alles noch nicht so recht begreifen. Das werde wohl noch eine Weile dauern. Ob die Silbermedaille vielleicht helfen werde, ein wenig Frieden in die von Drogenkriminalität erschütterte Heimat zu bringen? Hidilyn kann mit der Frage nichts anfangen. Sie will jetzt erst einmal weg aus dem Rampenlicht.

Olympia **2016**

TAG 4

Ach ja, ehe sie es vergisst: »Dieser Erfolg ist für meine Mutter. Mama, ich liebe dich.«

Dann ist sie weg. Aber weil sie nun eine berühmte Sportlerin ist, spüren ihr die wenigen philippinischen Reporter bis ins olympische Dorf nach.

Dort sagt sie zu ihren Begleitern, sie habe Kohldampf. Man tigert zum Athleten-Restaurant. Jemand meint, die Sportlerin solle doch noch schnell eine Botschaft an die Leute zuhause senden, bevor sie zu Tisch gehe.

Klar, warum nicht. Die Sportlerin sieht in ihr Handy und sagt: »Thank ya, thankya for your prayers.« Danke für eure Gebete, Leute!

Hidilyn, jetzt ganz cool, greift sich ein Tablett und filmt ihren Gang durch eine Riesenkantine. Es ist ein zweiminütiges Durchqueren eines lichten Raums mit vielen Essensstationen und einer Menge hungriger Sportler an Tischen, in Schlangen mit Tabletts.

Zu besichtigen ist der Silber-Walk auf http://sports.abs-cbn.com/general-sports/news/2016/08/08/diaz-celebrates-silver-medal-pizza-adobo-14124.

Dann kommt die kleine Frau an den Schalter ihrer Träume. »Ich möchte bitte gerne eine Pizza«, sagt sie.

Natürlich.

»Und haben Sie auch Reis mit Adobo-Soße?«

Sicher, man hat alles bei Olympia.

Hidilyn Diaz lädt die Teller so voll, wie das eben Gewichtheber tun. Sie wandert zurück zu ihrem Platz.

Jetzt wird gefeiert – bis die 53-Kilo-Marke geknackt ist.

Schwimmen
IM ABSEITS

Yuliya Efimova ist bereit, ihre Goldmedaille über 100 Meter Brust abzuholen. Bis auf die russischen Fans zeigen ihr die Menschen auf der Tribüne ihren Unmut. Sie wollen die Russin nicht sehen. Nun erscheint die Amerikanerin Lilly King. Die Zuschauer toben.

Diesen Start hat Efimova gegen alle Widerstände durchgesetzt. Die Pfiffe und Buhrufe steckt sie mit dem Gleichmut einer skandalerprobten Athletin locker weg. »Ich bin glücklich, hier zu sein. Ich denke nur von Rennen zu Rennen«, hat sie gesagt und ist lächelnd durch die Interviewzone des Olympic Aquatics Stadium spaziert. Und dann hat sie mit einem ausgestreckten Zeigefinger in Richtung der Kameras angezeigt, sie sei die Nummer eins. Punktum.

Die frühere Dopingsünderin hat die Sanktionen des Internationalen Olympischen Komitees gegen das russische Team wegen des offenbar staatlich gelenkten Dopingsystems ad absurdum geführt. Im Oktober 2013 war Efimova positiv auf ein Steroid getestet worden. In einem umstrittenen Urteil beschränkte sich der Schwimm-Weltverband FINA seinerzeit auf eine 16-monatige Sperre, so dass sie bei der Heim-WM 2015 in Kasan antreten konnte.

In Rio will sie nun Gold ertrotzen.

Doch über 100 Meter Brust rettet die Amerikanerin King den ersten Platz über die letzten Meter. Schlägt als Siegerin an und reckt die Faust in die Höhe.

Efimova ist Zweite geworden. Keine gratuliert, niemand kümmert sich um sie. Sie wollen nichts von ihr wissen. Yuliya Efimova hält sich aufrecht, bis sie hinter den Kulissen verschwunden ist. Dann bricht sie mit einem Weinkrampf zusammen. Mitleid? Fehlanzeige.

Schwimmen
PAUL PATZT

Es ist sein letztes Rennen. Paul Biedermann twittert noch, bevor er das olympische Dorf verlässt, an seine Fans, er sei guten Mutes.

TRAURIGER ABSCHIED. In seinem letzten Rennen wird Paul Biedermann Sechster. Die große Karriere bleibt ohne Olympiamedaille.

200 Meter Freistil. Biedermann ist zuversichtlich. An seinem 30. Geburtstag hat er souverän und problemlos den Vorlauf und das Halbfinale überstanden. »Ich freue mich aufs Finale, das werde ich genießen.«

Sun Yang aus China ist der große Favorit, James Guy hat bis zum Finale noch nicht die ganz dollen Zeiten geschwommen. Chad Le Clos wiederum hat einen »Lauf«. Francis Haas aus den USA auch. Dann ist da noch der starke Aleksander Krasnykh, der Russe. Der schnelle Ami Conor Dwyer. Kosuke Hagino aus Japan.

Es ist kurz vor halb elf Uhr nachts.

Biedermann startet mäßig. Liegt zurück. Le Clos beginnt irre schnell. Nach der zweiten Wende führt er mit einer Länge Vorsprung. Sun Yang aber schließt auf. Und hat auf der letzten Bahn die größten Reserven. Er gewinnt vor Le Clos und Dwyer.

Und Paul Biedermann? Er steigt aus dem Becken und ist sauer. Sechster ist er geworden. 1:45,84 Minuten und damit langsamer als im Halbfinale und im Vorlauf. Eine halbe Sekunde Rückstand auf Bronze. Das letzte Einzelrennen seiner zehnjährigen Karriere in der Weltspitze – ein Schlag ins Wasser.

»Ich habe alles gegeben, mehr war leider jetzt nicht drin. Das war das Maximum«, sagt er.

Dann blickt der Mann, der weiß, wie sich Siege und wie sich Niederlagen anfühlen, nach vorn. »Es ist noch eine Staffel, da muss ich mich motivieren. Da sind drei Jungs, die auf mich zählen. Mir bleibt nicht viel Zeit, über die 200 Meter nachzudenken, jetzt denke ich nur an die Staffel.«

TAG 5

STILLE
SIEGER

Das erste deutsche Gold gewinnen Vielseitigkeitsreiter Michael Jung und sein Wallach »Sam«. Souverän wiederholen sie ihren Olympiasieg von London 2012. Und während der Mensch versucht, möglichst kein Aufheben von dem Erfolg zu machen, dreht das Pferd noch ein paar kleine Ehrenrunden. Es ist die Erfolgsgeschichte von zwei ganz besonderen »ziemlich besten Freunden«.

»Sam« ist eine »coole Socke«. Er trabt beim Einzelfinale der Vielseitigkeitsprüfung ins Stadion, senkt den Kopf und sammelt sich. Kerzengerade sitzt sein Reiter Michael Jung im Sattel. Eine Hupe trötet. »Sam« hebt den Kopf, setzt sich in Bewegung, quert die Startlinie, nimmt Tempo auf. Er setzt zum ersten Sprung an, überfliegt das Hindernis und hat viel, viel Luft unter den Hufen.
Neun Hindernisse mit elf Sprüngen müssen die Finalisten meistern, 63 Sekunden Zeit haben sie. Die Konkurrenten vor »Sam« und Jung haben sich erkennbar matt durch den Parcours gemüht. Schließlich hatten sie schon die Dressur, den Geländeritt und ein Springen in der Mannschaftswertung in den Knochen. Da geht langsam die Luft aus.
Der 16-jährige Wallach »Sam« bewegt sich freilich frisch und hoch konzentriert. Dreier-Kombination und hohe Hürden, enge Kurven und schnelle Wege von einem Sprung →

Di
9.8.2016

Spruch des Tages
»*Ich bin dem Sport sehr dankbar. Jetzt muss ich dem Sport was zurückgeben.*« Ein gerührter Paul Biedermann nach der 4x200-Meter-Staffel, bei der die Deutschen »nur« Sechste geworden sind. Es war Biedermanns letztes Rennen bei Olympia.

Zahl des Tages
29 ...
...Jahre jung war die Georgierin Nino Salukwadse, als sie ihren Sohn Zotne Macharwariani zur Welt brachte. Die erfolgsverwöhnte Schützin sagt über den 18 Jahre alten Filius, der nun neben ihr mit Luftpistole und Freier Pistole in Rio startet: »Die Wettbewerbe sind hart – aber mein Sohn gibt mir zusätzliche Motivation.«

Entscheidungen

Judo **81 kg Männer** *Gold:* Khalmurzaev, Khasan [RUS]; *Silber:* Stevens, Travis [USA]; *Bronze:* Nagase, Takanori [JPN] / Toma, Serghiu [UAE] + + + +
Judo **63 kg Frauen** *Gold:* Trstenjak, Tina [SLO]; *Silber:* Agbegnenou, Clarisse [FRA]; *Bronze:* van Emden, Anicka [NED] / Gerbi, Yarden [ISR] + + + +
Schwimmen **4 x 200 m Freistil Männer** *Gold:* USA; *Silber:* Großbritannien; *Bronze:* Japan + + + + *Schwimmen* **200 m Lagen Frauen** *Gold:* Hosszu, Katinka [HUN]; *Silber:* O'Connor, Siobhan-Marie [GBR]; *Bronze:* Dirado, Madeline [USA] + + + +
Schwimmen **200 m Schmetterling Männer** *Gold:* Phelps, Michael [USA]; *Silber:* Sakai, Masato [JPN]; *Bronze:* Kenderesi, Tamas [HUN] + + + + *Schwimmen* **200 m Freistil Frauen** *Gold:* Ledecky, Katie [USA]; *Silber:* Sjoestroem, Sarah [SWE]; *Bronze:* McKeon, Emma [USA] + + + + *Gewichtheben* **69 kg Männer** *Gold:* Shi, Zhiyong [CHN]; *Silber:* Ismailov, Daniar [TUR]; *Bronze:* Artykov Izzat [KGZ] + + + + *Gewichtheben* **63 kg Frauen** *Gold:* Deng, Wei [CHN]; *Silber:* Choe, Hyo-Sim [PRK]; *Bronze:* Goricheva, Karina [KAZ] + + + + *Schießen* **Sportpistole 25 m Frauen** *Gold:* Korakaki, Anna [GRE]; *Silber:* Karsch, Monika [GER]; *Bronze:* Diethelm Gerber, Heidi [SUI] + + + + *Geräteturnen* **Mehrkampf Mannschaft Frauen**

DER MEDAILLENGARANT. Zweimal Gold in London, Gold und Silber in Rio. Michael Jung strahlt mit den Medaillen um die Wette.

MICHAEL JUNG mit seinem Erfolgspferd »Sam«.

zum nächsten – das alles sieht so spielerisch aus.
Dann die letzten zwei Hindernisse. Eine blaue Mauer, an der schon viele Finalisten gerissen haben. Danach ein etwas tückisches überbautes Wasser.
Was ist das schon?
»Sam« – Sohn von »Stan the Man« und »Halla« – fliegt drüber weg, streckt sich in den Endspurt, quert in der Sollzeit die Ziellinie. Der Reiter klopft seinem Pferd begeistert den Hals, reckt eine Siegerfaust in den Himmel.
Gold! Zweieinhalb Stunden nachdem Michael Jung mit der deutschen Mannschaft hinter Frankreich Zweiter geworden ist, gewinnt er in Rio die Einzelwertung.
In der spröden Nachrichtensprache liest sich das so:

»Vielseitigkeitsreiter Michael Jung hat zum zweiten Mal nacheinander die olympische Goldmedaille im Einzel gewonnen. Der 34-Jährige aus Horb setzte sich in Rio de Janeiro mit seinem Pferd ›Sam‹ nach einem fehlerfreien Ritt im abschließenden Springen vor dem Franzosen Nicolas Astier und dem US-Amerikaner Phillip Dutton durch. Er wiederholte damit seinen Triumph von den Sommerspielen vor vier Jahren in London. Für das deutsche Team war es die erste Goldmedaille bei den Spielen in Brasilien.
Doppelweltmeisterin Sandra Auffarth aus Ganderkesee kam mit ›Opgun Louvo‹ auf Rang 11, Ingrid Klimke aus Münster wurde auf ›Hale Bob‹ 14.«
Ist also nichts Neues für Michael Jung, das Siegen.
Jung war als Einziger bislang gleichzei-

TAG 5

INGRID KLIMKE bei der Dressur mit ihrem »Hale Bob«.

SANDRA AUFFAHRT im Gelände mit ihrem »Opgun Louvo«.

JULIA KRAJEWSKI mit ihrem Pferd »Samourai du Thot«.

tig Olympiasieger (2012), Weltmeister (2010) und Europameister (2011, 2013 und 2015), er hat den Grand Slam des Vielseitigkeitsreitens gewonnen und sich längst den Ruf erworben, der kompletteste Reiter weltweit zu sein.

Selbst Jungs Teamkollegen gehen so langsam die Superlative aus ob seiner Überlegenheit. »Er ist ein Außerirdischer«, beschreibt ihn Andreas Ostholt. Der 38-Jährige, der kurz vor Olympia wegen einer Verletzung seines Pferdes »So is et« auf seinen Start in Rio verzichten musste, begründet dies folgendermaßen: »Michi Jung ist ein Jahrhundert-Reiter. Er ist das, was Boris Becker und Steffi Graf zusammen für das Tennis waren. Er macht auf den verschiedensten Pferden immer alles richtig. Er steht einfach über den Dingen.«

Ostholt weiß, wovon er redet. Er ist ein eloquenter Reiter, der gerne den Dingen auf den Grund geht und über seine Erkenntnisse redet. Da unterscheidet er sich sehr von dem ruhigen Zeitgenossen Michael Jung. Wenn der gefragt wird, was das Besondere am Vielseitigkeitsreiten ist, schweigt er erst einmal und sagt dann Dinge wie: »Es ist ein toller Sport. Ich kann mir keinen anderen vorstellen.« Ostholt wird da schon präziser: »Es ist ein sehr kognitiver und koordinativer Sport. Als Reiter gebe ich die Impulse, aber das Zusammenspiel muss so abgestimmt und vertrauensvoll sein, dass das Pferd jedes Mal richtig reagiert. Der Reiter ist die Software, und das Pferd ist die Hardware. Damit es funktioniert, braucht man beides.

Nicht umsonst wird es die Krone der Reiterei genannt, es ist das Kompletteste und das Ursprünglichste. Besonders beim Geländereiten bekommt man noch den extra Adrenalin-Schub. Es ist nicht standardisiert, weil jedes Gelände anders ist. So gibt es jedes Mal neue Situationen. Vor allem ist es aber die Zusammenarbeit mit dem Pferd, die die Herausforderung ausmacht. Denn man kann sich ja nicht mit dem Tier zusammensetzen und absprechen: Wie gehen wir den nächsten Ritt an? Das setzt hundertprozentiges gegenseitiges Vertrauen voraus.

Und Michael ist der Beste – das wissen alle.«

Wer auch immer über den Reiter Jung redet, gerät ins Schwärmen. »Man darf

Di 9.8.2016

Gold: USA; *Silber:* Russland; *Bronze:* China ++++
Pferdesport Military Mannschaft *Gold:* Frankreich; *Silber:* 🇩🇪 Deutschland; *Bronze:* Australien ++++ **Pferdesport** Military Einzel *Gold:* 🇩🇪 Jung, Michael [GER]; *Silber:* Astier, Nicolas [FRA]; *Bronze:* Dutton, Phillip [USA] ++++ **Wasserspringen** Synchron 10 m Frauen *Gold:* China; *Silber:* Malaysia; *Bronze:* Kanada ++++ **Kanuslalom** Canadier Einer Männer *Gold:* Gargaud Chanut, Denis [FRA]; *Silber:* Benus, Matej [SVK]; *Bronze:* Haneda, Takuya [JPN] +++ + **Fechten** Degen Einzel Männer *Gold:* Park, Sang-Young [KOR]; *Silber:* Imre, Geza [HUN]; *Bronze:* Grumier, Gauthier [FRA]

Meldungen

Hauchdünn. Katinka Hosszu ist die erste Ungarin, die mit Schwimmen mehr als eine Million Euro an Preisgeldern verdient hat. An Tag vier der Olympischen Spiele verzichtet sie auf einen Start in einem Halbfinale – weil sie ein paar Stunden später im Finale der 200 Meter Lagen an den Start geht. Recht hat sie getan, sie braucht alle Kräfte. Gegen die Britin O'Connor rettet sie einen ersten Platz gerade noch ins Ziel. Ihre zweite Goldmedaille in Rio – das bringt noch mehr Startgelder.

Ausgeträumt I. Nachdem sie im Doppelzweier den Endlauf verpasst haben, brechen Marcel Hacker und Stephan Krüger im Zielbereich mit Kreislaufproblemen zusammen. Zum kleinen Finale werden sie wieder bei Kräften sein.

Ausgeträumt II. Der Kanute Sideris Tasiadis ist untröstlich. Er wird nur Fünfter, nachdem er das Halbfinale noch dominiert hat. Er wollte den Olympiasieg seiner im letzten Jahr an Blutkrebs verstorbenen Freundin widmen – nun ist er laut »Bild« »unser traurigster Athlet«.

Ausgeträumt III. Ganz überraschend hat sich die Weltranglisten-Erste Serena Williams aus dem Tennisturnier verabschiedet. Sie unterlag im Achtelfinale der Ukrainerin Jelina Switolina 4:6, 3:6.

STRAHLENDER SIEGER. Goldmedaille Nummer 20 und 21 für den Amerikaner Michael Phelps.

ruhig das Wort ›historisch‹ benutzen. Er ist ein Reiter von einem anderen Stern«, lobt Dennis Peiler, Sportchef beim Reitsportverband FN, seinen Überreiter, den Weltranglistenersten. Und sein Generalsekretär Soenke Lauterbach setzt noch einen drauf: »Wahnsinn. Er ist ein Tier. Das ist sensationell.«

Dem alten und frischen Olympiasieger sind solche Elogen eher peinlich. Am liebsten arbeitet der Pferdewirtschaftsmeister auf dem luxuriösen elterlichen Anwesen in Horb am Neckar. Da muss er keine Sprüche raushauen, er kann sich in die Maloche mit den Tieren verbeißen. Keine Kameras und keine Fotografen, keine neugierigen Reporter – das ist schwer okay.

Nicht dass Michael Jung scheu wäre. Er spricht gerne über die Leidenschaft, mit den besten Pferden ans Limit zu gehen. »Das ist ein langer Prozess. Wichtig ist, Geduld zu haben und dranzubleiben. Man darf sich nicht entmutigen lassen.« »Sam« ist so ein Kumpel auf vier Beinen. »Ich fühle, was uns zufrieden macht. Wir wissen, an welchen Tagen wir arbeiten können und an welchen Tagen wir besser ausreiten. Wir sind einen langen Weg gegangen, haben uns etappenweise an die Spitze herangetastet. Zuerst kamen das Dressurreiten und das Springen, dann die festen Hindernisse im Gelände. Wir haben hart gearbeitet. Jahr um Jahr.«

Der 34-jährige Jung sieht viel lieber sein Erfolgspferd im Vordergrund als sich selbst. Also redet er auch viel mehr über »Sam« und dessen Leistung als über die eigene. Die beiden sind das Traumpaar des deutschen Reitsports. Gemeinsam gewannen sie 2012 in London Gold im Einzel und mit der Mannschaft, gemeinsam gewannen sie nun in Rio Gold im Einzel und Silber mit dem Team. »Der erste Olympiasieg fühlte sich besonders an, einfach, weil es das erste Mal war. Jetzt fühlt es sich besonders an, noch einmal mit ihm gewonnen zu haben«, sagt der Reiter.

Dabei wollte er in Rio eigentlich mit »Takinou« antreten, doch der neunjährige Anglo-Araber fing sich nach dem CHIO in Aachen Mitte Juli durch einen Zeckenbiss einen fiebrigen Infekt ein. Also war »Sam« wieder erste Wahl. »Er will immer das Beste geben. Das ist einfach phänomenal. Er ist mein absoluter Liebling. Wir haben alles zusammen erlebt, wir kennen uns in- und auswendig und sind ziemlich beste Freunde. Auf ihn kann ich mich jederzeit verlassen. Ich bin so froh, dass ich ihn reiten darf. Er kann jedes Hindernis und jeden Hügel schaffen.«

Jung hält einen Augenblick inne. Er erzählt, wie sich Pferd und Reiter an den Olympiasieg angenähert haben. Es waren ja mitunter gewöhnungsbedürftige Umstände. Weil das Wasser in Rio nach Chlor schmeckt, wurde es mit Apfelsaft verdünnt. Schorle als Energiedrink – eine neue Erfahrung für »Sam«. Dem fehlten ohnehin die Weiden des Schwarzwalds, das Solarium auf dem Jung-Hof, die Wellness-Behandlungen in der Heimat.

Aber er hat sich wacker gehalten. Bis zu seinem Auftritt bei Olympia.

»Sam« spürt, wenn es ernst wird. Dann wird er hellwach und tendiert zur Nervosität. Bei der Dressur war das noch ein wenig zu spüren. Im Gelände jagte »Sam« wie befreit über die 5.840 Meter lange Strecke mit den 33 Hindernissen.

Dann die Springen am letzten Tag. »Er ist angespannt gewesen. Hatte zwar weiche gute Muskeln, aber er brauchte das Gefühl von Sicherheit. Dieses Pferd darf auf keinen Fall spüren, dass der Reiter nervös ist.«

Kein Problem für Michael Jung, einen stillen Hochleister. Der braucht keine

TAG 5

STRAHLENDES SILBER. Monika Karsch hat nicht Gold verloren, sondern Überraschungs-Silber gewonnen.

RUHIGE HAND. Monika Karsch im 25-Meter-Schießen mit der Luftpistole.

großen Sprüche. Er überprüft noch einmal, ob alles am rechten Fleck sitzt. Tätschelt dem Wallach den Hals, sitzt auf und reitet hinaus unter die Menschen.
Neun Hindernisse, elf Sprünge. 63 Sekunden. Null Fehler. Gold. Wieder Gold. Michael Jung wird gleich aufs Podest steigen. Er blickt noch einmal hinter sich. Dort stehen im Rücken der Sieger die Pferde. Die gehören zur Zeremonie. Was heißt da, sie »stehen«? »Sam« steht nicht still. Kann er gar nicht.
»Sam« hat noch nicht genug. Jungs 16-jähriger Wallach dreht an der Leine einer Pflegerin eine kleine Runde nach der anderen. Das Rennen scheint noch nicht vorbei für ihn.
Jung klettert aufs Podest. Ihm wird die Goldene umgehängt. Nationalhymne, schmallippig summt der Sieger mit. »Sam« kreiselt weiter.
Jung stellt sich den Fotografen, bis sie von ihm ablassen. Nun endlich darf der Reiter zu seinem Pferd. Er nimmt es an der Leine und führt es zu den Stallungen. »Wird Zeit, dass wir heimkommen«, sagt der Olympiasieger. »Das wird ›Sam‹ gut tun. Dann darf er erst mal auf seine Koppel im Schwarzwald. Die vermisst er, glaube ich, sehr. Das Gras hier schmeckt ihm nicht so gut. Und dann gehen wir ganz entspannt durch den Winter.«
Es ist, als ob der ziemlich beste Freund zu den Worten von Michael Jung nicken würde.

Schwimmen
SOLO ZUM GOLD

Gold Nummer 20 ist ein harter Job. Michael Phelps hechtet sich beim Start über die 200 Meter Schmetterling gleich in die Führungsposition. Er hat die jungen Kraftpakete aus Ungarn, Japan oder Südafrika an den Fersen. Vor ihm liegen 200 Meter, die so fürchterlich hart sein können. Experten unken, Phelps werde mit seinen 31 Jahren dieses Rennen nicht gewinnen können. Auf den letzten 20 Metern werde er die Jungen an sich vorbeiziehen lassen müssen.
Nach 180 Metern führt der alternde Ausnahme-Athlet noch. Doch die anderen kommen. Phelps macht sich lang, er wehrt sich. Es wird eng, so eng. Phelps hat noch eine Armlänge Vorsprung vor dem Japaner, noch eine halbe Armlänge. Er schlägt an. Er hat's und reckt den Siegfinger in die Luft. Das ist Gold Nummer 20.
Die Zuschauer sind aufgestanden und veranstalten einen Heidenlärm. Michael Phelps steigt aus dem Wasser und verschwindet. Er muss sich anziehen für die Siegerehrung. Als sie die Hymne seines Landes spielen, wiegt er sich in den Hüften, weil er nicht stillhalten kann. Er ist fröhlich, hat feuchte Augen. Posiert vor den Fotografen. Klettert zur Familie, busselt seinen mürrischen klitzekleinen Sohn ab.
Michael Phelps: Einer, der zurückgekehrt ist von einem »dunklen Ort«. Dann verschwindet der Schwimmstar in den Katakomben. Er muss sich aufwärmen.
25 Minuten später springt er als Schlussmann der 4x200-Meter-Freistil-Staffel ins Becken. Er hat einen solch großen Vorsprung, er kann es genießen. Er schwimmt voraus, er ist ungefährdet, er wird siegen, es wird Gold Nummer 21, die Halle wackelt.
Es ist ein Rausch der schönsten Art.

Schießen
NIE AUFGEBEN!

Monika Karsch aus Regensburg ist eine zierliche Person, der die Freunde einen eisernen Willen und eine große Selbstdisziplin nachsagen. Sie hat sich im 25-Meter-Schießen mit der Luftpistole bis ins Finale durchgekämpft. Gegnerin ist Anna Korakaki, eine hochgewachsene Griechin mit strengem Gesicht.
Karsch legt alles zurecht, greift zur Waffe, lädt, hebt den Arm zum ersten Schuss einer Fünfer-Serie. Sie trifft nicht ins Schwarze, die Griechin schon. Am Ende verliert die Deutsche diesen ersten Durchgang. Zwei Punkte für die Gegnerin, sieben braucht sie zum Gewinnen. Nach drei Serien führt die Griechin mit sechs Zählern, bei Monika Karsch klappt nichts. Das hat sie wohl verloren.
Sie lädt ihre Pistole, zielt – und trifft. Auf einmal trifft sie. Sie holt auf. Siegt dreimal in Folge. Ist auf Goldkurs. Neue Serie. Der erste Schuss von Karsch geht daneben, dann holt sie noch einmal auf – und schließlich verliert sie doch.
Enttäuscht? Überhaupt nicht. Monika Karsch legt die Waffe weg und lacht froh. Silber bei Olympia. Was für ein schöner Tag!

TAG 6

DER TAG DANACH

Sie kommen nach Rio, voller Träume und Hoffnungen. Nach den Wettkämpfen sind sie Sieger oder Verlierer. Danach geht es nach Hause in den Alltag. Was passiert, wenn ein Sportler Olympia hinter sich hat? Vier Geschichten über Athleten, die die Spiele auf ganz unterschiedliche Art erleben.

So eine Flinte kann verdammt schwer werden. Dann hilft es, wenn der Schütze starke Arme hat.

Fehaid Al-Deehani (arabisch: الديحاني فهيد) hat sich gewissenhaft auf die Spiele von Rio vorbereitet. Zigtausende Schüsse hat er abgegeben, an der Waffe getüftelt, sogar die Brillenwahl hat bis zum Auftritt bei Olympia gedauert. Und natürlich war er täglich im Kraftraum.

Jetzt hat er mit seinen 49 Jahren einen Körper wie ein Junger. Und einen Bizeps wie ein Bodybuilder light.

Mit diesen Armen kann er eine Flinte stundenlang mucksmäuschenstill halten. Mit diesen Armen gewinnt der Mann aus Kuwait am Tag fünf der Spiele Gold im Schießen.

Nun ist Siegerehrung.

Und alles ist anders als sonst.

Auf der Schießanlage in Deodoro wird die Fahne seines Heimatlandes nicht in der Mitte hochgezogen, es gibt auch keine Nationalhymne. Gespielt wird nur offizielles olympisches Klanggut. Aldeehani küsst seine Goldmedaille dreimal, die Zeremonie und die Hymne interessieren ihn nicht. Er ist ein sehr nachdenklicher Sieger.

Danach sagt er: »Es tut weh und ist sehr enttäuschend. Ich kann meine Gefühle nicht in Worte fassen, es ist sehr schade.« Der Doppeltrap-Schütze hat nicht für seine Heimat starten dürfen.

Dabei ist er ein gestandener Olympiateilnehmer. Erstmals nahm Aldeehani 1992 in Barcelona an Olympischen Spielen teil. Dann kam, vier Jahre später, Atlanta. 2000 gewann er in Sydney im Doppeltrap Bronze. Es war die erste olympische Medaille für Kuwait überhaupt. Bei den Spielen 2004 in Athen war Aldeehani Fahnenträger. 2012 in London verschwand seine Waffe am Flughafen, und er wurde mit Leih-Flinten Vierter und Dritter.

Nun muss er unter neutraler Flagge starten, weil das kuwaitische NOK wegen politischer Einflussnahme von Rios Spielen ausgeschlossen ist.

Eigentlich hätte er für die neutrale Mannschaft die olympische Fahne bei der Eröffnung tragen sollen. »Das geht überhaupt nicht«, sagte er. »Ich bin ein Mann meines Landes und werde es immer bleiben.«

Man hört, dass der Offizier Fehaid Aldeehani nach seiner Heimreise von Olympia befördert werden soll. Ein Star ist er in Kuwait schon gewesen, bevor er nach Rio flog. Nach seiner Olympia-Fahnenflucht und den Goldschüssen werden sie ihm wohl zu Hause goldene Schlüssel schenken.

Geld ist für die Schweizerin Heidi Diethelm Gerber immer ein großes, bedrückendes Thema gewesen, wenn von ihrem Sport die Rede gewesen ist. »Da zahle ich nur drauf, aber ich liebe das Schießen«, sagt die freundliche Frau aus dem Thurgau. »Ich werde wohl jetzt mal über die Bücher gehen müssen. Aber es graut mir nicht mehr so sehr wie vor den Spielen.«

Mit der Pistole hat die Schützin Bronze gewonnen. Sie ist eine barocke Person, die gern lacht und in der Ausübung ihres Sports zur ernsten Perfektionistin wird.

Erst im Alter von 33 Jahren kommt sie zum Schießen, als ihr heutiger Mann und Trainer, Ernst Gerber, sie dazu motiviert, bei einem Firmenjubiläum mitzumachen. »Ich habe auf Anhieb gewonnen.«

Vier Jahre später will sie aufhören. »Ich kam auf keinen grünen Zweig. Es machte keinen Sinn.«

Ehemann Ernst ermutigt sie weiterzumachen. 2012 setzt sie alles auf eine Karte und wird Profi. Um Geld zu sparen, zieht die Mutter eines Sohnes mit ihrer Familie zurück in ihr Elternhaus nach Märstetten. Sie trainiert bis zu 30 Stunden in der Woche und arbeitet mit einem Mentaltrainer zusammen.

Jetzt, mit 47, hat sie zum ersten Mal die realistische Hoffnung, sie könne es doch noch schaffen. Sie bekommt eine Prämie von 20.000 Franken. Erste Sponsoren drängen auf einen Kennenlerntermin.

Davor wird sie aber noch daheim in Märstetten erwartet. Der Schützenverein hat das Fest schon seit Längerem organisiert. Nun muss freilich ein wenig umgedacht werden. Kein Problem, sagt Gemeindepräsident Jürg Schumacher: »Das wird eine Jahrhundertparty. Wir sind ja so stolz auf das Meitschi (»Meitschi« steht für ein knackiges junges Mädel, d. Red.). Eigentlich wollte nur eine Handvoll Menschen kommen, jetzt erwarten wir Hunderte.«

Wenn Simione Tamanisau am Internationalen Flughafen von Nadi durchs Gate kommt, werden ihn seine Familie und ein paar Freunde empfangen. Sie werden ihm auf die Schulter klopfen – und vielleicht krähen sie: »Vergiss das Spiel gegen die Deutschen, so was kann immer mal passieren. Sag lieber – wie war's bei Olympia?«

Mi 10.8.2016

Spruch des Tages
»*Ich liebe meinen Sport. Aber ich weiß manchmal nicht mehr, wie ich meine Athleten auf den Wettkampf einstellen soll. Es tut einfach weh, wie unehrlich das alles ist.*« Oliver Caruso, Bundestrainer der Gewichtheber, in der »Bild« über die Doping-Realität.

Zahl des Tages
3/100…
…Sekunden fehlen dem Augsburger Wildwasserkanuten Hannes Aigner zu Bronze. Er wird Vierter hinter Joseph Clarke (Großbritannien), Peter Kauzer (Slowenien) und dem Tschechen Jiri Prskavec.

Entscheidungen

Gewichtheben **69 kg Frauen** *Gold:* Xiang, Yanmei [CHN]; *Silber:* Zhapparkul, Zhazira [KAZ]; *Bronze:* Ahmed, Sara Samir Elsayed Mohamed [EGY] + + + + *Gewichtheben* **77 kg Männer** *Gold:* Rahimov, Nijat [KAZ]; *Silber:* Liu, Xiaojun [CHN]; *Bronze:* Mahmoud, Mohamed Ibah Youssef [EGY] + + + + *Radsport* **Einzelzeitfahren Frauen** *Gold:* Armstrong, Kristin [USA]; *Silber:* Zabelinskaya, Olga [RUS]; *Bronze:* van der Breggen, Anna [NED] + + + + *Radsport* **Einzelzeitfahren Männer** *Gold:* Cancellara, Fabian [SUI]; *Silber:* Dumoulin, Tom [NED]; *Bronze:* Froome, Christopher [GBR] + + + + *Schießen* **Freie Pistole Männer** *Gold:* Jin, Jong Oh [KOR]; *Silber:* Hoang, Xuan Vinh [VIE]; *Bronze:* Kim, Song Guk [PRK] + + + + *Schießen* **Doppeltrap Männer** *Gold:* Aldeehani, Fehaid [IOP]; *Silber:* Innocenti, Marco [ITA]; *Bronze:* Scott, Steven [GBR] + + + + *Geräteturnen* **Mehrkampf Einzel Männer** *Gold:* Uchimura, Kohei [JPN]; *Silber:* Verniaiev, Oleg [UKR]; *Bronze:* Whitlock, Max [GBR] + + + + *Wasserspringen* **Synchron 3 m Männer** *Gold:* Großbritannien; *Silber:* USA; *Bronze:* China + + + + *Kanuslalom* **Kajak Einer Männer** *Gold:* Clarke, Joseph [GBR]; *Silber:* Kauzer, Peter [SLO]; *Bronze:* Prskavec, Jiri [CZE] + + + + *Judo* **90 kg Männer** *Gold:* Baker, Mashu [JPN]; *Silber:* Liparteliani, Varlam [GEO]; *Bronze:* Gwak, Dong-Han [KOR] / Cheng, Xunzhao [CHN] + + + + *Judo* **70 kg Frauen** *Gold:* Tachimoto, Haruka [JPN];

Olympia **2016**

EIN ERLEBNIS. Zehn Gegentore kassierte Fidschi-Torwart und Polizist Simione Tamanisau gegen Deutschland (hier gegen Max Meyer).

TAG 6

OHNE HEIMAT. Der Schütze Fehaid Aldeehani holte Gold für das IOC-Team, weil er für Kuwait nicht starten durfte.

Und Simione wird jede Menge zu erzählen haben. In Rio hat er Geschichten aufgegabelt, mit denen er später eine ganze Enkelschar unterhalten kann.

Wie er in derselben Kantine gegessen hat wie die ganz Großen aus New York und Moskau und Berlin. Wie er auf der Tribüne schier verrückt geworden ist, wenn die Fidschi-Rugbyjungs den Rest der Welt weggerammt haben. Wie er und seine zehn Jungs mal 0:10 gegen Deutschland verloren haben. Wie er an der Copacabana den Samba tanzte ...

Er wird die Arbeit als Polizist wieder aufnehmen und gutmütig den Spott der Kollegen über sich ergehen lassen. Sag mal, Simione, wie ist das eigentlich, wenn man zehn Dinger kassiert? Geil ist das nicht, oder?

Dann wird Simione breit grinsen und sagen können:

»Bist du schon mal von diesem Horst Hrubesch – das ist ein ganz berühmter deutscher Coach – umarmt worden, hä? Hast du schon mal 'nen Elfer gehalten, den ein Deutscher geschossen hat, hä? Und das bei Olympia!«

Simione hat das alles erlebt. Toll! Oder? Vielleicht hat der Fidschi-Torwart auch mal zufällig im olympischen Dorf Simone Biles gesehen. Sie ist ein hübsches, ein allerhübschestes Mädchen, das meistens in Begleitung anderer schnuckeliger Teenager auftritt. Sie lachen viel. Sie

KÖNIGIN DER TURNER. Simone Biles ist in den USA populär wie ein Showstar.

sind leicht wie die Federn und hübsch wie Elfen.

Simone ist die Oberelfe. Die junge Frau, die als Sechsjährige zu turnen begann, gilt als Beste der Welt. »Alle Mädchen sind sich einig, dass Simone in ihrer eigenen Liga spielt«, sagte Mannschaftskameradin Alexandra Raisman dem »New Yorker«. »Wer Zweite wird, darf sich schon als echte Gewinnerin fühlen.«

Wenn Simone Biles, 1,45 Meter klein und 47 Kilogramm leicht, auf den Schwebebalken klettert und mit der Übung beginnt, scheint es keine Gesetze der Schwerkraft mehr zu geben. Das ist fraugewordener Mut, das ist Power, Selbstsicherheit, Talent, Perfektion.

Sie ist in den USA jetzt schon ein Megastar. Ihre Glitzertrikots sind ausverkauft. Die Sponsoren werden ganz irre, weil sie Simone haben wollen. Keine lächelt so lolitahaft, keine präsentiert sich so unschuldig und charmant auf Twitter und Snapchat. Da schmilzt dann gar eine Internetqueen wie Promiprofi Kim Kardashian dahin.

Und sie hat eine filmreife Biographie, so recht nach dem Gusto des US-Publikums. Eigentlich kam Simone Biles in einer Gegend zur Welt, die eine Vorhölle war – jetzt schwebt sie über allem im Olympioniken-Himmel.

Aimee Boorman hat Biles nach und nach geholfen, ihr Talent voll auszuschöpfen. Die 43-Jährige trainiert Simone seit dem Tag, als sie das erste Mal turnte. Für Biles, die als Zweijährige in ein Pflegeheim kam und später bei ihren Großeltern aufwuchs, weil ihre Mutter alkoholkrank war, wurde Boorman schnell mehr als nur eine Trainerin.

»Ich habe sie immer als eine zweite Mutter gesehen«, sagt Biles dem Sender NBC. Sie flirtet hinreißend mit der Kamera, nimmt die Trainerin in den Arm. »Sie kennt mich inzwischen so gut, dass sie mir schon ansieht, wie ich drauf bin, wenn ich in die Halle komme.«

Das ist allerdings oft einfach, denn Bi-

Mi 10.8.2016

Silber: Alvear, Yuri [COL]; *Bronze:* 🇩🇪 Vargas Koch, Laura [GER] / Conway, Sally [GBR] ++++
Tischtennis Einzel Frauen *Gold:* Ding, Ning [CHN]; *Silber:* Li, Xiao Xia [CHN]; *Bronze:* Kim Song-I [PRK] ++++ **Schwimmen 200 m Brust Männer** *Gold:* Balandin, Dmitri [KAZ]; *Silber:* Prenot, Josh [USA]; *Bronze:* Chupkov, Anton [RUS] ++++
Schwimmen 200 m Schmetterling Frauen *Gold:* Belmonte Garcia, Mireia [ESP]; *Silber:* Groves, Madeline [AUS]; *Bronze:* Hoshi, Natsumi [JPN] ++++
Schwimmen 100 m Freistil Männer *Gold:* Chalmers, Kyle [AUS]; *Silber:* Timmers, Pieter [BEL]; *Bronze:* Adrian, Nathan [USA] ++++ **Schwimmen 4 x 200 m Freistil Frauen** *Gold:* USA; *Silber:* Australien; *Bronze:* Kanada ++++ **Fechten Säbel Männer** *Gold:* Szilagy, Aron [HUN]; *Silber:* Homer, Daryl [USA]; *Bronze:* Kim, Jung-Hwan [KOR] ++++ **Fechten Florett Frauen** *Gold:* Deriglazova, Inna [RUS]; *Silber:* di Francisca, Elisa [ITA]; *Bronze:* Boubakri, Ines [TUN]

Meldungen

Revanche. Ding gegen Li, das hatten wir doch schon einmal! Ja, genau, in London standen sich die beiden schon einmal in einem olympischen Finale gegenüber. Es war ein Duell, das durch eine indisponierte Oberschiedsrichterin verpfiffen wurde. Li hatte gewonnen. Diesmal dreht Ding den Spieß um. Es ist ein packendes Duell, das sie letztlich für sich entscheidet. Nach dem Match sind sich alle einig: Besser geht Tischtennis nicht.

Erschöpfung. Im Kampf um Bronze muss die gebürtige Berlinerin Laura Vargas Koch in die Verlängerung. Die Judoka ist schon in den Kämpfen gegen die Österreicherin Bernadette Graf und Antonio Moreira aus Angola an ihre Grenzen gegangen und hat sich schlussendlich durchgesetzt. Im Halbfinale gegen die Japanerin Haruka Tachimoto hat Vargas Koch einen sekundenkurzen Aussetzer – und verliert wegen einer einzigen Wertung. Nun kämpft sie die Spanierin Maria Bernabeu mit einer kleinen Innensichel nieder und holt Bronze. Nächster Kraftakt: die Doktorarbeit (Forschungsschwerpunkte: algorithmische und diskrete Mathematik).

Olympia **2016**

VERPOKERT. Auch Weltmeister Marco Koch konnte den deutschen Schwimm-Fluch nicht brechen und landete auf einem enttäuschenden siebten Platz.

LETZTES GOLD. Der Schweizer Fabian Cancellara gewann in seinem letzten Rennen das Einzelzeitfahren und krönte seine außerordentliche Karriere.

les strahlt fast immer und redet munter drauflos, selbst kurz vor dem Wettkampf, wenn die Konkurrentinnen vor lauter Konzentration und Anspannung verschlossen vor sich hinstarren.

Nur manchmal habe ihr Schützling andere Sachen im Kopf, Jungs zum Beispiel. Biles sei eben »zu 85 Prozent ein toller Profi und zu 15 Prozent ein Teenager Girl«, meint Boorman.

Nun tut sie noch ihren Job bei Olympia. Da kennt sich Simone Biles mittlerweile aus, da kann ihr niemand etwas vormachen. Sie wird turnen wie eine Außerirdische, lächeln wie eine Göttin und die Szenerie regieren wie eine Königin.

TAG 6

GLÜCKLICHE SCHÜTZIN. Die Schweizerin Heidi Diethelm Gerber holt im Alter von 47 Jahren ihre erste Medaille. Es ist Bronze.

Dann wird Schluss sein mit Olympia. Und Simone Biles wird in ihr neues Leben jetten: Sie wird ein Superstar sein.

Das ist oft eine größere Herausforderung als das Schweben auf dem Balken.

Schwimmen
COOL BADEN GEGANGEN

Marco Koch, Weltmeister über 100 Meter Brust, ist ein eigenwilliger Sportler. Er drückt sich um Trainingslager der deutschen Mannschaft. Er schrubbt lieber unter den Augen seines Heimtrainers zu Hause in Darmstadt die Kilometer im Becken. Und weil er in Brasilien mit der Zeitverschiebung klarkommen muss, verlegt er die Einheiten im Stadtbad in die Nachtstunden.

Die Kollegen reisen an – und Koch bleibt daheim, solange es möglich ist. Auf den letzten Drücker reist er an. Erklärt, dass er guter Dinge sei – und dass er Gold wolle. Sicher, er sei sich bewusst, dass da ein Weltrekord hermüsse.

Aber ein großes Problem sehe er nicht. Dann darf er ins Wasser. Marco Koch erledigt den Vorlauf ordentlich, steigt aus dem Becken und sagt lächelnd, das laufe ja prima.

Er muss sich schon ziemlich lang machen, um das Halbfinale zu überstehen. Er krabbelt an Land und gibt sich unbeirrt: »Wichtig ist, dass ich im Endlauf bin. Das wird schon.«

Nichts wird's im Endlauf mit einer Medaille. Koch schwimmt als Siebter hinterher. Zu Bronze fehlen drei Zehntel.

Marco Koch klettert an Land, er schüttelt den Kopf. »War leider nicht so, wie ich mir das vorgestellt habe. Ich habe hier nicht meine Bestleistung auspacken können. Das ist einfach nur ärgerlich.«

Alles versucht, Ziel verfehlt.

Wieder einer.

Mit Teamgeist oder im Alleingang. Die deutschen Schwimmer können's anpacken, wie sie wollen. Fürs Podest reicht es nicht.

Rad, Einzelzeitfahren Männer
AUS DEM NICHTS

Als Fabian Cancellara von der Startrampe ins 59 Kilometer lange Zeitfahren rollt, stehen die Wetten für ihn schlecht. Er war mal weltweit der schnellste Solist auf dem Rad – aber das ist lange her. Damals hat er mit der Präzision einer Schweizer Kraftmaschine gewonnen. Niemand konnte ihn stoppen, die Konkurrenten hatten keine Hoffnung auf Siege. Sie fuhren untereinander die zweiten und dritten Plätze aus.

Aber irgendwann hörte die Serie auf. Cancellara siegte nicht mehr, er wurde »alt«.

Zum letzten Mal siegte er vor drei Jahren bei einem wichtigen Zeitfahren. Das war's.

Die Siegertypen des Jahres 2016 heißen Christopher Froome aus England oder Tom Dumoulin aus den Niederlanden. Wer, wenn nicht sie, soll in Rio schon Gold gewinnen?

Von Fabian Cancellara redet niemand. Zumal er nach einem schlimmen Unfall im vergangenen Jahr zusätzlich verunsichert scheint. Die Siegzeiten sind eben vorbei – und der Schweizer, ein prächtiger Sportsmann, beklagt sich nicht. Er wirkt ein wenig wie der große Stoiker der Radelite.

Wir schreiben den 10. August 2016. Es stürmt in Rio, es hat am Morgen stark geregnet. Der Wind geht immer noch stramm über die Küste, die Straßen sind noch nicht abgetrocknet.

Cancellara nimmt bei der ersten Rechtskurve noch einmal das Tempo raus, weil er sich auf dem Kopfsteinpflaster nicht nach ein paar Sekunden auf die Nase legen will. Dann stemmt er sich mit aller Kraft in die Rennmaschine.

Er rollt gegen den Sturm am Meer entlang. Biegt nach rechts ab, wuchtet sich über steile Rampen ins Hinterland, kurvt durch welliges Terrain, orientiert sich zurück in Richtung Wasser, fährt eine zweite Runde. Eine Stunde und zehn Minuten ist er unterwegs, ein einsamer Mann im Kampf gegen die Schmerzen.

Auf den letzten Kilometern zwingt Cancellara seinen Körper in den roten Bereich. Er weiß, warum – per Funk ist ihm gesagt worden, dass er auf Bestzeiten-Kurs sei.

Cancellara kennt das: Du musst die Qual aushalten, bis die Ziellinie hinter dir liegt. Der Schweizer hält aus. Im Ziel müssen sie ihn vom Rad heben.

Ein glücklicher, erschöpfter Mann ist er. Fabian Cancellara, von dem das niemand mehr erwartet hätte, hat wieder mal gewonnen. Er ist eben doch ein Siegertyp.

Und die geben niemals auf.

TAG 7

GEHT DOCH!

Die Ruderer gewinnen in einer Viertelstunde zweimal Gold – endlich dürfen sich die deutschen Sportfreunde auch mal freuen. Und dann behält eine Bajuwarin die Nerven und ist nach dem Wettbewerb der Kleinkaliber-Amazonen die Beste. Barbara Engleder siegt bei Olympia. Und stiehlt allen die Show.

Katrin Müller-Hohenstein ist eine routinierte TV-Fahrensfrau. Wen hat sie nicht schon alles interviewt? Sie kommt mit allen klar, auch mit den maulfaulsten Fußballprofis.
Aber an Tag sieben trifft sie ihre Meisterin.

Frau Müller-Hohenstein begrüßt diese Goldschützin aus Niederbayern, diese Barbara Englinger oder so. →

Do
11.8.2016

Spruch des Tages
»Alles gegeben. Ich wollte unbedingt 'ne Medaille. Jetzt fehlen vier Zehntel. Ist einfach Scheiße. Ob mich da was trösten kann? Garantiert nicht.« Philipp Heintz nach seinem sechsten Platz im 200-Meter-Lagen-Finale in deutscher Rekordzeit.

Zahl des Tages
450.000 …
… Gratis-Kondome für die Automaten im olympischen Dorf haben die Macher der Spiele gebunkert.

Entscheidungen

Rudern **Doppelvierer Frauen**
Gold: 🇩🇪 Deutschland; *Silber:* Niederlande; *Bronze:* Polen +++
+ *Rudern* **Doppelzweier Män-ner** *Gold:* Kroatien; *Silber:* Litauen; *Bronze:* Norwegen +++
+ *Rudern* **Doppelvierer Männer** *Gold:* 🇩🇪 Deutschland; *Silber:* Australien; *Bronze:* Estland +++
+ *Rudern* **Vierer ohne Leichtgewicht Männer** *Gold:* Schweiz; *Silber:* Dänemark; *Bronze:* Frankreich ++++ *Rudern* **Doppelzweier Frauen** *Gold:* Polen; *Silber:* Großbritannien; *Bronze:* Litauen ++++ *Rudern* **Zweier Männer ohne Steuermann** *Gold:* Neuseeland; *Silber:* Südafrika; *Bronze:* Italien ++++ *Judo* **100 kg Männer** *Gold:* Krpalek, Lukas [CZE]; *Silber:* Gasimov, Elmar [AZE]; *Bronze:* Haga, Ryosuke [JPN] / Maret, Cyrille [FRA] +
+++ *Judo* **78 kg Frauen** *Gold:* Harrison, Kayla [USA]; *Silber:* Tcheumeo, Audrey [FRA]; *Bronze:* Aguiar, Mayra [BRA] / Velensek, Anamari [SLO] ++++ *Schießen* **Dreistellungskampf Frauen** *Gold:* 🇩🇪 Engleder, Barbara [GER]; *Silber:* Zhang, Bin Bin [CHN]; *Bronze:* Du, Li [CHN] ++++ *Gerätturnen* **Mehrkampf Einzel Frauen** *Gold:* Biles, Simone [USA]; *Silber:* Raisman, Alexandra [USA]; *Bronze:* Mustafina, Aliya [RUS]
++++ *Radsport* **Bahn Mannschaftssprint Männer** *Gold:* Großbritannien; *Silber:* Neuseeland; *Bronze:* Frankreich ++++ *Bogenschießen* **Einzel Frauen** *Gold:* Chang, Hye Jin [KOR]; *Silber:* 🇩🇪 Unruh, Lisa [GER]; *Bronze:* Ki, Bo Bae [KOR] ++++ *Rugby* **7er Männer** *Gold:* Fidschi; *Silber:* Großbritannien; *Bronze:* Südafrika ++++ *Schwimmen* **100 m Freistil Frauen** *Gold:* Oleksiak, Penny [CAN]; *Silber:* Manuel, Simone [USA]; *Bronze:*

COOLER BLICK. Barbara Engleder bei ihrem letzten Wettkampf.

Naja, Gold ist Gold, man wird ihr wohl die Nervosität vor der Kamera nehmen müssen. Dann plaudert man übers Finale und die Siegergefühle und so.
Das Übliche halt, wenn man einen Sportler da sitzen hat, der sich nicht so heimisch fühlt in einem Fernsehstudio.
Frau Engleder (so heißt sie wirklich) setzt sich auf die lange Couch. Sie hat sich fürs Feiern zurechtgemacht, das martialische Leder-Outfit für Schützen hat Pause.
Nett sieht sie aus, hat ein frisches frohes Gesicht mit neugierigen frechen Augen. Keine blonde Schönheit und keine magere Hochleisterin. Barbara Engleder ist eine adrette 32-Jährige, die weiß, wie sie was von sich hermacht, und die weiß, was sie will.
Nervös?
Warum, bitte schön? Die Frau findet es hochinteressant auf dieser Couch. Mal sehen, was für eine die Müller-Hohenstein ist.
Die Moderatorin fragt, was Barbara durch den Kopf gegangen sei, als sie sich nach dem letzten Treffer vor den Schießstand kniete und die Fäuste zur Decke reckte.
Das sei die pure Genugtuung gewesen.
»Wia i am ersten Dog nur Vierte gworn bin, hob i gsogt, jetz muass a Goid her. Jetz hob i Bluat gleckt.«
(Untertitel für Frau Müller-Hohenstein: Als ich an Tag 1 nur Vierte wurde, habe ich mir geschworen, heute würde ich gewinnen. Da habe ich Blut geleckt.)
Sie erzählt von diesem Wettkampf. Mal traf sie fast in die Mitte des 10,4-Millimeter-Ziels. Dann rutschte sie ein bisschen daneben. Genauso ging's den anderen. Eine Schweizerin. Eine Österreicherin.

Du Li, die Chinesin. Die nette Iranerin. Die Italienerin, die beim Schießen immer zuletzt fertig war. Noch eine Chinesin. Anlegen. Ziel fixieren. Schießen. Nachhalten. Fünfer-Serien. Im Knien, liegend, im Stehen. Anfangs war sie auf Bronzekurs, und plötzlich führte sie.
Zefix!
»Des macht wahnsinnig vui Druck. I bin liaba da Underdog, der vo hintn kimmt und sagt, schaugts, dass ds weida kemmts.«
(Führung, das bedeutet Druck. Mir ist es lieber, ich komme als Underdog von hinten und scheuche alle weg.)
Noch fünf Schuss.
41. Schuss. Barbara Engleder in Führung. Die schlechteste der verbliebenen Elite-Schützinnen scheidet aus.
42. Schuss. Barbara Engleder in Führung. Noch vier Sportlerinnen übrig.
43. Schuss. Führung ausgebaut. Zublasing, die Schweizerin, raus.
44. Schuss. Du Li raus. Engleder führt.
Letzter Schuss. 9,0, sie geht in die Knie, ballt die Faust, reißt den Stöpsel aus dem Ohr, sie weiß, dass sie gewonnen hat.
Barbara Engleder heult, lacht, umarmt die Welt.
»Olle hob i's zoagt. Olle!«
(Allen habe ich bewiesen, dass ich es kann. Allen!)
Jetzt, bei Frau Müller-Hohenstein, hat sie ihre Mitte wiedergefunden. Sie erzählt, was das für ein wunderbarer Abschluss ihrer Karriere ist.
Sie wird aus Rio zurückkommen, noch ein paar Wettkämpfe in der Heimat machen, dann kommen die Gewehre in die Ecke. Und sie hat endlich sauviel Zeit für

TAG 7

ihren zweijährigen Sohn, die 120.000 Bienen in den Stöcken hinterm Haus, den nächsten Fantasy-Roman, einen guten Film – und Ehemann Jürgen.

Dann ist der Leistungssport nur noch eine Aneinanderreihung von Geschichten.

Sie wird erzählen, wie sie sich in Rio bei den Bachs dieser Welt unbeliebt gemacht hat, weil sie gesagt hat, dass die Unterkunft der Schützen eine ungesunde, verdreckte Tropfsteinhöhle war. Und weil sie erklärte, ihr sei es wurscht, ob dieser Bach pünktlich auf der VIP-Tribüne erscheine, wenn sie schieße.

Sie wird erzählen, wie alles angefangen hat bei den Bergschützen Voglarn. Es war während der Sommerferien. Karl Lechner scheuchte sein 12-jähriges Dirndl von der Couch hoch und nahm es in das Schützenheim mit. Da hat sie zum ersten Mal »Blut geleckt«. Vier Jahre später entdeckte Bezirkstrainer Manfred Scherz das große Talent. Barbara wurde zum Stützpunkt in Deggendorf chauffiert und sollte zeigen, ob sie es draufhat. Sie packte eine uralte Waffe aus und schoss die Trainer aus den Schuhen. So etwas hatten sie noch nicht gesehen.

2001 wurde aus Barbara Engleder die Sportsoldatin in der Sportfördergruppe in Neubiberg. Und ab ging's in die Weltspitze.

Sie wird von den Monaten vor Olympia erzählen. Und dem Tag, als alles in Frage gestellt wurde.

»Mia ham ja des Hochwasser ghabt, do hats uns aa derwischt. Zwoa vo meine Waffn san untaganga. Jetz hamma mia ned gwusst, was do hi is. Da hat da Ausrüster a Endoskopie gmacht – war aba ois okay.«

(Untertitel, Kurzversion: Sie hatten Hochwasser in Triftern. Alles kaputt. Zwei Waffen getrocknet und endoskopisch untersucht. Alles okay – die konnten mit nach Rio.)

Äh? Ja? Die Moderatorin muss über die nächste Frage nachdenken. Was denn Barbara am Abend noch vorhabe? Und überhaupt: Wie es weitergehen solle?

»Des konn i Eahna scho sogn. Grod hob i mitm Mo telefoniert. De hom dahoam a Public Viewing ghabt. Jetzt feiern s' recht zünftig. Der Mo war kaum noch ansprechbar. Ja, und i geh jetz ins Deitsche Haus und trink aa a Weizn. Oder zwoa. Aba net zvui. Morgn wui i de Männer beim Schiassn zuaschaung. Jawoll, de kanntn aa no was treffa.«

(Untertitel für Frau Müller-Hohenstein, ganz kurze Version: Gerade mit Triftern telefoniert. Gatte blau wie ein Veilchen.

PREMIERE. Lisa Unruh, die 28-jährige Berlinerin, gewann Silber. Nie zuvor hatte es für Deutschland eine Einzelmedaille im Bogenschießen gegeben. Auch wenn sie das Finale gegen die Südkoreanerin Hye Jin Chang mit 2:6 verlor, war sie überglücklich: »Das ist der größte Moment in meinem Leben.« Die Hallen-Weltmeisterin hatte mit einer Platzierung unter den Top Ten spekuliert, von einer Medaille nicht mal zu träumen gewagt. Nun aber wird ihr Silber umgehängt.

Sie braucht jetzt auch ein Weißbier. Dann ab ins Bett. Morgen zuschauen, ob die Herren treffen. Sport, diesmal ganz gemütlich.)

Schwimmen
PHELPS 22

Um zehn nach elf Uhr nachts siegt der Mega-Schwimmer von Rio, Michael Phelps, überlegen über 200 Meter Lagen. Er holt sich Gold Nummer 22 seiner Karriere bei der Siegerehrung ab und ist schon wieder weg. Phelps muss sich auf die Schnelle aufwärmen fürs Halbfinale über 100 Meter Schmetterling. Das geht zackzack. Phelps erscheint wieder in der Halle. Stellt sich auf den Startblock, schnellt ins Becken, mutiert zum Fisch – und, hastdunichtgesehen, ist er in seinem letzten Endlauf dieser Olympischen Spiele. Danach sagt er: »Das hat hübsch weh getan. Aber ich musste ja da rein, ich musste ins Finale. So will ich das, so mag ich das.«

Golf
Der Hit!

Endlich wieder Golf bei Olympia. Justin Rose, der elegante Engländer, legt sich am Abschlag von Bahn vier den Ball zurecht. Sehr gute Spieler kalkulieren für diesen Abschnitt drei Schläge, auch wer nach vier Versuchen einlocht, bleibt noch im Rennen. Rose holt aus, schwingt, schlägt, der Ball fliegt. Landet auf dem Green, hat einen Rückwärtsdrall, bremst, rollt, rollt, rooollt ...

Plopp! Drin isser.

Hole in one. Mit einem Schlag den Ball versenkt. Das ist schon etwas Besonderes. Und wie reagiert ein Engländer?

Rose guckt, bekommt eine ernste Miene. Der Ball verschwindet im Loch. Der Spieler hört den Jubel. Jetzt ist er sicher und beginnt zu grinsen. Wie ein Lausejunge, der gerade was angestellt hat. Marschiert stracks übers Gelände. Klaubt den Ball aus dem Loch, hebt ihn hoch und zeigt ihn den enthemmten Menschen. Dann lässt er sich vom Caddie einen Energieriegel reichen. Treffen macht hungrig.

82 — 83

Do 11.8.2016

Sjoestroem, Sarah [SWE] + + + + *Schwimmen* **200 m Lagen Männer** *Gold:* Phelps, Michael [USA]; *Silber:* Hagino, Kosuke [JPN]; *Bronze:* Wang, Shun [CHN] + + + + *Schwimmen* **200 m Rücken Männer** *Gold:* Murphy, Ryan [USA]; *Silber:* Larkin, Mitch [AUS]; *Bronze:* Rylov, Evgeni [RUS] + + + + *Schwimmen* **200 m Brust Frauen** *Gold:* Kaneto, Rie [JPN]; *Silber:* Efimova, Yuliya [RUS]; *Bronze:* Shi, Jinglin [CHN] + + + + *Fechten* **Degen Mannschaft Frauen** *Gold:* Rumänien; *Silber:* China; *Bronze:* Russland + + + + *Kanuslalom* **Kajak Einer Frauen** *Gold:* Chourraut, Maialen [ESP]; *Silber:* Jones, Luuka [NZL]; *Bronze:* Fox, Jessica [AUS] + + + + *Kanuslalom* **Canadier Zweier Männer** *Gold:* Slowakei; *Silber:* Großbritannien; *Bronze:* Frankreich + + + + *Tischtennis* **Einzel Männer** *Gold:* Ma, Long [CHN]; *Silber:* Zhang, Jike [CHN]; *Bronze:* Mizutani, Jun [JPN]

Meldungen

Golden Girl. US-Turnstar Simone Biles erfüllt alle Erwartungen. Sie gewinnt vor 12.000 Fans in der Olympic Arena souverän die Goldmedaille im Mehrkampf. Die 19 Jahre alte Texanerin setzt sich nach dem Sieg im US-Team mit 62,198 Punkten auch im Einzel durch. Platz zwei erturnt sich mit 60,098 Zählern Biles' Teamkollegin Alexandra Raisman vor der Russin Aliya Mustafina (58,665). Damit setzen die Amerikanerinnen ihren seit zwölf Jahren anhaltenden Siegeszug bei Olympischen Spielen fort. Biles' Sieg ist der fünfte Allround-Erfolg der Amerikanerinnen in der olympischen Geschichte.

Schwimmküken. Penny Oleksiak aus Kanada ist gerade mal 16 – und siegt völlig überraschend zeitgleich mit der US-Amerikanerin Simone Manuel in 52,70 Sekunden über 100 Meter Freistil. Die favorisierten Campbell-Schwestern gehen baden.

Halbfinale. Angelique Kerber siegt weiter. Die Kieler Tennisspielerin schlägt in der Runde der letzten acht die Britin Johanna Konta flott mit 6:1, 6:2. Im Semifinale trifft sie nun auf Madison Keys (USA). Vor Kerber scheitert an Tag sechs Laura Siegemund aus Metzingen überraschend klar mit 1:6, 1:6 an Mónica Puig aus Puerto Rico.

Rudern
2 BOOTE = 8 GOLDENE

Der Sturm ist vorbei. Über der Regattastrecke treiben sich an einem blauen Himmel ein paar Wolkenflusen herum, die Wellen kräuseln sich ein wenig, aber das Wasser müffelt an Tag sieben der Spiele nicht. Das wilde Wetter der vergangenen 48 Stunden hat der Lagune gut getan.

Der Sturm ist auch für den deutschen Ruderverband ausgestanden. Schon hatten die Kritiker ihre Generalabrechnung mit den Verlierern in deutschen Booten vorformuliert, da holen die zwei Doppelvierer innerhalb einer Viertelstunde zweimal Gold. Nun lacht die Sonne wieder über dem Verband.

Da sind erst einmal die Frauen. Annekatrin Thiele, Carina Bär, Julia Lier und Schlagfrau Lisa Schmidla gehen als Favoritinnen ins Rennen. Doch bis zur 1.500-Meter-Marke liegt das Boot noch auf Rang zwei hinter den Polinnen. Die haben sich mit einer Wucht ins Zeug gelegt, dass es der Konkurrenz angst und bange werden musste. Auch nach einem Kilometer sind sie nicht langsamer geworden – und bei 1.500 Metern ist nicht zu erkennen, ob sie die Pace halten oder vielleicht doch noch einbrechen.

Die Deutschen bleiben ruhig. Dann erhöht Schlagfrau Schmidla die Frequenz. Zuerst kaum merklich, dann mit einer unbarmherzigen Konsequenz schiebt sich das Boot unter schwarz-rot-goldener Flagge an die Führenden heran, liegt gleichauf – und ist dann mal weg.

Im Ziel hat das erst vor wenigen Wochen umbesetzte Boot eine knappe Sekunde Vorsprung. »Wir wussten, dass wir hintenraus stark sind und sind cool geblieben«, sagt Julia Lier später.

Die Sportlerinnen sacken in sich zusammen. Annekatrin Thiele stemmt sich hoch und stakst über die Kolleginnen hinweg nach vorne. Eine nach der anderen knutscht sie ab. Nach der letzten Poussiererei verliert sie das Gleichgewicht. Das Boot schunkelt. Da entscheidet sich Annekatrin zum Sprung ins Schmutzwasser.

Igitt, wird sie später gefragt, das ist doch eine ziemlich üble Plörre; ob sie nicht

DER DOPPELVIERER DER FRAUEN. Annekatrin Thiele, Carina Bär, Julia Lier und Schlagfrau Lisa Schmidla holen Gold durch einen starken Endspurt.

TAG 7

DER DOPPELVIERER DER MÄNNER. Karl Schulze, Philipp Wende, Lauritz Schoof und Hans Gruhne enteilen der Konkurrenz zum Gold.

schon Pickel habe von dem Glücksbad? Nee, gar nicht. Und überhaupt, sie müsse da was klarstellen. Sie hätte doch das Boot nicht zum Kentern gebracht. Sie sei einfach zu faul gewesen, wieder über die anderen zu klettern. Also sei sie baden gegangen, vor der Siegerehrung.

Bei der Zeremonie stehen die vier dann, geduscht und geföhnt und in Ausgeh-Uniform, in der Mitte des Podests und schauen in Richtung Zuckerhut. Ist doch ein gutes Gefühl, wenn die richtige Musik spielt und die deutsche Fahne am höchsten Mast flattert.

Das Gefühl teilen die Frauen mit den Männern. Die freilich waren eigentlich schon abgeschrieben. Erst im Hoffnungslauf haben sie sich fürs Finale qualifiziert. Da müssen sie dann ganz außen starten. Nicht gerade günstig, wenn man wissen will, was die Favoriten auf den mittleren Bahnen machen.

Im Boot sitzen Karl Schulze, Philipp Wende, Lauritz Schoof und Hans Gruhne. Nach 500 Metern liegen sie deutlich in Front. Die Konkurrenz ist düpiert. »Wir wollten unsere Startschnelligkeit ausspielen und die anderen unter Druck setzen. Wir haben nicht damit gerechnet, dass keiner mitfahren kann«, erzählt Hans Gruhne nach dem Rennen.

Zur Hälfte haben sie fast zwei Sekunden Vorsprung vor Australien. Die Crew aus Down Under verkürzt den Rückstand in der zweiten Rennhälfte zwar ein wenig, kann die Deutschen aber nicht mehr ernsthaft gefährden. Sie kriegen sich gar nicht mehr ein, aber sie bleiben wenigstens so vernünftig, dass keiner baden geht. Dann stehen sie mitten auf dem Podest und schauen glücklich auf den Zuckerhut. »Die Genugtuung ist riesengroß. Gold ist geil«, sagt Wende.

Und Kollege Gruhne ergänzt: »Ich spüre noch nicht viel, ich fühle nur das Gewicht der Medaille. Die ist ganz schön schwer und das ist toll. Bis ich das alles begreife, dauert es noch lange.«

Dass der 28 Jahre alte Gruhne vom Ruder-Club Potsdam bei den Spielen in Rio überhaupt dabei ist als Schlagmann des Doppelvierers, dass er sogar Gold holt, ist das glückliche Ende einer Geschichte, die vom Hinfallen und Wiederaufstehen handelt.

Bei der Weltmeisterschaft 2015 war Gruhne Chef in dem Boot, das auf dem Lac d'Aiguebelette im französischen Savoyen Weltmeister wurde.

Doch dann fühlte sich Gruhne, als hätte jemand bei ihm »den Stecker gezogen«. Er war übertrainiert, brachte keine Leistung, hatte keinen Bock. »Da hat alles mit reingespielt. Ich habe mich nicht gut gefühlt, vom Körper her und vom Kopf.«

So würde er in Rio nicht starten können. Die Trainer setzten wieder auf Tim Grohmann, den Schlagmann vom Olympiasieg in London.

Zu Hause in Potsdam arbeitete Gruhne an sich. Langsam, zäh, unter Ausschluss der Öffentlichkeit brachte er sich wieder in Form.

Im Juni, beim Weltcup-Finale im polnischen Posen, tauschte Trainer Alexander Schmidt den Schlagmann aus. Grohmann raus, Gruhne wieder rein.

In Rio zahlt sich alles aus. Hans Gruhne ist nachdenklich geworden in diesem Jahr der Prüfungen. Natürlich freut ihn der Sieg. Aber bei aller Euphorie mag er nicht vergessen, wie schwer es gewesen ist: »Dieses Jahr war ein unglaubliches Auf und Ab. Für mich – und für dieses Boot.«

TAG 8

ZUM GLÜCK GETÄNZELT

»Das Pferd erträgt es nicht, von einem Arsch beherrscht zu werden«, sagt der tschechische Schriftsteller Pavel Kosorin. Wie Unrecht er hat. Die deutschen Dressurreiter leben – einmal mehr – vor, wie die perfekte Gleichberechtigung zwischen Tier und Mensch aussieht. Training + Zuneigung + Ehrgeiz = Gold. Da kann man seinen A... drauf verwetten. →

Fr 12.8.2016

Spruch des Tages
»Aus meiner Sicht geht es schon seit den neunziger Jahren bergab. Ich kenne keine Olympischen Spiele, wo nicht geschimpft wurde, wie schlecht doch alles ist. Ich sehe nicht, was sich zwischen 2000 und 2016 verändert haben soll.« Britta Steffen, zweifache Gold-Gewinnerin in Peking, über den Knatsch und die fehlenden Erfolgserlebnisse bei den Schwimmern.

Zahl des Tages
81,26…

…Prozent der Bundesbürger halten nach einer Untersuchung der Deutschen Sporthochschule die deutschen Athleten für integer und glauben, dass sie unbestechlich sind und die Regeln des Fair Play einhalten.

Entscheidungen

Rudern Zweier ohne Steuerfrau Frauen *Gold:* Großbritannien; *Silber:* Neuseeland; *Bronze:* Dänemark ++++ **Rudern Doppelzweier Leichtgewicht Männer** *Gold:* Frankreich; *Silber:* Irland; *Bronze:* Norwegen ++++ **Rudern Doppelzweier Leichtgewicht Frauen** *Gold:* Niederlande; *Silber:* Kanada; *Bronze:* China ++++ **Rudern Vierer ohne Steuermann Männer** *Gold:* Großbritannien; *Silber:* Australien; *Bronze:* Italien ++++ **Judo + 78 kg Frauen** *Gold:* Andeol, Emilie [FRA]; *Silber:* Ortiz Boucurt, Idalla [CUB]; *Bronze:* Yamabe, Kanae [JPN] / Yu, Song [CHN] ++++ **Judo + 100 kg Männer** *Gold:* Riner, Teddy [FRA]; *Silber:* Harasawa, Hisayoshi [JPN]; *Bronze:* Sasson, Or [ISR] / Silva, Rafael [BRA] ++++ **Trampolinturnen Frauen** *Gold:* MacLennan, Rosannagh [CAN]; *Silber:* Page, Bryony [GBR]; *Bronze:* Li, Dan [CHN] ++++ **Schwimmen 800 m Freistil Frauen** *Gold:* Ledecky, Katie [USA]; *Silber:* Carlin, Jazmine [GBR]; *Bronze:* Kapas, Boglarka [HUN] ++++ **Schwimmen 50 m Freistil Männer** *Gold:* Ervin, Anthony [USA]; *Silber:* Manaudou, Florent [FRA]; *Bronze:* Adrian, Nathan [USA] ++++ **Schwimmen 100 m Schmetterling Männer** *Gold:* Schooling, Joseph Isaac [SIN]; *Silber:* Cseh, Laszlo [HUN], Phelps, Michael [USA], le Clos, Chad Guy [RSA] ++++ **Schwimmen 200 m Rücken Frauen** *Gold:* Dirado, Madeline [USA];

DAS GOLD IST ZURÜCK. Nach der Niederlage von London holt die Dressur-Équipe souverän den Sieg. Schwarz-Rot-Gold ist wieder Trumpf im Sandkarree.

Isabell Werth lächelt. Mit durchgedrücktem Rücken sitzt sie im Sattel. »Weihegold«, diese wunderbare Stute aus Bargteheide, wirkt stolz und zufrieden. Die Ohren sind gespitzt, die Beine federn den Körper durchs Geviert.

Noch eine Passage, noch einmal piaffiert »Weihegold«. Dann steht sie still. Die Reiterin boxt eine Becker-Faust in die Luft, klopft der Stute begeistert auf den Hals. Da ist es, das Reiterbild, von dem die Dressur-Équipe geträumt hat:

Die Mannschaft ist Olympiasieger.

Die Deutschen knüpfen in Rio an ihre olympische Siegesserie an, die vor vier Jahren in London durch den Triumph der Briten unterbrochen wurde. Bis dahin hatte es für deutsche Mannschaften bei jedem Start nach 1972 Gold gegeben.

2016 also sind sie wieder in der Spur. Zum Quartett gehören Kristina Bröring-Sprehe aus Dinklage mit »Desperados«, Dorothee Schneider aus Framersheim mit »Showtime« und Sönke Rothenberger aus Bad Homburg mit »Cosmo«.

Vor-Reiterin ist freilich unumstritten Isabell Werth. Sie hat bei fünf Olympia-Teilnahmen seit 1992 nun sechsmal Gold und dreimal Silber gewonnen. »Es hört sich vielleicht blöd an, aber für Statistiken habe ich wenig übrig«, sagt sie, hört sich dann aber erkennbar vergnügt ein paar Zahlen mehr an. Jaja, bestätigt sie, es hat sich geläppert mit den wichtigen Siegen. 27 Goldmedaillen hat sie bei Europa- und Weltmeisterschaften und bei Olympischen Spielen geholt.

»Die Goldmedaille war zu lange in britischer Hand«, erklärt die Rheinbergerin nach dem Mannschaftserfolg. Dann denkt sie über den Auftritt mit »Weihegold« nach. »Es waren noch ein paar Kleinigkeiten, an denen ich arbeiten muss, aber das ist Kritik auf hohem Niveau. Beim Einreiten hatte ich Sorge, dass sich die Stute an den stark flatternden Fahnen erschrecken könnte, aber das hat sie gut gemeistert.«

Überhaupt: Alles hat »Weihegold« prima gemacht, seit klar war, dass sie in Rio erste Wahl sein würde. Unkompliziert ist es gewesen, das Pferd in den Flieger zu hieven. Dem Tier ging's während der Reise prächtig, Frau Werth ihrerseits hat auf dem Flug nicht so doll geschlafen. In Rio hat sich »Weihegold« schnell eingelebt, sie wurde nur ein bisschen nervös, als sie wegen der Geräusche und der Umtriebe an den Stallungen merkte, dass ein größerer Wettkampf ins Haus stand. Doch dann präsentiert sie sich vor den Tribünen und ist ganz Ohr für Frau Werth. Kenner schwärmen, wie die Stute ihre zwei Auftritte in der Mannschaftswertung meistert:

Präsent ist sie in den Passagen, leichtfüßig in den Traversalen. Mit Schub drängt sie in die Quergänge und den darauf folgenden Trab. Wenn sie auf der Stelle tritt, kommt sie nicht um eine Zweiunddreißigstel aus dem Takt. Beim Galopp zeigt sie, was für ein schönes Tier sie ist, formvollendet gestellt und gebogen von Huf bis Mähne. Fliegende Wechsel ohne Initiationen, ein starker Galopp voller Freude, die Pirouetten bis ins Letzte gedreht. Dann noch Passagen und Piaffen – und eine lächelnde Reiterin.

So muss es sein. Viel besser geht es nicht.

Beatrice Buchwald arbeitet als Bereiterin für Isabell Werth. Außer ihrer Arbeitgeberin kennt niemand »Weihegold« so gut wie Frau Buchwald. Über das Goldpferd

TAG 8

sagt sie: »Neben drei sehr guten Grundgangarten ist ›Weihegold‹ unheimlich schlau und gelehrig. Sie besitzt eine Mischung aus Sensibilität, Coolness und Kampfgeist, die es wohl nur selten gibt. Sie ist sehr lektionssicher, und durch ihre Konzentrationsfähigkeit fallen ihr die schweren Dinge, wie zum Beispiel Pirouetten, besonders leicht.«

Und dann beschreibt Beatrice Buchwald die Reiterin Werth:

»Isabell ist ein Mensch mit einer unheimlich positiven Lebenseinstellung, was sich auch auf ihre Arbeit mit den Pferden und den Mitarbeitern überträgt. Sie gibt jedem Pferd die Zeit, die es benötigt, um sich zu entwickeln, und sieht in jeder Eigenheit etwas Gutes. Trotz ihres vollen Terminkalenders nimmt sie sich immer Zeit, uns zu Hause mit der Ausbildung der Pferde zu helfen, und fiebert auf dem Turnier mit, als ob sie gerade selbst reiten würde. Sie ist einfach eine tolle Reiterin und Ausbilderin, eine super Chefin und unser großes Vorbild.«

Nun mal halblang, sagt in solchen Augenblicken des Fremdlobs Isabell Werth. Sie freut sich natürlich – aber sie ist Alpha-Wesen genug, auch ohne die positiven Verstärker durch andere ihren Weg zu gehen. Sie weiß, was sie will.

Werth hat eine Phase unbeschadet überstanden, als das Dressurreiten eine Wandlung durchgemacht hat. Kritiker mäkelten, der Stil von Isabell Werth sei out. Man wolle jetzt mehr Glamour – die Werth'sche Schule verliere sich in Purismus. Das sei dem Publikum zu dröge. Also bitte: Mehr Glanz!

»Ich begrüße das nicht. Da wird die Grenze zum Zirkus überschritten. Wenn das Vorderbein nur noch in der Luft ist und das Hinterbein nicht nachkommt, dann wäre das gegen die Regeln. Es sind immer noch die fließende Bewegung und der Übertritt im starken Schritt oder starken Trab gefragt, es heißt immer noch, das Pferd muss von hinten unter den Schwerpunkt treten. Das ist nach wie vor die Grundvoraussetzung. Und da ist es immer schwierig, sich nicht blenden zu lassen vom Spektakulären.«

Unbeirrt ist sie weiter so geritten, wie sie das von ihren Ausbildern gelernt hat. Alte Schule eben.

»Ich habe nach wie vor die Leidenschaft für die Ausbildung. Und die Freude und den Spaß daran. Andere Reiter haben lieber das ›Endprodukt‹ und wollen die Prüfung reiten. Für mich ist die Prüfung das Bonbon on top. Wo sich meine Vision realisiert oder die Wahrheit rauskommt. Aber ich freue mich manchmal einfach über die erste gelungene Piaffe oder den ersten fliegenden Wechsel und denke: ›Jetzt kommt langsam der Punkt, wo du hinwillst‹. Das ist das, was mir einfach unglaublich viel Spaß macht. Das Erfolgserlebnis. Und das ist manchmal mehr wert als ein Grand-Prix-Sieg.«

Nun ist sie in ihrer Arbeit bestätigt. Bei der Siegerzeremonie wird sie vom Stadionsprecher als Kristina Bröhring-Sprehe angekündigt, da schütten sie und ihre Mitreiter auf dem Siegerpodest sich schier aus vor Lachen.

Sie ist Isabell Werth, sie kann ja gar nicht anders. Und wenn einer das nicht schnallt, ist es ihr piepegal, oder sie muss drüber lachen.

Sie ist die Pferde-Frau, die sie immer war. Gefragt, was ihr den meisten Spaß mache, antwortet sie in Rio mit ihrem Lebensmotto. Sie sagt, was sie seit Jahrzehnten erklärt: »Was mir Spaß macht? Ganz einfach: Die Arbeit mit Lebewesen. Ich gehe ja nicht jeden Tag ins Schwimmbad oder auf die Tartanbahn. Das heißt, es wird nicht einseitig oder langweilig. Der Sport und auch die Zucht haben sich so extrem weiterentwickelt, dass auch ich nach fast 30 Jahren Karriere jeden Tag dazulerne. Mich elektrisiert es – heute noch viel mehr als früher –, ein junges Pferd auszubilden. Solang der Spaß da ist und die Gesundheit mitmacht, werde ich reiten. Der Turniersport wird sicher irgendwann weniger. Aber die Pferde werden immer da sein.«

Leichtathletik
LICHT AUS

Robert Harting will schlafen. Noch eine Nacht, dann beginnt endlich »sein« Olympia. Noch 24 Stunden bis zum Vorkampf. Darauf freut sich Harting. Er wird die Atmosphäre des Stadions in sich aufnehmen. Die geforderte Weite von 65 Metern wirft Harting nach den letzten Trainingserfahrungen mit links. Also, ab in die Falle. Pennen. Morgen wird ein guter Tag.

Der Diskurswerfer und Goldgewinner der Spiele von London 2012 hatte sich aufgemacht, den Titel zu verteidigen.

Die Chancen des Hünen standen schlecht. Im vergangenen Jahr riss ein Kreuzband, nach der Operation stellte er sich mühsam wieder auf die Beine. Dann ging wieder was kaputt – und nach der Rekonvaleszenz hatte er ein drittes Mal schlimmes Malheur mit dem Körper.

Lass es gut sein, Robert, meinten Freun-

Fr 12.8.2016

Silber: Hosszu, Katinka [HUN]; *Bronze:* Caldwell, Hilary [CAN] ++++ **Gewichtheben 85 kg Männer** *Gold:* Rostami, Kianoush [IRI]; *Silber:* Tian, Tao [CHN]; *Bronze:* Sincraian, Gabriel [ROU] ++++ **Gewichtheben 75 kg Frauen** *Gold:* Rim, Jong-Sim [PRK]; *Silber:* Naumava, Daria [BLR]; *Bronze:* Valentin Perez, Lidia [ESP] ++++ **Tennis Doppel Männer** *Gold:* Spanien; *Silber:* Rumänien; *Bronze:* USA ++++ **Schießen KK-Luftgewehr Männer liegend** *Gold:* Junghänel, Henri [GER]; *Silber:* Kim, Jonghyun [KOR]; *Bronze:* Grigoryan, Kirill [RUS] ++++ **Schießen Skeet Frauen** *Gold:* Bacosi, Diana [ITA]; *Silber:* Cainero, Chiara [ITA]; *Bronze:* Rhode, Kimberly [USA] ++++ **Fechten Florett Mannschaft Männer** *Gold:* Russland; *Silber:* Frankreich; *Bronze:* USA ++++ **Pferdesport Dressur Mannschaft** *Gold:* Deutschland; *Silber:* Großbritannien; *Bronze:* USA ++++ **Radsport Bahn Mannschaftsverfolgung Männer** *Gold:* Großbritannien; *Silber:* Australien; *Bronze:* Dänemark ++++ **Radsport Bahn Mannschaftssprint Frauen** *Gold:* China; *Silber:* Russland; *Bronze:* Deutschland ++++ **Leichtathletik Kugelstoßen Frauen** *Gold:* Carter, Michelle [USA]; *Silber:* Adams, Valerie [NZL]; *Bronze:* Marton, Anita [HUN] ++++ **Leichtathletik 10.000 m Frauen** *Gold:* Ayana, Almaz [ETH]; *Silber:* Cheruiyot, Vivian Jepkemboi [KEN]; *Bronze:* Dibaba, Tirunesh [ETH] ++++ **Leichtathletik 20 km Gehen Männer** *Gold:* Wang, Zhen [CHN]; *Silber:* Cai, Zelin [CHN]; *Bronze:* Bird-Smith, Dane [AUS] ++++ **Bogenschießen Einzel Männer** *Gold:* Ku, Bonchan [KOR]; *Silber:* Valladont, Jean-Charles [FRA]; *Bronze:* Ellison, Brady [USA]

Meldung

Ausnahmsweise nur Zweiter. Im letzten Einzelrennen seiner Karriere muss sich Michael Phelps in Rio erstmals geschlagen geben. Der 21-Jährige Joseph Schooling aus Singapur rettet seinen Vorsprung über 100 Meter Schmetterling ins Ziel. »Hut ab vor ihm. Er war stark«, sagt der Superstar über den jungen Mann, dem er vor ein paar Jahren noch ein Autogramm gegeben hat.

DER DRITTE VERSUCH. Robert Harting nimmt Maß, aber die Scheibe fliegt nur auf 62 Meter – aus der Traum, Finale verpasst.

de und Ärzte. Du hast genug für die deutsche Leichtathletik getan. Irgendwann muss es genug sein.

Robert Harting ist ein stolzer Mann. Er liebt den Sport. Vor allem liebt er das Diskuswerfen, das so ein komplexer Sport ist. Da muss einer in zwei Sekunden 70 anspruchsvolle Bewegungselemente aneinanderreihen, bevor er nach den Drehungen die Scheibe aus der Hand katapultiert. Danach segelt der Diskus wie motorgetrieben 65, 70 Meter weit durch die Luft.

Dann landet er, die Kampfrichter messen – und auf der Anzeigetafel erscheinen Hartings Name, die Weite und die Zahl 1.

Erster. Darunter tut es ein Harting nicht. Nun ist er dreimal schlimm verletzt gewesen, und viele raten von einem Start in Rio ab. Doch Harting hört nicht auf sie. Er setzt sich in die Einsamkeit des Trainingslagers in Kienbaum ab und quält sich durch die Vorbereitung auf Rio.

Schlafen. Trainieren. Essen und trinken. Massage. Training. Essen. Schlafen. Tag für Tag. Wochenlang. So muss das sein, wenn man siegen will.

Robert Harting will nicht aufstehen, um das Licht zu löschen. Er streckt den Fuß aus, die Zehen sind schon am Schalter. »Da fühle ich, dass es knackt. Das ist ja blöd, denke ich – dann lege ich mich so hin, dass ich einschlafen kann. Wache in der Nacht ein paarmal auf, weil es wehtut.«

Am nächsten Morgen schleppt er sich zur Mensa. Versorgt sich mit Kalorien, wie er das immer tut vor einem Wettkampf. Will zurück zum Zimmer. Robert Harting hat höllische Schmerzen. »Ich kriege Angst, dass ich es nur noch kriechend zurückschaffe.«

Der Doc kommt, setzt neun Spritzen. »Hexenschuss«, sagt der Doc. »Dafür wirste normalerweise drei Wochen krankgeschrieben.«

Harting schüttelt den Kopf. Er will ins Stadion, er muss. Der Arzt gibt ihm Schmerztabletten.

Nur nichts anmerken lassen. Obwohl schon der Trikotwechsel fürchterlich ist, versucht Harting ein Siegerlächeln. Er geht zum ersten Mal in den Ring und wirft. Der Diskus rutscht irgendwie aus der Hand, trudelt kläglich. Auch der zweite Versuch – ein Fiasko. »Irgendwie müssen doch 63 Meter rauskullern«, denkt Harting. Er wirft ein drittes Mal. Bei 62 Metern platscht der Diskus auf den Rasen.

Das reicht nicht. Harting ist raus.

Jetzt stürzen sie sich auf ihn, die Leistungs-Pharisäer. Sie beharken ihn mit den Wir-haben-es-doch-gleich-gewusst-Fragen. Hat er sich mit seinen kritischen Kommentaren zum IOC und zu dessen Präsidenten Thomas Bach nicht zu sehr

TAG 8

in Dinge eingemischt, die ihn nichts angingen? Hätte er sich nicht mehr auf den Sport konzentrieren sollen? Habe er sich nicht fahrlässig überschätzt? Sei er vielleicht jetzt der Depp der Nation?

Robert Harting ist ein echter Sportsmann. Er verliert die Contenance nicht, stellt sich der Inquisition. Ja, das sei wohl der schlimmste Tag, seit er Sport macht. Und er sagt einen Satz, der betroffen macht. Harting, der gefallene Sieger, erklärt: »Das ist ein schwerer Tag für mich. Auch weil ich am eigenen Leib erfahren muss, dass menschliche Ressourcen begrenzt sind.«

Dann fragt jemand, wie es wohl dem »kleinen« Harting anderntags ergehen werde. Christoph hat sich für den Endkampf qualifiziert.

Robert Harting überlegt nicht lang:

»Er wird es schwer haben. Da warten harte Jungs auf meinen Bruder.«

Leichtathletik
WER KANN'S ERKLÄREN?

Das erste Gold bei den Leichtathletik-Wettbewerben geht an Almaz Ayana. Die 24-jährige Äthiopierin deklassiert über 10.000 Meter die Konkurrenz und überquert die Ziellinie nach 29:17,45 Minuten. Das ist mehr als 14 Sekunden schneller als der alte Weltrekord der Chinesin Junxia Wang aus dem Jahr 1997. Deren Bestmarke soll mit unmenschlichem Training und Schlangenblut vorbereitet worden sein – die Athletin beschrieb das später in einem Artikel mit der Überschrift »Wir sind Menschen und nicht Tiere«.

Bei den Spielen von Rio werden also von einer zierlichen Äthiopierin neue Maßstäbe gesetzt. Die Fachleute finden keine Erklärung. Und die FAZ schreibt: »Damit dürfte die Leichtathletik schon im ersten Wettbewerb die Diskussion über Doping wieder angefeuert haben.«

Schießen
VERSCHWOMMEN INS SCHWARZE

Auf den Geschmack ist der kleine Henri beim Besuch eines Rummels gekommen. Er konnte sich gar nicht mehr von der Schießbude losreißen. Also wurde er Mitglied im Schützenverein.

Er wird 2015 in seiner Sportart zum Weltathleten des Jahres gewählt. Und liegt am achten Tag der Spiele von Rio im Finale der besten acht (das hat er gerade mal so erreicht) auf der Matte.

Es ist sein Tag. Henri Junghänel lässt sich durch nichts irremachen. »Ich habe die Gedanken nicht schweifen lassen, mich auf den Ablauf konzentriert, auf die Atmung, auf die Zielannäherung. In der Zielphase hatte ich das Problem, dass die Sicht ein bisschen verschwimmt, das Schwarze vorn (in 50 Metern Entfernung, d.Red.) ist nicht so groß. Das habe ich aber fokussieren können.«

Junghänel fokussiert perfekt. Als er wieder aufsteht und die Augenklappen zur Seite schiebt, ist er Olympiasieger der Kleinkaliber-Schützen.

Mehr geht nicht, oder?

»Es ist toll, kaum zu beschreiben«, sagt Junghänel, ein schmaler freundlicher Darmstädter. Nun muss er wohl überlegen, ob so eine Goldmedaille zu toppen ist. Vielleicht sollte er hier mit dem Leistungssport aufhören und sich auf seinen Beruf als Maschinenbauer konzentrieren. »Ich muss schauen, ob das nicht ein krönender Schlusspunkt war. Mit diesem Sport lässt sich in Deutschland kein Geld verdienen. Da ist der Job die sicherere Einkunftsquelle.«

Ach was! Genug sinniert! Jetzt gibt es im Deutschen Haus erst mal »ein bis sieben Bier« – und dann nichts wie ab nach Südamerika. Zehn Wochen untertauchen. Weg vom Schuss.

GEKNACKT. 19 Jahre hielt der Weltrekord über 10.000 Meter, nun holte sich die Äthiopierin Almaz Ayana Gold in der neuen Fabelzeit.

YES. Henri Junghänel reckt sein Kleinkalibergewehr in die Höhe. Der Jubel nach dem Gold.

GOLD!

Zwei deutsche Sportler gewinnen an Tag neun der Spiele Gold. Christoph Harting schlägt im Diskuswerfen die Weltelite und folgt seinem im Vorkampf ausgeschiedenen älteren Bruder Robert als Olympiasieger nach. Christian Reitz behält in der Konkurrenz der Schnellfeuer-Spezialisten die Nerven und holt das dritte Gold der Schützen. Gold! Mehr Grund zum Jubeln gibt es für einen Athleten nicht. Oder?

Sa 13.8.2016

Spruch des Tages
»Ich stehe das erste Mal ganz oben. Ich wollte es genießen, auf meine Weise. Ich möchte mich bei allen entschuldigen, denen ich auf den Schlips getreten bin.« Diskuswerfer Christoph Harting über seinen peinlichen Auftritt bei der Siegerehrung.

Zahl des Tages
2020 ...
... ist das neue Ziel der Kugelstoßerin Christina Schwanitz. »Der sechste Platz von Rio kann nicht alles gewesen sein«, sagt die Kugelstoßerin. »Jetzt muss ich eben bis zu den nächsten Spielen in Tokio noch vier Jahre dranhängen.«

Entscheidungen

Rudern **Achter Männer** *Gold:* Großbritannien; *Silber:* 🇩🇪 Deutschland; *Bronze:* Niederlande + + + + *Rudern* **Einer Frauen** *Gold:* Brennan, Kimberley [AUS]; *Silber:* Stone, Genevra [USA]; *Bronze:* Duan, Jingli [CHN] + + + + *Rudern* **Einer Männer** *Gold:* Drysdale, Mahe [NZL]; *Silber:* Martin, Damir [CRO]; *Bronze:* Synek, Ondrej [CZE] + + + + *Rudern* **Achter Frauen** *Gold:* USA; *Silber:* Großbritannien; *Bronze:* Rumänien + + + + *Trampolinturnen* **Männer** *Gold:* Hancharov, Vladiszlav [BLR]; *Silber:* Dong, Dong [CHN]; *Bronze:* Gao, Lei [CHN] + + + + *Schwimmen* **50 m Freistil Frauen** *Gold:* Blume, Pernille [DEN]; *Silber:* Manuel, Simone [USA]; *Bronze:* Herasimenia, Aleksandra [BLR] + + + + *Schwimmen* **4 x 100 m Lagen Frauen** *Gold:* USA; *Silber:* Australien; *Bronze:* Dänemark + + + + *Schwimmen* **4 x 100 m Lagen Männer** *Gold:* USA; *Silber:* Großbritannien; *Bronze:* Australien + + + + *Schwimmen* **1.500 m Freistil Männer** *Gold:* Paltrinieri, Gregorio [ITA]; *Silber:* Jaeger, Connor [USA]; *Bronze:* Detti, Gabriele [ITA] + + + + *Gewichtheben* **94 kg Männer** *Gold:* Moradi, Sohrab [IRI]; *Silber:* Straltsou, Vadzim [BLR]; *Bronze:* Didzbalis, Aurimas [LTU] + + + + *Tennis* **Einzel Frauen** *Gold:* Puig, Mónica [PUR]; *Silber:* 🇩🇪 Kerber, Angelique [GER]; *Bronze:* Kvitova, Petra [CZE] + + + + *Schießen* **Schnellfeuerpistole Männer** *Gold:* 🇩🇪 Reitz, Christian [GER]; *Silber:* Quiquampoix, Jean [FRA]; *Bronze:* Li, Yuehong [CHN] + + + +

Olympia **2016**

DER LETZTE WURF. Christoph Harting wirft die Scheibe auf über 68 Meter – das ist Gold.

CHRISTOPH HARTING – 2,07 Meter mächtig, bestens trainiert, schmucker roter Bart, bislang dauerlächelnd durchs Finale der Diskuswerfer tanzend – tritt eine Anzeigentafel kaputt. Aus heiterem Himmel, voller Wucht, augenscheinlich zornig.

Warum denn nur? Harting hat gerade den vorletzten Versuch in der Konkurrenz der Diskuswerfer »rausgehauen«, er liegt auf dem zweiten Platz. Das ist überraschend gut. Der führende Pole Malachowski, ein haariger Bären-Mensch, ist ohnehin nicht zu schlagen. Platz zwei ist doch auch was.

Es ist, als ob Harting ahnen würde, dass sich im letzten Durchgang die Ereignisse überstürzen werden. Ein Este wirft fast so weit wie der Pole, setzt sich an die zweite Position. Hartings Mannschaftskamerad Jasinski kontert, ist jetzt seinerseits Zweiter.

Noch zwei Sportler sind dran. Der führende Pole – und Christoph Harting, der jüngere Bruder des deutschen Helden Robert, der das Diskuswerfen fast ein Jahrzehnt lang dominiert hat und am Vortag in der Qualifikation ausgeschieden ist.

Damit wäre der Weg für den kleinen Bruder frei gewesen – doch nun ist er nur auf Platz vier.

Christoph Harting tritt in den Ring. Dreht sich – das kann er so schnell wie kaum ein anderer –, lässt los, schickt dem Diskus einen langen wilden Schrei hinterher. Das Sportgerät fliegt, schwebt, segelt. Landet bei über 68 Metern. Keiner war bisher weiter. Das wäre Gold.

Der Pole kann es nicht toppen.

Harting steht am Ring, wie man sich einen siegreichen Gladiator vorstellt. Breit. 2,07 Meter hoch. Rechter Arm nach oben. Harting bewegt sich nicht. Er zerreißt kein Trikot, tobt sich nicht die Emotionen aus dem Leib. Steht nur da, Standbild gewordener Triumph.

Später verneigt er sich höfisch galant in alle vier Himmelsrichtungen zu den Zuschauern hin. So hat man das noch nicht gesehen. Das hat er ganz nett vorbereitet. Das sieht auf jeden Fall anders aus als bei seinem älteren Bruder, der nach Siegen außer Rand und Band ist.

CHRISTIAN REITZ, Führender bei den Schnellfeuer-Schützen, dreht den beiden letzten Konkurrenten den Rücken zu. Sie müssen im Stechen untereinander ausmachen, wer gegen Reitz um Gold antreten wird. Reitz trinkt Wasser und hält sich mit Trockenübungen in Sachen Schießen warm.

Zweimal müssen der Chinese und der Franzose ran. Im zweiten Duell gehen

FÜNFMAL PENG. Christian Reitz gewinnt mit seiner Schnellfeuerpistole die Goldmedaille.

dem Chinesen die Nerven durch, nur drei Treffer. Der Franzose macht es nicht besser. Drittes Stechen. Unruhe in der Halle. Reitz guckt weg und wirkt, als sei er gar nicht da. Nur rote Backen hat er. Die Aufregung!

Peng! Peng! Peng! Peng! Peng! In vier Sekunden.

Der Chinese trifft wieder nur dreimal das Ziel, das so winzig ist wie eine Espresso-Untertasse. Bei Jean Quiquampoix leuchten vier schöne Lichter auf.

Letztes Schießen.

Reitz ist ruhig wie ein Buddha. Peng-peng-peng-peng-peng! Der Deutsche siegt, lacht, umarmt alle. Die Trainer, die Konkurrenten, Jean, mit dem er immer wieder nach den Wettbewerben oder nach dem Training um die Häuser zieht. Winkt den jubelnden deutschen Fans zu. Lacht. Er sichert die Waffe, legt einen Teil der Montur ab. Ein verlegener, rotwangiger, allerfreundlichster junger Mann.

Einer, den man mögen muss – weil er ja auch die Menschen mag.

SIEGEREHRUNG BEI DEN SCHÜTZEN. Christian Reitz klatscht begeistert, als der Zweit- und der Drittplatzierte aufgerufen werden. Dann ist er dran.

Und was tut der Mann, der Triumphator, die Hauptperson der Zeremonie?

Vor dem Besteigen des Podests umkurvt er das Podium und gratuliert den Gegnern.

Dann klettert er auf den Siegerblock. Strahlt sehr, als ihm die Medaille und ein fragiles Souvenir aus Glaskunst in die Hand gedrückt werden. Der Sprecher kündigt die Hymne an. Reitz wendet sich in Richtung der Fahnenanlage. Arme hinter den Rücken. Oberkörper gerade.

Die Musik setzt ein. Reitz summt mit. Er ist gerührt, verlegen, ernst.

Die letzten Takte Haydn. Schluss mit Musik. Der Jubel setzt ein. Reitz sieht die Medaille an, jetzt strahlt er wieder. Dann schnauft er tief durch. Wie einer, der gerade großer Gefahr entronnen ist.

Später gibt er glücklich jedem ein Interview, der etwas von ihm wissen will. Ja, er habe zu Hause sechs Schlangen – das seien angenehme Haustiere, weil man sie nur alle zwei Wochen füttern müsse. Ja, er werde bald heiraten, und mit der Verlobten schieße er manchmal im Training um die Wette.

Ja, das sei er. Der Typ, den er auch auf seiner Homepage beschreibt:

»Name: Reitz. Vorname: Christian. Geburtstag: 29.04.1987. Geburtsort: Löbau. Wohnort: Regensburg. Schule: Grundschule Löbau-Ost, Heinrich-Pestalozzi-Mittelschule Löbau, Geschwister-Scholl-Gymnasium Löbau mit Abitur 2005. Beruf: 2005 Beginn der Ausbildung zum gehobenen Polizeivollzugsdienst, hessische Bereitschaftspolizei, Sportfördergruppe; Anfang 2010 Abschluss der Ausbildung. Amtsbezeichnung: Polizeioberkommissar.«

Jemand will wissen, wie es sich denn verhalte mit dem Perfektionismus, den man dem Olympiasieger Reitz nachsage. Er überlegt:

»Akribie? Ja, das mag für den Sport gelten. Auch mit den Auftritten in Rio bin ich nicht gänzlich zufrieden. Es gab da noch kleinere Probleme. Aber da kann ich bis Tokio 2020 noch dran arbeiten.«

Dann lässt er sich ins Deutsche Haus fahren. Jetzt wird gefeiert. Mit den Freunden. Mit den Journalisten. Mit der ganzen Welt.

Ach Gott, so schön ist Olympia.

SIEGEREHRUNG BEI DEN LEICHTATHLETEN. Christoph Harting macht Faxen. Er wippt wie ein an Hospitalismus Erkrankter. Er versucht sich an der La Ola, aber keiner im Stadion macht mit. Er grient und grimassiert, als ihm die Medaille umgehängt wird. Er lässt das Souvenir fallen und kümmert sich nicht um die Scherben.

Als die Hymne gespielt wird, verschränkt er die Arme vor der Brust.

Sa 13.8.2016

Schießen **Skeet Männer** *Gold:* Rossetti, Gabriele [ITA]; *Silber:* Svensson, Marcus [SWE]; *Bronze:* Alrashidi, Abdullah [IOP] + + + +
Fechten **Säbel Mannschaft Frauen** *Gold:* Russland; *Silber:* Ukraine; *Bronze:* USA + + + +
Radsport **Bahn Mannschaftsverfolgung Frauen** *Gold:* Großbritannien; *Silber:* USA; *Bronze:* Kanada + + + + *Radsport* **Bahn Keirin Frauen** *Gold:* Ligtlee, Elis [NED]; *Silber:* James, Rebecca [GBR]; *Bronze:* Meares, Anna [AUS] + + + + *Leichtathletik* **Diskus Männer** *Gold:* 🇩🇪 Harting, Christoph [GER]; *Silber:* Malachowski, Piotr [POL]; *Bronze:* 🇩🇪 Jasinski, Daniel [GER] + + + + *Leichtathletik* **100 m Frauen** *Gold:* Thompson, Elaine [JAM]; *Silber:* Bowie, Tori [USA]; *Bronze:* Fraser-Pryce, Shelly-Ann [JAM] + + + + *Leichtathletik* **10.000 m Männer** *Gold:* Farah, Mohammed [GBR]; *Silber:* Tanui Kipngetich, Paul [KEN]; *Bronze:* Tota, Tamirat [ETH] + + + + *Leichtathletik* **Weitsprung Männer** *Gold:* Henderson, Jeff [USA]; *Silber:* Manyoga, Luvon [RSA]; *Bronze:* Rutherford, Greg [GBR] + + + + *Leichtathletik* **Siebenkampf Frauen** *Gold:* Thiam, Nafissatour [BEL]; *Silber:* Ennis-Hill, Jessica [GBR]; *Bronze:* Theisen Eaton, Brianne [CAN]

Meldungen

Dreiundzwanzig. Michael Phelps beendet seine einzigartige Schwimmkarriere mit dem 23. Olympiasieg. Der 32-Jährige siegt souverän mit der amerikanischen Lagenstaffel über 4 x 100 Meter. Ryan Murphy, Cody Miller, Phelps und Nathan Adrian schlagen in 3:27,95 Minuten vor dem Quartett aus Großbritannien an.

Sechstausendfünfhundertvierzig. Carolin Schäfer toppt im Siebenkampf mehrere persönliche Bestleistungen – aber eine Medaille verpasst sie knapp. Die 24-Jährige erreicht 6.540 Punkte und muss sich mit Rang fünf begnügen.

Fünfundfundvierzig. Erstmals seit 1992 findet das Finale im Stabhochsprung ohne Deutsche statt. Der frühere Stabhochsprung-Weltmeister Raphael Holzdeppe, 2012 in London noch Olympia-Dritter, scheitert ebenso in der Quali wie Tobias Scherbarth und Karsten Dilla. Für Holzdeppe und Scherbarth war bei 5,45 Metern Schluss, für Dilla sogar schon bei 5,30 Metern.

Olympia **2016**

Das sieht trotzig aus und ein bisschen hilflos.

Christoph Harting redet nicht viel nach seinem Sieg. Unkommentiert lässt er die SMS-Gratulation von Robert. Der schreibt: »Hey, kleiner Bruder, der Generationenkomplex ist eingeleitet. Ich freue mich extrem für Dich. Du hast einen klaren Harting im letzten Versuch gezeigt.«

Kein Wort der Freude von Christoph. Er will nichts sagen, ihm sei unwohl in der Öffentlichkeit, bürstet er die Journalisten ab. »Ich bin kein Medienhengst. Extrovertierte Menschen wollen wahrgenommen werden, aber ich bin hier fehl am Platz. Ich will nur noch zu meiner Familie und den Freunden. Ich fühle mich hundeelend.«

Christoph Harting hat einmal – da sprach er noch in der Öffentlichkeit – der »Bild« zusammen mit Robert ein »Bruder-Interview« gegeben. Da sagte Robert unter anderem:

»Ich habe für ihn die Erziehungsrolle beansprucht und ihm viele Dinge aufdiktiert. Ich habe eben versucht, es so zu machen, wie ich dachte, dass man so was macht. Was zu Aversionen bei ihm geführt hat.«

Christoph ist als kleiner Bruder der größere Erwachsene geworden. Fünf Zentimeter höher, bessere Proportionen, ein perfekter Oberkörper für einen Werfer. Aber gewonnen hat der Ältere. Und das Wort hat er auch geführt, Robert ist nun einmal so.

Im Interview sagte Christoph: »Er ist ein Lehrer, der alles besser weiß – und Lehrer mochte ich noch nie. Ich hab' es gehasst, weil er alles besser wusste.«

Und er hat sich noch diverse weitere Male geäußert. Einmal sinnierte Christoph:

»Wenn ein Vater mit seinem Sohn in den Park geht und der Kleine dann einen Baum bis zur Hälfte hochklettert, ist er der stolzeste Papa der Welt. Wenn dann ein paar Jahre später der zweite Sohn hochklettert – auch bis zur Hälfte –, denkt der Vater: Na gut, habe ich schon mal gesehen. Um die gleiche emotionale Reaktion hervorzurufen, muss der zweite Sohn zwangsläufig höher klettern als der erste.«

Nun ist er in Rio verteufelt hoch geklettert, der Diskuswerfer Christoph Harting. Aber am Tag seines größten Glücks sagt er, er fühle sich »hundeelend«.

Wie soll das denn weitergehen?

Wahrscheinlich werden die Brüder noch eine Weile ihren Sport treiben und sich für den ganz großen Wurf schinden. Eventuell werden sie weiterhin mit Trainer Torsten Lönnefors zusammenarbeiten. Und der macht sich jetzt schon Gedanken, wie das funktionieren soll: »Ich muss mir überlegen, wie ich das löse, dass es nicht schon im Training zu Konfrontationen kommt.«

Tennis
»NICHT MEIN TAG«

VERLETZT UND ENTTÄUSCHT. Angelique Kerber verlor das Olympiafinale gegen Mónica Puig, die das Spiel ihres Lebens spielte.

Die Enttäuschung im ersten Augenblick ist so intensiv, dass Angelique Kerber nur noch für sich sein will. Keine Minute braucht die 28-Jährige, um nach einem eisigen Handschlag mit Mónica Puig ihre Sachen zu packen und zu flüchten. Mit gesenktem Kopf vorbei an der Konkurrentin, die mit einer Puerto-Rico-Fahne über den Platz tänzelt.

Gold für die Gegnerin, Tennis-Silber für Angelique Kerber.

Es war ein packendes Endspiel. Der erste Satz ging an Puig, im zweiten kämpfte sich Kerber zurück. Im dritten hetzte sie einem großen Rückstand hinterher, wehrte sich gegen mehrere Matchbälle – und hat dann doch verloren.

Kerber braucht einen Moment für sich. Einfach weg. Weg von diesem Center-Court, auf dem sie gerade diese bittere Niederlage erlebt hat.

»Natürlich bin ich sehr enttäuscht«, sagt Angelique, nachdem sie sich beruhigt hat. Sie bekommt die Silberne umgehängt, schlüpft in frische Klamotten. Und entdeckt das Lächeln wieder.

»Ich habe mein Herz auf dem Platz gelassen. Ich wollte eine Medaille und ich habe sie jetzt. Es war ja so, dass Mónica wahrscheinlich das Spiel ihres Lebens gemacht hat. Sie hat alles getroffen, ohne Fehler hat sie gespielt. Bis zum Schluss habe ich gedacht, ich könnte es drehen. Gleichzeitig habe ich ja schon da draußen meinen Frust rausgeschrieen: ›Heute ist alles gegen mich‹, habe ich gerufen, ihr habt es ja gehört. Alles habe ich versucht. Aber es wollte nicht sein. War dann nicht so mein Tag.«

Mónica Puig ihrerseits kommt aus dem Glücksstammeln nicht heraus.

»Ich habe oft von etwas Großem geträumt, aber dann war es nicht da. Jetzt wache ich morgen auf und kann meine Medaille berühren. Jetzt kann ich es gar nicht abwarten, mit den Menschen zu Hause die große Party zu feiern.«

Rudern
»NICHT SCHON WIEDER!«

Jetzt muss Gold her!

Die acht Ruderer und der Steuermann des deutschen Großboots sind programmiert. Noch ein paar Sekunden, danach werden sie in fünfeinhalb Minuten zum Triumph skullen.

Da dümpeln sie in der Startanlage: Polen. Deutschland. USA. Niederlande. Großbritannien. Neuseeland, Italien.

Die Boote werden abgefragt, die Ruder gesetzt. Ampel gelb. Ampel grün. Das Startquäken.

Deutschland und Großbritannien kommen gut weg. Mit 46 Schlägen pro Minute wuchten die Hünen ihre Boote durchs Wasser. Die Briten sind leicht vorn.

500 Meter. 1:20 Minuten sind vorbei. Eine halbe Länge Führung für die Briten. Die können sogar noch zulegen. Die Strecke zwischen 500 und 1000 Metern – da haben sie ihre Stärke.

1000 Meter. 2:41 Minuten. Eine Bootslänge liegt zwischen Großbritannien und Deutschland. Schlagerhöhung bei allen.

1500 Meter. Keine Bootslänge mehr. Steuermann Martin Sauer will, dass die Jungs noch zulegen. Er brüllt sich die Lunge aus dem Hals. Von hinten schließen die Niederländer auf. Die Briten können nicht mehr. Aber sie halten dagegen. Noch zehn Schläge, und die Führenden sind nicht mehr einzuholen. Jetzt müssen sich die Deutschen auch noch um Rang zwei balgen.

Es reicht für Platz zwei. Aber Gold gewinnen die anderen. Die Hünen in Schwarz-Rot-Gold lassen die Riemen los, sacken in sich zusammen. Leer sind sie, alles tut weh, die Enttäuschung ist grenzenlos.

»Wenn man den Rennverlauf ansieht, dann waren die Briten einfach besser. Und da muss man dann auch mal mit Silber zufrieden sein«, sagt Schlagmann Hannes Ocik. Sein Mannschaftskollege Maximilian Reinelt ist einer der Ersten, die sich einkriegen. »Wir sind stolz auf Silber. Man kann nicht erwarten, dass wir immer gewinnen. Das Rennen war heute so eng, wir hätten auch Vierter werden können.«

So sieht es auch Trainer Ralph Holtmeyer. »Die Briten sind superstark gefahren. Das war ein Gold-Rennen. Aber Silber ist auch was. Die Gegner sind ja keine Pappkameraden.«

So leicht kann freilich Ocik nicht zur Tagesordnung übergehen. »Das waren vier Jahre Arbeit für eine Silbermedaille. Da fragt man schon: Warum?« Er denkt nach. Findet nichts falsch an dem, was er sagt.

»Wenn man die britische Nationalhymne hört, denkt man zwar: Nicht schon wieder. Aber sie waren besser, sie waren einfach die Stärkeren.«

VOLLE KRAFT VORAUS. Der Deutschland-Achter im olympischen Gewässer vor der Kulisse von Rio.

TAG 10

Ein Südafrikaner rennt die Stadionrunde wie noch kein Mensch vor ihm. 20 Minuten später vergessen die Menschen im Olympiastadion, dass sie gerade eine historische Leistung erlebt haben. Denn es erscheint: ER. Der Heilsbringer der Leichtathletik. Der schnellste Mann auf dem Globus stellt sich im Endlauf über hundert Meter der gierigen Konkurrenz. Wird er bestehen – oder ist seine Zeit vorbei? Usain Bolt federt zu seinem Startblock…

DER VORLÄUFER

Acht Mann betreten das Stadion durch einen Show-Tunnel. Sie sind die Schnellsten der Welt. Noch ein paar Minuten, dann steht fest, wer ihr Bester ist.
Akani Simbine aus Südafrika. Ben Youssef Meite (Elfenbeinküste). Trayvon Bromell (USA). Andre de Grasse (Kanada), das ist einer, der sich gern im Hintergrund hält. Yohan Blake (Jamaika). Justin Gatlin (USA) marschiert rein, grimmig wie ein Türsteher sieht er aus. Jimmy Vicaut, der Franzose, der sich berappelt hat und wieder klasse Zeiten läuft.
Dann kommt ER. Usain Bolt federt durch den Tunnel in die Arena, wechselt in einen lässigen Schlenderschritt. Er hat die Arme über der Brust gekreuzt, breitet sie aus.
Hier bin ich Leute. Seht mich an. Genießt es!
Die Kollegen machen sich an ihren Startanlagen zu schaffen. Sie schlagen sich auf die Schenkel, sie sprinten auf der Stelle, sie dehnen die Muskulatur, →

So 14.8.2016

Spruch des Tages
»Wenn wir so weitermachen, dann wird das deutsche Hockey in zehn Jahren nicht mehr konkurrenzfähig sein. Wir brauchen eine Professionalisierung, wenn wir das nicht hinnehmen wollen.« Hockey-Mannschaftskapitän Moritz Fürste, dessen Team das Viertelfinale erreicht hat.

Zahl des Tages
3.725.000...
...Liter Wasser werden im Wettkampfbecken der Synchronspringer ausgewechselt. So soll aus der grünen Brühe wieder eine blaue Lagune werden.

Entscheidungen

Segeln **RS:X Frauen** *Gold:* Picon, Charline [FRA]; *Silber:* Chen, Pei-Na [CHN]; *Bronze:* Elfutina, Stefania [RUS] + + + + *Segeln* **RS:X Männer** *Gold:* van Rijsselberge, Dorian [NED]; *Silber:* Dempsey, Nick [GBR]; *Bronze:* le Coq, Pierre [FRA] + + + + *Geräteturnen* **Boden Männer** *Gold:* Whitlock, Max [GBR]; *Silber:* Hypolito, Diego Matias [BRA]; *Bronze:* Oyakawa Mariano, Arthur [BRA] + + + + *Geräteturnen* **Sprung Frauen** *Gold:* Biles, Simone [USA]; *Silber:* Paseka, Maria [RUS]; *Bronze:* Steingruber, Giulia [SUI] + + + + *Geräteturnen* **Pauschenpferd Männer** *Gold:* Whitlock, Max [GBR]; *Silber:* Smith, Louis [GBR]; *Bronze:* Naddour, Alexander [USA] + + + + *Geräteturnen* **Stufenbarren Frauen** *Gold:* Mustafina, Aliya [RUS]; *Silber:* Kocian, Madison [USA]; *Bronze:* Scheder, Sophie [GER] + + + + *Golf* **Männer** *Gold:* Rose, Justin [GBR]; *Silber:* Stenson, Henrik [SWE]; *Bronze:* Kuchar, Matt [USA] + + + + *Ringen* **Griechisch-Römisch 59 kg Männer** *Gold:* Borrero, Ismael [CUB]; *Silber:* Ota, Shinobu [JPN]; *Bronze:* Berge, Stig Andre [NOR] / Tasmuradov, Elmurat [UZB] + + + + *Ringen* **Griechisch-Römisch 75 kg Männer** *Gold:* Vlasov, Roman [RUS]; *Silber:* Madsen Overgaard, Mark [DEN]; *Bronze:* Abdvali, Saeid Morad [IRI] / Kim, Hyeon-Woo [KOR] + + + + *Gewichtheben* **+ 75 kg Frauen** *Gold:* Meng, Suping [CHN]; *Silber:* Kim, Kuk-Hyang [PRK]; *Bronze:* Robles, Sarah [USA] + + + + *Tennis* **Doppel Frauen** *Gold:* Russland;

DER ZIELEINLAUF. Usain Bolt holt sich sein Gold über die 100 m in 9,81 Sekunden.

TAG 10

STRAHLENDER SIEGER. Locker wie immer zeigt sich der Jamaikaner nach dem finalen Sprint.

FABELZEIT. Der Südafrikaner Wayde van Niekerk knackte über die 400 m den Uralt-Rekord von Michael Johnson.

sie nesteln an den Schuhen und Startnummern. Sind nur noch mit sich selbst beschäftigt.

Usain Bolt – glattrasiert und ausgeruht, blendend und fröhlich sieht er aus – federt über die Gerade vor der Haupttribüne und stellt den finalen Kontakt mit dem Publikum her.

Schwer tut er sich freilich nicht. Knapp 20 Minuten ist es her, dass Wayde van Niekerk über 400 Meter zu Gold gelaufen ist und dabei einen 17 Jahre alten Fabel-Weltrekord von Michael Johnson geknackt hat.

43,03 Sekunden brauchte van Niekerk. Die alte Bestzeit von 43,18 Sekunden ist also Geschichte. Michael Johnson, selbst in Rio als Kommentator auf der Tribüne, nimmt es gelassen. «Oh, mein Gott! Ich habe noch nie jemanden zwischen 200 und 400 Meter so gesehen. Er könnte die zweiten 200 Meter schneller gerannt sein als die ersten. Das war ein Massaker. Gut gemacht.«

Kurz darauf also erscheint dieser Usain Bolt auf der Bahn. Und niemand kümmert sich mehr um den Sensations-Weltrekordler.

Selbst van Niekerk nimmt sich nicht mehr wichtig. Er hockt auf den Stufen vor dem Athletenausgang und bestaunt den Superstar. Was ist das für ein cooler Typ! Da soll er – wieder einmal – in ein paar Minuten den Angriff der schnellsten Männer der Welt abwehren – und was tut der Mann von einem anderen Stern? Er flirtet mit dem Publikum. Er charmiert mit der Kamera. Bolt kann gar nicht anders. Und er will es auch nicht. Sein Job, sagt er, sei es, schnell zu laufen und die Menschen zu unterhalten. »Was wir machen, ist Show. Dafür werden wir ja auch gut bezahlt.«

Sein Programm ist gute Laune, Lust am Leben. Der »Welt« hat er mal gesagt:

»Genießt, was ihr tut! Und wenn es euch keinen Spaß macht, dann tut es nicht. Ich habe so viele Menschen erlebt, die Tag für Tag Dinge tun, die sie gar nicht machen möchten. Darin wirst du niemals richtig gut werden. Egal, wie hart du an etwas arbeitest. Wenn du es liebst, ist es keine Arbeit. Nur dann genießt du dein Leben und wirst Großes erreichen. Sonst artet das doch alles in Stress aus.«

Nun wird er ernst.

Usain Bolt stemmt die Arme in die Hüften. Er kauert sich in den Startblock. Der Sprinter bekreuzigt sich, streckt den Finger zum Himmel.

Er startet schlecht. Das hat er immer noch nicht so dynamisch drauf wie die anderen. Wenn sie aus den Blöcken sind, »trödelt« er bei den ersten von 41 Schritten noch ein bisschen rum.

Bolt ist mit 1,96 Metern der Längste im Feld. Es dauert, bis er in Fahrt ist. Er wuchtet sich aus dem Startblock, noch hämmern die acht Spikes im Stakkato unter einem Mann, der im Begriff ist, sich zu voller Größe aufzurichten.

Das Rudel der restlichen Sieben flieht. Justin Gatlin, ein muskelbepackter Schnellstarter, hat einen ordentlichen Vorsprung. Diesmal könnte es reichen, diesmal könnte er den vermaledeiten Überläufer schlagen.

Der ist nun in voller Fahrt. 2,95 Meter lang ist jeder seiner Schritte, Bolt ist ein Riese, sein Schatten sucht die Konkurrenz heim.

Nach 80 Metern hat er alle überholt und rauscht davon. Er ist so überlegen, dass er sich schon zwei Schritte vor der Ziellinie an die Brust klopfen kann.

9,81 Sekunden. Acht Hundertstel vor Gatlin, zehn vor einem glückseligen de Grasse.

Usain Bolt kann gar nicht stoppen. Erst hundert Meter nach dem Ziel kommt er zum Stehen. Er stellt sich in Positur, der Held lässt sich feiern. Erst jetzt beginnt Usain Bolt zu schwitzen. Das Maskottchen der Spiele nähert sich lebensgroß, umarmt den Olympiasieger, drückt ihm ein gelbes Stoff-Maskottchen in die Hand. Mit dem neuen Kumpel beginnt der Mann, auf den in diesem Moment die Welt schaut, seine Ehrenrunde durchs Reggae-beschallte Stadion. Er nimmt sich Zeit. Für die Landsleute in der ersten Reihe. Fürs Winken bis in die Oberränge. Für die Fotografen. Für ein Selfie mit den drei besten Siebenkämpferinnen von Olympia, die gerade ihre Medaillen bekommen haben – sie sind begeistert wie Teenie-Groupies.

Das sind die Momente, für die Usain Bolt lebt. Sicher, er verdient gern so viel Geld wie noch kein Leichtathlet vor ihm. 20 Millionen Dollar pro Jahr wandern auf sein Konto, 17 Sponsoren hofieren ihn. Wenn Bolt bei einem Stadionfest startet, ist das dem Veranstalter schon mal eine Viertelmillion wert.

Das ist ja schön und gut. Aber die pure Freude spürt der Mann, der »nicht stillhalten kann«, wenn er große Siege feiert. Dann hat sich alle Arbeit gelohnt. Aber was ist schon »Arbeit«?

»Ich habe in all den Jahren beobachtet, wie sich Stars anderer Sportarten verhalten. Viele von ihnen sind hochtalentiert und verordnen sich höchste Disziplin. Und dann? Packen sie es irgendwann nicht mehr. Der Druck wird zu groß, sie haben Angst, etwas im Leben zu verpassen. Und auf einmal flippen sie aus und produzieren einen Riesenklat.«

Was er anders macht?

»Ich genieße. Bin gerne abends unterwegs. Also verzichte ich auch nicht aufs Nachtleben. Allerdings weiß ich, wann die Party zu Ende sein muss, und trinke mich nicht unter den Tisch. Ich ma-

So 14.8.2016

Silber: Schweiz; *Bronze:* Tschechien ++++ **Tennis Einzel Männer** *Gold:* Murray, Andy [GBR]; *Silber:* del Potro, Juan Martin [ARG]; *Bronze:* Nishikori, Kei [JPN] ++++ **Tennis Mixed** *Gold:* USA; *Silber:* USA; *Bronze:* Tschechien ++++ **Boxen 49 kg Männer** *Gold:* Dusmatov, Hassanboy [UZB]; *Silber:* Martinez, Yurberjen Herney [COL]; *Bronze:* Argilagos, Johanys [CUB] / Hernandez, Nico [USA] ++++ **Schießen Dreistellungskampf Männer** *Gold:* Campriani, Niccolo [ITA]; *Silber:* Kamenski, Sergej [RUS]; *Bronze:* Raynaud, Alexis [FRA] ++++ **Fechten Degen Mannschaft Männer** *Gold:* Frankreich; *Silber:* Italien; *Bronze:* Ungarn ++++ **Wasserspringen Kunstspringen 3 m Frauen** *Gold:* Shi, Tingmao [CHN]; *Silber:* He, Zi [CHN]; *Bronze:* Cagnotto, Tania [ITA] ++++ **Radsport Bahn Sprint Männer** *Gold:* Kenny, Jason [GBR]; *Silber:* Skinner, Callum [GBR]; *Bronze:* Dmitriev, Denis [RUS] ++++ **Leichtathletik 400 m Männer** *Gold:* van Niekerk, Wayde [RSA]; *Silber:* James, Kirani [GRN]; *Bronze:* Merritt, LaShawn [USA] ++++ **Leichtathletik Dreisprung Frauen** *Gold:* Ibarguen, Caterine [COL]; *Silber:* Rojas, Yulimar [VEN]; *Bronze:* Rypakova, Olga [KAZ] ++++ **Leichtathletik 100 m Männer** *Gold:* Bolt, Usain [JAM]; *Silber:* Gatlin, Justin [USA]; *Bronze:* de Grasse, Andre [CAN] ++++ **Leichtathletik Marathon Frauen** *Gold:* Sumgong, Jemina Jelagat [KEN]; *Silber:* Kirwa, Eunice Jepkirui [BRN]; *Bronze:* Dibaba, Mare [ETH]

Meldungen

Stunden-Thriller. Das hat keiner erwartet: Deutschlands Tischtennisdamen stehen nach einem dramatischen 3:2 gegen den Favoriten Japan im Finale.

Sekunden-Thriller. Vier Minuten vor Schluss liegen die deutschen Hockeyspieler im Viertelfinale gegen Neuseeland noch 0:2 zurück. Sie nehmen den Goalie aus dem Tor, setzen alles auf eine Karte. Erzielen das erste Tor – und 42 Sekunden vor Schluss das 2:2. Als sich schon alle aufs Penaltyschießen vorbereiten, drückt Florian Fuchs in der letzten Sekunde den Ball über die Linie. Mitspieler, Trainer und Betreuer sind platt.

ÜBERRASCHUNG. Sophie Scheder holt Bronze am Stufenbarren und schlägt ihre Mannschaftskollegin Elisabeth Seitz um die Winzigkeit von 0,033 Punkten.

che aber, was ich will. Natürlich gibt es Grenzen, die gibt es allerdings für jeden. Wenn du dir zu viele Dinge verbietest, machst du dich doch nur verrückt.«

Die Ehrenrunde ist vorbei, die Menschen im Stadion toben noch immer. Usain Bolt läuft einem deutschen Journalisten über den Weg. Er lacht und meint: Hey, wenn du den Doc triffst, sag ihm schöne Grüße.« Den Doc?

Er meint den Münchner Arzt Hans-Wilhelm Müller-Wohlfahrt. Auf den Mann schwört er. Der hat ihn noch immer auf die Beine gestellt, wenn es irgendwo zwackte. Dann ist Bolt nach München gejettet und hat den Doc machen lassen. Zwischen den Behandlungen war er beim Chinesen oder bei »Chicken McNuggets« und hat München als nette, saubere Stadt wahrgenommen. Einmal war er auch bei einem Fußballspiel der Bayern und hat große Freude am Sportler Arjen Robben gehabt.

Zuletzt ist Usain im Juli in München gewesen. Der Oberschenkel war nicht in Ordnung. Bolt konnte sich nicht mal regulär für Rio qualifizieren, doch der Verband hat ihn natürlich nominiert. »Das ist völlig okay, alles andere wäre Unsinn«, erklärte Bolt, als er hörte, dass die Amis gar nicht amüsiert über die jamaikanische Lex Bolt waren.

Müller-Wohlfahrt kennt die Muskeln des perfekten Sprinters wie kaum ein anderer. Ein britisches Produkt mit flüssigem Stickstoff (Kryotherapie) hat er mal dem Patienten Bolt mit Erfolg verschrieben. Einen geheimnisumwaberten Extrakt aus dem Hahnenkamm hat er Usain ins Knie gespritzt. Danach siegte der Patient wie ein Junger.

Das Wundermittel besteht zur Hauptsache aus Hyaluronsäure. Die ist im menschlichen Körper überall dort zu finden, wo sich Gewebeschichten aneinander bewegen, und an den Stellen, wo die Speicherung von Feuchtigkeit notwendig ist, damit Gelenke reibungslos funktionieren. Ob nun die Hahnenkamm-Behandlung wirklich so toll wirkt, wie Bolt glaubt, haben Wissenschaftler nicht nachweisen können. Aber eines steht fest: Nach Besuchen der Münchner Praxis ist Usain sicher, dass ihn keiner schlagen kann.

Und auch 2016 entlässt der Münchner Heiler den Weltstar mit dem Befund, er könne sich nun getrost auf Goldjagd in Rio machen.

»Ich gehe schon zu ihm, seit ich 16 bin«, sagt Bolt nach seinem Sieg über 100 Meter, »er ist einfach der Beste.«

Dann wiederholt er seine Einladung. Nach den Spielen wird Usain Bolt einen Jet nach München schicken. Alle Angestellten der Praxis des Doc werden den Flieger entern und nach Jamaika düsen. Dort steigt dann die Fete nach den Spielen. Und da möchte der Sprinter seinen Arzt umarmen.

Man lebt schließlich nur einmal. Schnell und fröhlich. Und wenn man rennt, dann tut man das, als sei jeder Lauf der letzte.

Olympia **2016**

TAG 10

Turnen
EIN HAUCH VON NICHTS

»Ich hatte mir gar nicht groß was vorgenommen. Habe gar nicht gedacht, dass ich so gute Noten bekomme.« Das sagt Sophie Scheder nach ihrem Wettbewerb und kann noch gar nicht recht einordnen, was sie da gerade zustande gebracht hat. Die 19-jährige Chemnitzerin gewinnt im olympischen Stufenbarren-Finale Bronze. Sie erzielt mit 15,566 Punkten das beste Olympia-Ergebnis einer deutschen Turnerin an diesem Gerät seit 28 Jahren. 1988 in Seoul hat die Berlinerin Dagmar Kersten für die DDR die Silbermedaille gewonnen.

Den Titel sichert sich, wie schon 2012 in London, die Russin Aliya Mustafina mit 15,900 Punkten vor Weltmeisterin Madison Kocian aus den USA. Vierte wird Elisabeth Seitz – ihr fehlen 0,033 Punkte zu Bronze.

Das ist herb. Seitz hat in den Jahren vor Olympia Trainingsverletzungen, Krankheiten und sportliche Rückschläge eingesteckt und ist dann doch zurückgekommen.

Jetzt dieser Endkampf. »Das ist ein Hauch von Nichts. Es ist so enttäuschend. Da fragt man sich, ob sich all dieser Aufwand im Training lohnt.

Ich bin die viertbeste Turnerin am Stufenbarren auf der ganzen Welt. Man will alles perfekt machen. Und wenn es eben nicht klappt, dann darf man auch mal das eine oder andere Tränchen vergießen.«

Golf
COOL AUSGESTOCHEN

Der Brite Justin Rose ist nach 112 Jahren der erste Olympiasieger im Golf. Der 36-Jährige spielt auf dem Par-71-Kurs eine finale 67er-Runde und sichert sich mit insgesamt 268 Schlägen die Goldmedaille von Rio.

Zweiter wird in dem Herzschlagfinale der Schwede Henrik Stenson mit 270 Schlägen vor dem US-Profi Matt Kuchar, der am Ende nach einer starken Schlussrunde auf 271 Schläge kommt.

Sieger Rose hat in Runde eins bereits mit dem ersten Ass bei Olympia, einem sogenannten Hole in one, Geschichte geschrieben.

Das Auf und Ab auf dem windigen Kurs von Rio de Janeiro endet für die deutschen Golfer halbwegs versöhnlich: Martin Kaymer und Alex Cejka machen zum Abschluss noch einige Plätze gut. Kaymer wird nach einer starken Schlussrunde von 66 Schlägen insgesamt 15., Cejka 21. Für den 31 Jahre alten Kaymer, der als Medaillenkandidat ins Rennen gegangen war, ist Rio dennoch eine Enttäuschung. »Ich muss das Turnier abhaken«, sagt der beste deutsche Profi. »Ich bin mit den größten Hoffnungen angereist, habe mich aber selbst aus dem Rennen geworfen. Das ist natürlich sehr schade, dass ich nicht vorne mitspielen konnte. Was bleibt, ist das wunderbare Gefühl, ein Teil von Olympia gewesen zu sein.«

ES IST VOLLBRACHT. Erschöpft und glücklich ballt Andy Murray die Faust. Er konnte den Triumph von London wiederholen.

Tennis
BIS ZUM BITTERSÜSSEN ENDE

Am Ende sind beide stehend am Boden. Erschöpft fallen sich Sieger und Besiegter des Tennis-Finals in die Arme. Nichts geht mehr, alles haben sie gegeben. Jetzt sind sie erst einmal froh, dass sie nicht mehr rennen, schlagen, sich schinden müssen.

Großbritanniens Tennisstar Andy Murray gewinnt zum zweiten Mal nach den Spielen von London 2012 Gold. Vier Stunden und zwei Minuten dauert es, bis er den Argentinier Juan Martin del Potro mit 7:5, 4:6, 6:2, 7:5 niedergerungen hat.

Danach muss er erst einmal tief durchschnaufen. »Ich bin sehr glücklich – und ich bin furchtbar müde. Das war eines der härtesten Matches, die ich auf dem Weg zu einem großen Titel spielen musste. Es hat Kraft gekostet, körperlich und emotional.«

Überraschungsfinalist del Potro, nach drei Handgelenks-Operationen in zwei Jahren nur noch die Nummer 141 der Welt, kann nur erschöpft nicken. Er ist ohnehin einer der glücklichsten Männer des Globus. Hat er doch in den Vorrunden unter anderem den vermeintlich unbesiegbaren Novak Djokovic (Serbien) in zwei Sätzen ausgeschaltet, danach auch noch den Spanier Nadal besiegt. »Ich kann es noch gar nicht glauben, dass ich Silber gewonnen habe«, murmelt der 1,98-m-Hüne del Potro. »Es war eines der größten Erlebnisse überhaupt. Die Atmosphäre auf dem Centre-Court war traumhaft. Die Anfeuerung der Fans hat mir Beine gemacht. Auch als meine Beine schon nicht mehr laufen wollten.«

SANDSPIELE. Justin Rose kämpft sich aus dem Bunker. Der Engländer fasziniert mit perfektem Spiel und gewinnt mit zwei Schlägen Vorsprung.

Die Stars von Rio 2016

OLYMPIA Rio 2016

G Fußball, Frauen

G Max Rendschmidt, Marcus Groß, Kajak

G Henri Junghänel, Schießen

S Vielseitigkeitsreiten, Mannschaft

S Fußball, Männer

B Ronald Rauhe, Kajak

S Lisa Unruh, Bogenschießen

S Franziska W...

G Dressurreiten, Mannsch...

G Rudern Doppelvierer, Männer

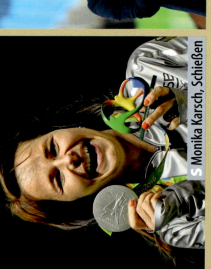
G Jan Vandrey, Sebastian Brendel, Canadier

G Michael Jung, Vielseitigkeitsreiten

B Hockey, Männer

G Sebastian Brendel, Canadier

S Monika Karsch, Schießen

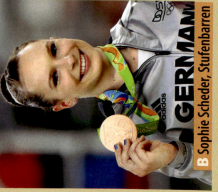
B Sophie Scheder, Stufenbarren

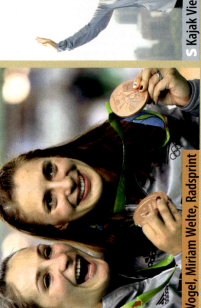
S Kajak Vierer, Frauen

B Kristina Vogel, Miriam Welte, Radsprint

B Handball, Männer

B Erik Heil, Thomas Plößel, Segeln

B Daniel Jasinski, Diskus

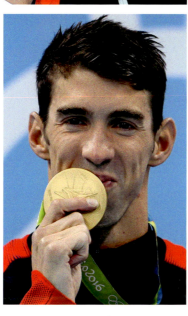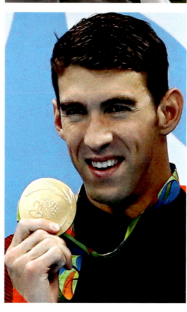

MICHAEL PHELPS: DER ERFOLGREICHSTE ALLER ZEITEN

Samstag, 13. August 2016. Michael Phelps gewinnt mit dem US-Team die Lagenstaffel. Es ist seine letzte Siegerehrung, zum letzten Mal steht er ganz oben. Michael Phelps hat beschlossen, mit 31 Jahren in den sportlichen Ruhestand zu wechseln. Mit fünf Gold- und einer Silbermedaille verabschiedet er sich aus Rio und ist damit der erfolgreichste Olympionike aller Zeiten. 2004, 2008, 2012 und 2016 sammelte er insgesamt 23 Goldmedaillen. Keiner war jemals so erfolgreich wie Michael Phelps aus Baltimore, Maryland.

Die Stars
von Rio 2016

SIMONE BILES: GALAKTISCHER TURNFLOH
Noch niemals hat eine Turnerin fünf Goldmedaillen bei Olympia gewonnen. Simone Biles, der 19-jährige Turnfloh aus Columbus, Ohio, war nahe dran. Sie holte Gold am Boden, Gold beim Sprung, Gold im Mannschafts- und Einzel-Mehrkampf. Nur am Schwebebalken passierte ihr ein Missgeschick, holte Bronze. »Sie ist nicht von dieser Welt«, kommentierte der Spiegel und schrieb von einer »Galaktischen«. Ihre Athletik, ihre Sprungkraft, ihre Ausstrahlung machten sie in den USA schon zum Showstar. Schon jetzt gilt die 1,45 m kleine Simone als eine der besten Turnerinnen aller Zeiten.

Die Stars
von Rio 2016

USAIN BOLT: DER SCHNELLSTE MANN DER WELT
Cameron Spencer heißt der Fotograf der Agentur Getty Images, dem dieser außergewöhnliche Schnappschuss gelang: ein Usain Bolt, der während des 100-m-Laufs in die Kamera lächelt. Für Spencer charakterisiert dieses Bild die Persönlichkeit des jamaikanischen Superstars. Der Fotograf: »Bolt ist ein Entertainer, ein Showman. Er zeigt seinen Konkurrenten, dass er gut drauf ist.« Der schnellste Mann der Welt gewann wie 2012 in London und wie 2008 in Peking die Goldmedaille im Herren-Sprint.

TAG 11

DER RINGE-
KÄMPFER

Diese Medaille hat ernstlich niemand erwartet. Der 21-jährige Denis Kudla gewinnt im Griechisch-Römischen Stil Bronze. Es ist ein harter Weg bis zum Podest – erst 24 Sekunden vor der letzten Schlusssirene macht der Schifferstadter Sportler den größten Erfolg seiner jungen Karriere perfekt.

Das wird nichts mehr.
Der Ringer Denis Kudla sucht nach einem Griff. Aber sein Gegner Victor Lorincz aus Ungarn ist nicht zu fassen. Der strotzt vor Kraft, hat einen knappen Vorsprung – und den wird er mit seiner Routine über die Zeit bringen.
Wird er?
»Ringen ist kein Sport für zarte Seelen«, hat Kudla mal erklärt. »Man braucht Kraft, Ausdauer, Gefühl, Schnelligkeit, Disziplin und noch viele weitere Fähigkeiten. All das zusammen macht Ringen zu einem anspruchsvollen und spannenden Sport. Zudem trifft man immer auf neue Gegner, die sehr unterschiedlich sind. Manche sind ruhiger, andere wiederum sind explosiv. Und wenn du nicht bereit bist, bis zur letzten Sekunde zu kämpfen, dann hast du auf der Matte nichts zu suchen.«
Er geht »mit müden Beinen und toten Armen« in den Kampf, punktet sich in Führung, der Ungar holt auf, zieht um einen Zähler davon.

Mo 15.8.2016

Spruch des Tages
»Wenn uns etwas passiert, müssen Sie wissen, dass das kein Unfall war.« Die russische Doping-Kronzeugin Julia Stepanowa in einer Videokonferenz mit Journalisten. Seit sie das Staatsdoping in Russland öffentlich gemacht hat, lebt sie mit ihrem Ehemann Witali aus Sicherheitsgründen an einem unbekannten Ort in den USA.

Zahl des Tages
4.732 ...
... Euro Roamingkosten musste der japanische Turnstar Kohei Uchimura (27) zahlen, weil er auf das Pokémon-Go-Spiel auch während der Olympischen Spiele in Brasilien nicht verzichten wollte.

Entscheidungen

Geräteturnen Schwebebalken Frauen *Gold:* Wevers, Sanne [NED]; *Silber:* Hernandez, Lauren [USA]; *Bronze:* Biles, Simone [USA] ++++ **Geräteturnen Ringe Männer** *Gold:* Petrounias, Eleftherios [GRE]; *Silber:* Zanetti, Arthur [BRA]; *Bronze:* Ablyazin, Denis [RUS] ++++ **Geräteturnen Sprung Männer** *Gold:* Ri, Se Gwang [PRK]; *Silber:* Ablyazin, Denis [RUS]; *Bronze:* Shirai, Kenzo [JPN] ++++ **Schwimmen 10 km Frauen** *Gold:* van Rouwendaal, Sharon [NED]; *Silber:* Bruni, Rachele [ITA]; *Bronze:* Okimoto Cintra, Poliana [BRA] ++++ **Ringen Griechisch-Römisch 85 kg Männer** *Gold:* Chakvetadze, David [RUS]; *Silber:* Belenyuk, Zhan [UKR]; *Bronze:* Kudla, Denis [GER] / Hamzatov, Javid [BLR] ++++ **Ringen Griechisch-Römisch 130 kg Männer** *Gold:* Lopez Nunez, Mijain [CUB]; *Silber:* Kayaalp, Riza [TUR]; *Bronze:* Semenov, Maxim [RUS] / Shariati, Sabar Saleh [AZE] ++++ **Gewichtheben 105 kg Männer** *Gold:* Nurudinov, Ruslan [UZB]; *Silber:* Martirosyan, Simon [ARM]; *Bronze:* Zaichikov, Aleksander [KAZ] ++++ **Boxen 91 kg Männer** *Gold:* Tishchenko, Evgeni [RUS]; *Silber:* Levit, Vassili [KAZ]; *Bronze:* Savon Cotilla, Erislandy [CUB] / Tulaganov, Rustam [UZB] ++++

UNVERHOFFTES BRONZE. Denis Kudla feiert seinen dritten Platz, tanzt mit der Deutschland-Fahne auf seiner Bühne. Für den Mann aus Schifferstadt wurde ein Traum wahr.

Jetzt findet der Deutsche keinen Griff, mit dem er den Gegner aus dem Stand hebeln könnte.
Der Ungar ist wie ein Aal. Drückt die Arme an den Körper, windet sich aus jeder Umklammerung, taucht nach rechts weg, macht einen flinken Schritt nach links. Mit allen Wassern gewaschen, der Kerl! Das wird für Bronze reichen.
Wird es?
Die letzte halbe Minute ringen der Ungar und der Deutsche in der Klasse bis 85 Kilo (Stil: Griechisch-Römisch) gegeneinander – und mit ihren Schmerzen. Und dann, 24 Sekunden vor dem Ende, passiert es: Kudla schafft eine kleine Wertung. Jetzt führt er hauchdünn. Zornig, heftig, wild rückt ihm der Ungar zu Leibe. Dann ist der Kampf zu Ende. Lorincz lässt von seinem Gegner ab. Der wirft sich zu Boden, bleibt platt liegen und trommelt mit den Fäusten auf die Matte. Der Trainer schmeißt sich auf den Athleten und brüllt »Du hast es, du hast es!«.
Erst langsam berappelt sich der 21-Jährige. Wischt die Tränen von den Wangen, ist ein wenig ungläubig. Das muss er erst einmal verarbeiten. Zwar hat er vor der Abreise einem Lokaljournalisten in den Block diktiert, sein Ziel sei ein Platz auf dem Podium. Der hat's getreulich in die Zeitung geschrieben – doch im Verein von Schifferstadt haben sie amüsiert mit dem Kopf geschüttelt. Eine Medaille bei Olympia? Das wäre ein Novum. In London hat vor vier Jahren die gesamte Abteilung nichts gerissen. Wie soll denn nun ein Olympia-Novize gegen die Routiniers der Branche bestehen?
Kudla hat sich nicht beirren lassen. Er hat trainiert und rigide abgenommen. Kein Eiweiß, keine Kohlenhydrate, fünf Kilo hungert Kudla weg. Beim offiziellen Wiegen steht die 84 vor dem Komma.
Er setzt sich gegen ganz schwere Jungs durch. Den Kirgisen Janarbek Kenjeew. Den Georgier Robert Kobliaschwili. Schließlich in der Hoffnungsrunde den Iraner Habibollah Akhlaghi, nachdem Kudla im Viertelfinale beim 0:4 gegen den Russen David Chakvetadze keine Chance gehabt hatte.
Jetzt, nach dem Sieg gegen den Ungarn, bekommt er die Bronzemedaille umgehängt. Denis Kudla begreift langsam, was er geschafft hat. In Zeiten, in denen die Funktionäre wegen flächendeckender Erfolgsarmut der Aktiven unruhig werden, überrascht der Ringer aus Schifferstadt mit einer unerwarteten Medaille. Kudlas Karriere – das ist eine Sportlerlaufbahn so recht nach dem Geschmack der Offiziellen.
Der Junge ist im polnischen Ratibor geboren und in Dasing bei Augsburg aufgewachsen. »Durch meinen Vater, dessen

TAG 11

BÄRENSTARK. Denis Kudla packt zu, besiegt im Bronze-Kampf den Ungarn Victor Lorincz.

bester Freund Ringer war, bin ich früh in den Verein gekommen. Erst hat der Papa meinen Bruder hingeschickt, ein Jahr später kam ich dazu.«

Der Einstieg in den Sport war mühsam. »Meinen ersten Kampf habe ich gewonnen, im zweiten gegen ein Mädchen verloren. Da hatte ich schon keine Lust mehr. Mann, habe ich geheult.«

Denis ist im Verein geblieben. »Der Sport wurde schon bald zum Lebensinhalt. Seit ich sechs Jahre alt bin, tue ich alles fürs Ringen. Mein erster Trainer war Oguz Özdemir. Mit ihm verbinde ich vor allem viel Spaß. Dadurch habe ich meine Leidenschaft für den Sport entdeckt.«

Er spezialisiert sich. »Jeder Ringer fängt in der Regel mit dem Freistil an. Denn es ist einfacher für die Kinder, weil der ganze Körper benutzt werden darf.« Doch schon bald interessiert ihn die Finesse des Griechisch-Römischen Stils:

»Ich mache die Gegner erst müde, sodass sie unkonzentriert werden. Anschließend setze ich meine Techniken ein, um den Sieg zu erreichen.«

Denis wird im Sportinternat in Schifferstadt aufgenommen. Er macht seine Abschlüsse, verpflichtet sich als Sportsoldat. Was für eine wundervolle Perspektive: Das Ringen ist nun sein Beruf.

»Man kann täglich zweimal trainieren und sich voll und ganz auf seinen Sport konzentrieren. Ich denke fast den kompletten Tag nur an das Ringen! Ich mache mir sehr viele Gedanken, was ich besser machen könnte, oder gucke sehr oft Ringervideos. Habe immer ein kleines Buch dabei, in dem ich mir Notizen über meinen Gegner mache – also, welche Griffe er gern macht, was er gut kann und was ich dagegen tun sollte.«

Die Gegner von Rio stehen in seiner Kladde, als er zum ersten Kampf antritt. Denis Kudla kämpft und kämpft – und als die Schmerzen schier unerträglich sind, punktet er auch schon zum letzten Mal gegen den Ungarn im kleinen Finale. In seinem Büchlein kann er an Tag elf der Olympischen Spiele notieren: Alles im Plan. Bronze.

Mission possible.

Stabhochsprung
HOCH, HÖHER, BRASILIEN

Das Olympiastadion wird am elften Tag der Spiele zum Tollhaus. Es ist später Abend, und ein schöner Mann tut Dinge, die er noch nie in seinem Leben vollbracht hat. Thiago Braz da Silva versucht sich beim Stabhochsprung an sechs Metern und drei Zentimetern. In seinem besten Wettkampf bisher hat er gerade mal zehn Zentimeter weniger geschafft. Nun hat er alles riskiert, nachdem er sich als letzter Konkurrent des Franzosen Renaud Lavillenie in die dünne Luft der Sechsmeter-Zone gekämpft hat.

Dort kennt sich der momentan weltbeste Stabhochspringer aus. Dieses Olympia-Gold scheint ihm sicher. Nach übersprungenen 5,98 lässt Lavillenie die Latte auf 6,03 Meter legen. Das hat da Silva, sein letzter verbliebener Gegner, noch nie geschafft, da kann er nicht mehr mithalten.

Da Silva gibt sich ungerührt. Geht zur Kampfrichterin und bedeutet ihr, sie möge auch für ihn die 6,03 eintragen. Was soll's, denkt er wohl, er kann als Underdog nichts verlieren.

Da Silva erinnert sich in den Minuten vor dem großen Sprung auch an den Wettkampf beim Hallen-ISTAF in Berlin. Es war im Februar, und dort gab es eine ähnliche Konstellation. Lavillenie startete als Favorit, da Silva war einer der vielen Jäger.

Und es gab sie, die Sensation.

Der 29-jährige Lavillenie kam in der Arena am Ostbahnhof nicht über 5,85 Meter hinaus und musste sich hinter dem ehemaligen Junioren-Weltmeister mit Platz zwei begnügen. Mit übersprungenen 5,93 stellte der Brasilianer zudem einen Südamerika-Rekord auf.

Mo 15.8.2016

Pferdesport **Dressur Einzel**
Gold: Dujardin, Charlotte [GBR]; *Silber:* Werth, Isabell [GER]; *Bronze:* Bröring-Sprehe, Kristina [GER] ++++ **Radsport** **Bahn Mehrkampf Männer** *Gold:* Viviani, Elia [ITA]; *Silber:* Cavendish, Mark [GBR]; *Bronze:* Hansen, Lasse Norman [DEN] ++++ **Leichtathletik** **800 m Männer** *Gold:* Rudisha, Daniel Lekuta [KEN]; *Silber:* Makhloufi, Taoufik [ALG]; *Bronze:* Murphy, Clayton [USA]+ +++ **Leichtathletik** **Stabhoch Männer** *Gold:* da Silva, Thiago [BRA]; *Silber:* Lavillenie, Renaud [FRA]; *Bronze:* Kendricks, Sam [USA] + +++ **Leichtathletik** **Hammerwurf Frauen** *Gold:* Wlodarczyk, Anita [POL]; *Silber:* Zhang, Wenxiu [CHN]; *Bronze:* Hitchon, Sophie [GBR] ++++ **Leichtathletik** **3000 m Hindernis Frauen** *Gold:* Jebet, Ruth [BRN]; *Silber:* Jepkemboi, Hyvin Kiyeng [KEN]; *Bronze:* Coburn, Emma [USA] ++++ **Leichtathletik** **400 m Frauen** *Gold:* Miller, Shaunae [BAH]; *Silber:* Felix, Allyson [USA]; *Bronze:* Jackson, Shericka [JAM]

Meldungen

Tragik. Der deutsche Kanutrainer Stefan Henze (35) starb an den Folgen eines Autounfalls (Schädel-Hirn-Trauma) in Rio. Er saß mit Sportwissenschaftler Christian Käding in einem Taxi, als dieses gegen eine Mauer prallte. Auch eine Notoperation konnte ihn nicht mehr retten.

Ausgeträumt. Die deutsche Tischtennis-Mannschaft unterlag im Halbfinale gegen Japan mit 1:3, darf aber weiter von einer Medaille träumen. Dimitrij Ovtcharov hatte die deutsche Mannschaft durch sein klares 3:0 gegen Maharu Yoshimura in Führung gebracht, Timo Boll und Bastian Steger aber ihre Einzel und das Doppel verloren.

Deutscher Rekord. Es reichte nur zu Platz sechs. Aber über die 3000 m Hindernis stellte die WM-Dritte Gesa Felicitas Krause von der LG Eintracht Frankfurt in 9:18,41 Minuten einen neuen deutschen Rekord auf. »Ich wäre gerne noch schneller gelaufen, mehr aber haben die Beine nicht hergegeben.«

Olympia **2016**

OLYMPIAREKORD. Thiago Braz da Silva meistert die 6,03 Meter und hat sogar noch Luft nach oben. Nie zuvor hat er diese Höhe gemeistert.

»Ein Traum ist heute für mich wahr geworden«, sagte damals Thiago Braz da Silva, der erst zum zweiten Mal in seiner Karriere unterm Hallendach angetreten war. »Die Zuschauer sind hier so nah dran – und ihr Applaus und ihre Anfeuerungen helfen mir ungemein. Auch die Bahn war perfekt für mich.«

Es ist gut, schon mal eine Sensation geschafft zu haben.

TAG 11

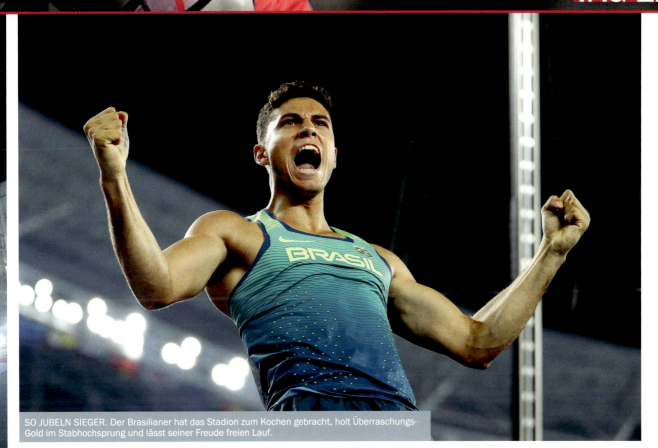

SO JUBELN SIEGER. Der Brasilianer hat das Stadion zum Kochen gebracht, holt Überraschungs-Gold im Stabhochsprung und lässt seiner Freude freien Lauf.

Am elften Tag der Spiele reißen der Franzose und der Brasilianer bei ihren ersten Versuchen über 6,03 Meter. Lavillenie scheitert auch im nächsten Anlauf. Der Brasilianer greift sich einen besonders harten und gefährlichen Stab – mit so einem ist er nicht sehr oft gesprungen.

Er läuft an, das Raunen im Publikum schwillt an. Da Silva sticht mit dem Stab ein, der biegt sich, hievt den Sportler hoch und höher, da Silva verschraubt sich, lässt den Stab los, schiebt sich sogar noch ein wenig nach oben, krümmt sich, windet sich über die Latte, passiert sie ohne Berührung, beginnt im freien Fall zu jubeln.

Das Publikum tobt. Es buht vor dem letzten Versuch den Franzosen aus. Der reißt.

Jetzt ist es amtlich: Ein Brasilianer gewinnt den olympischen Stabhochsprung-Wettbewerb.

Höher geht's nimmer.

Dressur
»TOTAL HAPPY«

»Wir haben keine Chance gehabt. Aber ein bisschen gekratzt haben wir schon.« Isabell Werth lächelt fröhlich, als sie die Überlegenheit der Olympiasiegerin im Dressurreiten beschreibt. »Sie war eindeutig die Beste. Und wir sind total happy.« Charlotte Dujardin aus Großbritannien wiederholt ihren Olympiasieg von 2012. Silber geht an Isabell Werth, Bronze an deren Mannschaftskollegin Kristina Bröring-Sprehe.

Nach der Kür gibt es für die Britin kein Halten mehr. Hemmungslos weint sie, redet ohne Punkt und Komma über die Liebe zum Wunderpferd »Valegro«. Das Pferd geht nun in den Ruhestand. »Wenn man sich alle unsere Erfolge anschaut, gibt es für ihn nichts mehr zu erreichen«, sagt die 31 Jahre alte Olympiasiegerin, Weltmeisterin und Europameisterin. »Wir schulden ihm, dass er aufhört, wenn er noch an der Spitze ist. Wir wissen noch nicht, wann und wo – aber wir haben vor, ihn zu verabschieden.«

»Die Rente«, beteuert die tief bewegte Goldreiterin Dujardin, »hat sich ›Valegro‹ echt verdient. Er hat sich hier in Rio noch einmal große Mühe gegeben, jetzt ist es auch gut.«

DOPPELMEDAILLE. Die Engländerin Charlotte Dujardin holt Gold, aber Isabell Werth (l.) und Kristina Bröring-Sprehe (r.) holen Silber und Bronze.

TAG 12

ENDLICH!

»So ein Tag, so wunderschön wie heute.« »We are the Champions!« »Doch können wir siegen/Für immer und immer./Und wir sind dann Helden...« Im Deutschen Haus knallen an Tag zwölf die Korken. Immer und immer. Wieder und wieder. Sie wissen gar nicht, wohin mit der Freude: die Turner und die Turmspringer, die Kanuten und die Tischtennisspielerinnen. Die Radfahrerin, der ein Sattel abhandengekommen ist. Sie sind die Helden einer langen Nacht. Olympia an Tag zwölf: eine wunderschöne große Sause.

Fabian Hambüchen umarmt und wird geknutscht. Alle mögen ihn, alle gönnen ihm den Augenblick. Fabian Hambüchen, ein Mann, der mit dem Turnsport erwachsen geworden ist, gewinnt den letzten Wettkampf seines Olympia-Lebens und stammelt, das sei die Erfüllung aller Träume.
Alle verstehen ihn. Wenn es einer verdient hat, dieses Gold, dann dieser Sympathie-Mensch aus Wetzlar. Viermal hat er an Olympischen Spielen teilgenommen. Bei der Premiere war er der »Harry Potter« des Turnens, der Erfahrungen sammelte. Vor acht Jahren holte er Bronze, 2012 war's Silber. Und nun... →

Di 16.8.2016

Spruch des Tages
»Man muss jedem Athleten in die Augen schauen können. Und ich habe vielen Athleten aus aller Herren Länder in die Augen geschaut bei meinen Besuchen im olympischen Dorf. Sippenhaft ist nicht moralisch.«
Der umstrittene IOC-Präsident Thomas Bach im »Bild-Verhör« unter der Überschrift »Hat sich Putin bei Ihnen bedankt, Herr Bach?«.

Zahl des Tages
5...
...Tore kassieren die Hockey-Herren in einem Halbfinal-Fiasko gegen Argentinien. 2:5, das tut weh. Trainer Valentin Altenburg nach der Klatsche: »Die fünf Schüsse der Argentinier waren alle drin. Wir haben aus vielen Chancen zu wenig Tore gemacht, Argentinien hat aus wenig viel gemacht.«

Entscheidungen
Segeln Finn Dinghi Männer *Gold:* Scott, Giles [GBR]; *Silber:* Zbogar, Vasilij [SLO]; *Bronze:* Paine, Caleb [USA] ++++ **Geräteturnen Boden Frauen** *Gold:* Biles, Simone [USA]; *Silber:* Raisman, Alexandra [USA]; *Bronze:* Tinkler, Amy [GBR] ++++ **Geräteturnen Reck Männer** *Gold:* 🇩🇪 Hambüchen, Fabian [GER]; *Silber:* Leyva, Danell [USA]; *Bronze:* Wilson, Nile [GBR] +++ + **Geräteturnen Barren Männer** *Gold:* Verniaiev, Oleg [UKR]; *Silber:* Leyva, Danell [USA]; *Bronze:* Belyavski, David [RUS] +++ **Tischtennis Team Frauen** *Gold:* China; *Silber:* 🇩🇪 Deutschland; *Bronze:* Japan ++++ **Schwimmen Synchron Duett Frauen** *Gold:* Russland; *Silber:* China; *Bronze:* Japan ++ ++ **Schwimmen 10 km Männer** *Gold:* Weertman, Ferry [NED]; *Silber:* Gianniotis, Spyridon [GRE]; *Bronze:* Olivier, Marc-Antoine [FRA] ++++ **Gewichtheben +105 kg Männer** *Gold:* Talakhadze, Lasha [GEO]; *Silber:* Minasyan, Gor [ARM]; *Bronze:* Turmanidze, Irakli [GEO] +++ + **Ringen Griechisch-Römisch 98 kg Männer** *Gold:* Aleksanyan, Artur [ARM]; *Silber:* Lugo Cabrera, Yasmany Daniel [CUB]; *Bronze:* Rezaie, Ghasem Gholamreza [IRI] / Ildem, Cenk [TUR] +++ + **Ringen Griechisch-Römisch 66 kg Männer** *Gold:* Stefanek, Davor [SRB]; *Silber:* Harutunyan,

---

Eine Stunde früher:
Fabian Hambüchen ist der Erste, der im Reckfinale ran muss. Er trägt eine rote Hose und ein weißes, eng anliegendes Turnshirt. Wasserflasche weg. Hambüchen wird hochgehoben, bis er die Stange greifen kann. Gleich geht es los.

Geht es auch gut? Drei Monate lag der Sportler im Olympiajahr 2016 lahm. Da konnte er der Freundin nicht beim Umzug helfen, nicht mal eine Einkaufstüte konnte er tragen. Er war ein alter Mann mit einer kaputten Schulter.

Aber er wollte nach Rio. In zwei Monaten hat er sich auf den Mehrkampf vorbereitet und dabei besonders intensiv am Reck trainiert. Sechs Kilo hat Hambüchen in dieser Zeit abgenommen und sich Mut gemacht. Ein letztes Mal wollte er den Körper ans Äußerste treiben, der würde das schon mitmachen.

Er hängt an der Stange, atmet tief durch. Bringt sich in Schwung. Es ist sehr still in der Halle.

Tkatschow. Kolman, Rist-, Kamm-, Zwie-, Kreuz- oder Ellgriff, Adler. Cassina. Tsukahara-Abgang. Kein Wackler, alles sieht ganz leicht aus, nur nach der Landung muss Hambüchen einen kleinen Hüpfer machen. Er fliegt und wirbelt und rotiert und kreiselt 45 Sekunden lang, als ob es keine Schwerkraft gäbe.
15.766 Punkte.

Dann steht er da, nach dem winzigen Hüpfer, und zeigt der Welt seine Muskeln. Er ist glücklich, läuft zu seinem Vater und umarmt ihn ganz doll. Ohne den Mann wäre er nie so weit gekommen.

Dad ist zuversichtlich, sieht schon aus wie ein Sieger mit seinen Silberhaaren, dem schicken Schnauzer und dem sonnengebräunten Cary-Grant-Face. Der Filius wird zum Nervenbündel. Kann manchmal gar nicht hinsehen, wenn die Konkurrenten turnen. Versteckt sich hinter den Schultern des Erzeugers. Tritt rastlos auf der Stelle.

Der Holländer Epke Sondermann turnt unter Schmerzen. Kapselverletzung. Epke stürzt beim zweiten Flugteil, aus dreieinhalb Metern Höhe fällt er ungebremst zu Boden. Er bleibt ein paar Sekunden reglos liegen. Rappelt sich hoch, ist benommen, wickelt die Bandage an den Händen fest, lässt sich wieder hochheben. In Hambüchens Augen ist nur Schreck.

Der Holländer, der so hinreißend lächeln kann, fliegt noch einmal, zweimal. Stürzt nicht mehr. Erleichtert klatschen sich die Menschen die Hände rot. Abgang. Zages Lächeln des Turners.
14.033 Punkte.

Auftritt Samuel Mikulak, geboren im kalifornischen Corona del Mar. Ein 23-jähriger Herzensbrecher. Schwere Übung, viel in der Luft. Doppelsalto, Doppelschraube. Landung mit einem kleinen Nachhüpfen.
15.400.

Oleg Verniaev, Ukraine. Schwungunterbrechung nach einer halben Minute. Sturz bei der Landung. Er hat schon Gold und Silber, das kann er verkraften. Hambüchen umarmt den Ukrainer.
13.366.

Nile Wilson aus Großbritannien. Der Typ ist ehrgeizig, in der Arbeiterstadt Leeds hat er gelernt, sich an die Spitze zu kämpfen. Kolman gehockt, das ist gut, ohne dieses Element brauchst du nicht um Gold zu turnen. Immer ein Schwung zwischen den Elementen, das ist nicht gut, Hambüchen hat sich das nicht durchgehen lassen. Die Landung ist klasse.
Hambüchen gratuliert.
15.466 Punkte.

Der Brasilianer Francisco Baretto junior. Überraschend im Finale. Nun steht die Halle kopf. Einarmige Riesenfelge zu Beginn. Doppelte Kombination. Tkatschowgrätsche in allen Varianten.

Abgang gestanden. Aber nur eine Schraube. Der Athlet brüllt vor Freude. 10.000 Menschen rasten aus.
15.208 Punkte.

Manrique Larduet, ein schüchterner Mann aus Kuba. Beim Sprung ist er gestürzt, jetzt humpelt er. Aber wenn er mal am Reck kreiselt und durch die Halle fliegt, ist er ein junger Gott.
Larduet landet mit schmerzverzerrtem Gesicht, aber er bleibt stehen.
15.033 Punkte.

Danell Leyva, der Letzte im Finaldurchgang. Hambüchens größter Gegner. Hat schon Silber am Barren und Bronze im Mehrkampf gewonnen. Wackelt ein wenig bei den Drehungen, fliegt extrem hoch. Unsicherheiten bei der Landung. Hambüchen mutiert zum Hospitalisten. Er kann nicht mehr stillstehen. Wann kommt die Note? Die anderen gratulieren schon.

Er kratzt sich ausgiebig den Hinterkopf. »Übersprungshandlung« nennt man das.

TAG 12

DER HERR DER LÜFTE. Fabian Hambüchen turnt die größten Schwierigkeiten und belohnt sich zum Abschluss der Karriere mit Gold.

Di 16.8.2016

Mihran [ARM]; *Bronze:* Bolkvadze, Shmagi [GEO] / Chunayev, Rasul [AZE] + + + + *Boxen* **60 kg Männer** *Gold:* Conceicao, Robson Donato [BRA]; *Silber:* Oumiha, Sofiane [FRA]; *Bronze:* Alvarez Estrada, Lazaro [CUB] / Dorjnyambuu, Otgondalai [MGL] + + + + *Segeln* **Nacra 17 Mixed** *Gold:* Argentinien; *Silber:* Australien; *Bronze:* Österreich + + + *Segeln* **Laser Männer** *Gold:* Burton, Tom [AUS]; *Silber:* Stipanovic, Tonci [CRO]; *Bronze:* Meech, Sam [NZL] + + + + *Segeln* **Laser Radial Frauen** *Gold:* Bouwmeester, Marit [NED]; *Silber:* Murphy, Annalise [IRL]; *Bronze:* Rindom, Anne-Marie [DEN] + + + + *Wasserspringen* **Kunstspringen 3 m Männer** *Gold:* Cao, Yuan [CHN]; *Silber:* Laugher, Jack [GBR]; *Bronze:* Hausding, Patrick [GER] + + + + *Radsport* **Bahn Sprint Frauen** *Gold:* Vogel, Kristina [GER]; *Silber:* James, Rebecca Angharad [GBR]; *Bronze:* Marchant, Katy [GBR] + + + + *Radsport* **Bahn Keirin Männer** *Gold:* Kenny, Jason [GBR]; *Silber:* Buchli, Matthijs [NED]; *Bronze:* Awang, Mohd Azizulhasni [MAS] + + + + *Radsport* **Bahn Mehrkampf Frauen** *Gold:* Trott, Laura [GBR]; *Silber:* Hammer, Sarah [USA]; *Bronze:* D'Hoore, Jolien [BEL] + + + + *Leichtathletik* **Dreisprung Männer** *Gold:* Taylor, Christian [USA]; *Silber:* Claye, Will [USA]; *Bronze:* Dong, Bin [CHN] + + + + *Leichtathletik* **Hochsprung Männer** *Gold:* Drouin, Derek [CAN]; *Silber:* Barshim, Mutaz Essa [QAT]; *Bronze:* Bondarenko, Bogdan [UKR] + + + + *Leichtathletik* **110 m Hürden Männer** *Gold:* McLeod, Omar [JAM]; *Silber:* Ortega, Orlando [ESP]; *Bronze:* Bascou, Dimitri [FRA] + + + + *Leichtathletik* **1.500 m Frauen** *Gold:* Kipyegon, Faith Chepngetich [KEN]; *Silber:* Dibaba, Genzebe [ETH]; *Bronze:* Simpson, Jennifer [USA] + + + + *Leichtathletik* **Diskus Frauen** *Gold:* Perkovic, Sandra [CRO]; *Silber:* Robert Michon, Melina [FRA]; *Bronze:* Caballero, Denia [CUB] + + + + *Kanu* **Canadier Einer 1.000 m Männer** *Gold:* Brendel, Sebastian [GER]; *Silber:* Queiroz dos Santos, Isaquias [BRA]; *Bronze:* Tarnovschi, Serghei [MDA] + + + + *Kanu* **Kajak Zweier 500 m Frauen** *Gold:* Ungarn; *Silber:* Deutschland; *Bronze:* Polen

Bronze und Silber bei den letzten Spielen in Peking und London. Und jetzt?
Dann die Note für den Buddy aus den Staaten.
15.500.
»Ja! Ja! Ja! Ja, Mann! Geil!« Fabian Hambüchen bekommt die Fahne – hängt sie um für die Krönungszeremonie.
»Jetzt«, trötet er. »Jetzt passieren zwei Dinge.«
Ja bitte?
»Also erstens kaufe ich dieses Reck. Das kommt zu mir nach Hause.«
Und zweitens?
»Zweitens nehme ich nachher das Deutsche Haus auseinander. Da findet ihr nur noch 'n Haufen Schutt — und Asche.«

Kanu
ZIEMLICH BESTE FREUNDE

Im Deutschen Haus feiern an diesem Abend auch Sebastian Brendel und die Kanutinnen Franziska Weber und Tina Dietze.
»Wer in der Spur anderer fährt, kann nicht überholen.« Das hat Brendel von Immanuel Kant als Leitmotiv seiner Homepage übernommen. Danach beschreibt er sich selbst:
»Ich heiße Sebastian Brendel, bin 27 Jahre alt und wohne mit meiner Familie in Potsdam. Nach einer ausgiebigen Testphase in diversen Sportarten habe ich mich dem Kanurennsport verschrieben und knie seit beinahe zwei Jahrzehnten in meinem Canadier. Als amtierender Olympiasieger, Welt- und Europameister habe ich Großes erreicht und mir meinen Traum vom olympischen Gold erfüllt. Angetrieben von meinem Ehrgeiz gehe ich weiter meiner großen Leidenschaft nach und blicke Richtung Rio. Das Gefühl von Olympia – ich möchte es noch einmal erleben. Dafür bringe ich meinen Körper jeden Tag an seine Grenzen – auf dem Wasser und an Land.«
An Tag zwölf der Spiele steht er auf dem Siegerpodest und hat eine verhangene Sicht auf den Zuckerhut, als sie die deutsche Hymne spielen. Mit 60 Schlägen in der Minute hat er sich zu Gold geknüppelt – wieder mal ist der Brasilianer Queiroz Zweiter hinter dem mächtigen Brendel geworden. Das macht ihm freilich nichts aus, lange hat er sich schon mit der Überlegenheit des Deutschen abgefunden.
Einmal, im vergangenen Jahr, versuchte er den Aufstand. Fuhr frech weg, hatte das Ziel schon vor Augen, aber auch das Keuchen Brendels im Nacken. Dann wurde es Nacht für den Brasilianer. Ein paar Schläge vor seinem größten Sieg kippte er aus dem Boot, einfach so.
Und wieder war Brendel vorn.
Eigentlich haben sich alle in Rio mit der Hackordnung abgefunden. Queiroz zum Beispiel bereitet sich auf seine zweiten Plätze vor, indem er ein ums andere Mal

DAS EWIGE DUELL. Sebastian Brendel enteilt dem Brasilianer Queiroz und holt Gold.

Olympia **2016**

TAG 12

ein Video ansieht, das den Sebastian beim Fahren zeigt.

Franziska Weber und Tina Dietze starten eine knappe Stunde nach Brendel. Ihr Boot, ganz in Pink, bringen sie auf Bahn vier in die Startposition. Die größten Konkurrentinnen, die Ungarinnen, dümpeln daneben auf der fünf.

Perfekter Start, rasch liegen die Deutschen eine Viertel Bootslänge vorn, die Ungarinnen und die Polinnen sind dran. Auf halber Strecke ziehen die Ungarinnen vorbei.

»Hep!«, brüllt Dietze. Das Boot wird schneller, schiebt sich an das führende heran, schiebt sich, zentimeterweise, vorbei.

Noch zehn Schläge, die Deutschen sind mit einer Spitze vorn, jetzt spurten die Ungarinnen.

Noch fünf Schläge, zwei Schiffe unter Volllast gleichauf. Gleichauf? Ja, wer führt denn jetzt? Führt überhaupt einer? Ziel. Fotofinish. Warten.

Die Deutschen sind Zweite. Fünf Hundertstel fehlen zum Gold. Zehn Zentimeter sind das gerade mal. Die beiden Boote gehen längsseits. Bussibussi. Man lacht. Fünf Hundertstel. Ein Nichts.

»Wir sind superglücklich. Augen zu und durch. Wir sind rangeflogen, dann haben die sich wieder abgesetzt, dann waren wir gleichauf. Wir können uns so sehr über Silber freuen, weil wir uns nichts vorzuwerfen haben.«

Das sagt Tina Dietze, bevor sie die Silbermedaille umgehängt bekommt. Die Ungarinnen kriegen ihr Gold, die Polinnen haben Bronze schon. Hymne.

Die jungen Frauen nehmen sich an den Händen. Jahrelang haben sie sich in ihren Sportbeziehungen für diesen Lauf geknechtet, jetzt dürfen sie sich gehen lassen in ihrer Freude.

Alle weinen. Im Publikum reiben sich die Menschen die Augen.

So schön kann Olympia sein.

Rad
SATTEL-FEST

Was der Hambüchen kann, kann die Vogel schon lange: sich bei Olympia ihr Souvenir im Goldkampf verdienen.

Ein perfekter Tag – für die Sprinterin heißt das: aufstehen, frühstücken, in die Halle wechseln, den Körper wecken. Und nicht nachlassen, bis alles gewonnen ist.

Ein perfekter Tag: Im Viertelfinale ein 2:0-Sieg gegen Wai Sze Lee aus Hongkong, im Halbfinale ungeschlagen gegen Katy Marchant aus Großbritannien und im Finale gegen Rebecca James mit 64 Stundenkilometern zweimal als Erste über die Linie.

Im zweiten Durchgang malträtiert Kristina Vogel mit ihrer unbändigen Kraft die Rennmaschine dermaßen, dass beim Finish der Sattel von der Strebe gerissen wird.

»Ich habe gewonnen, ich kann es noch gar nicht glauben, das ist total unreal. Das ist wohl der erste Olympiasieg ohne Sattel, Wahnsinn.«

In der Siegerlaune verkündet sie, sie werde den schwarz-rot-goldenen Sattel zu Hause in ihrem Büro aufhängen. Nun, es hätte schlimmer kommen können. So ein kleines Rad-Souvenir ist ja ganz schick. Aber man stelle sich vor, man müsse plötzlich ein ganzes Reck über den Großen Teich transportieren...

Tischtennis
GOLD VERLOREN? QUATSCH!

Das Finale ist schnell erzählt.

An der anderen Seite der Tischtennisplatte stehen die besten Chinesinnen.

Die haben gar keinen Humor.

Pardon wird nicht gegeben.

Kurzer Prozess.

0:3.

Enttäuscht?

I wo!

Die deutschen Frauen packen ihre Sachen und freuen sich auf die Silbermedaillen. Ihr Meisterstück haben sie gegen die Japanerinnen im Halbfinale gemacht – und das war ein Highlight ihres Sportlerinnen-Lebens.

»Silber ist super, mehr war nicht drin«, sagt Bundestrainerin Jie Schöpp. Spielerin Petrissa Solja ist da völlig d'accord. Sie sei ja schon glücklich, dass sie wenigstens einen einzigen Satz gewonnen habe. War ein geiles Gefühl. »Wir haben Silber gewonnen und nicht Gold verloren.«

Kunstspringen
PODIUM!

Patrick Hausding ist ein netter Mann, den nichts so schnell aus der Fassung bringt. Bei Olympia freilich hadert er mit dem Schicksal. Er ist auf vierte Plätze abonniert. Kann machen, was er will. Kann sich anstrengen und plagen – nie wird es was mit 'ner Medaille.

Vor dem Finale vom Dreimeter-Brett sieht es auch nicht rosig aus für den Kunstspringer aus Berlin. Er geht als Zehnter in den Wettbewerb, meint: »Das war ja

FOTOFINISH. Kristina Vogel schlägt die Britin Rebecca James um vier Tausendstel Sekunden.

Di 16.8.2016

++++ *Kanu* Kajak Einer 1.000 m Männer *Gold:* Walz, Marcus [ESP]; *Silber:* Dostal, Josef [CZE]; *Bronze:* Anoshkin, Roman [RUS] ++++ *Kanu* Kajak Einer 200 m Frauen *Gold:* Carrington, Lisa [NZL]; *Silber:* Walczykiewicz, Marta [POL]; *Bronze:* Osipenko-Radomska, Inna [AZE]

Meldungen

Schon wieder Jamaika! Omar McLeod ist über die 110 Meter Hürden das Maß der Dinge. Der 22-Jährige siegt in 13,05 Sekunden vor Orlando Ortega aus Spanien (13,17 Sekunden) und dem Franzosen Dimitri Bascou (13,24 Sekunden).

Haushoch überlegen. Der Kanadier Derek Drouin ist im Hochsprung unschlagbar. Der 26 Jahre alte Weltmeister bleibt fehlerlos, seine Siegerhöhe: 2,38 Meter. Silber geht an Mutaz Essa Barshim aus Katar vor dem Ukrainer Bogdan Bondarenko.

Vor dem großen Coup. Deutschlands Fußballerinnen stehen erstmals in einem olympischen Endspiel um die Goldmedaille. Die Mannschaft von Trainerin Silvia Neid siegt im Halbfinale in Belo Horizonte 2:0 gegen Kanada (in der Vorrunde setzte es in der Gruppe F noch eine 1:2-Niederlage). Für die DFB-Elf treffen Melanie Behringer (21., Foulelfmeter) und Sara Däbritz (59.). Im Finale in Rio wartet nun Schweden. Die Skandinavierinnen ziehen nach einem 4:3 im Elfmeterschießen gegen Brasilien ins Endspiel ein. Nach 120 Minuten hatte es 0:0 gestanden.

Golden Girl. Die US-Amerikanerin Simone Biles ist die erfolgreichste Turnerin der Spiele. Der Superstar aus Texas gewinnt auch am Boden. Zuvor war das 19-jährige US-Girl mit dem Team, im Mehrkampf und beim Sprung in Rio erfolgreich. In der Entscheidung am Schwebebalken patzt Simone beim Vorwärtssalto. Zu blöd: Es gibt nur Bronze.

alles ziemlich bescheiden bis jetzt; den viereinhalbfachen Vorwärtssalto hätte ich mir schenken können, das war ein Totalausfall. Im Finale will ich noch mal zeigen, was ich draufhabe. Werde so gut springen, wie ich kann.«
Er steigt mit einem dreifachen Auerbach-Salto ein. Super gemacht. 89 Punkte, jetzt liegt Hausding auf Rang fünf.
Dann viereinhalb Drehungen gehockt. Perfekt. 98.80 Punkte, Rang drei.
Dann Hausdings letzter Sprung in Rio. Zweieinhalb Rotationen vorwärts, zwei Schrauben. Alles wunderbar. Besorgter

TAG 12

Blick und das Warten auf die Kampfrichter. 85 Punkte, jetzt muss er hoffen.
Der Chinese Cao Wang holt den Sieg. Jack Laugher, der Brite, wird Zweiter.
Bronze – echt: Bronze! – geht an: Patrick Hausding. Damit ist er der erste Sportler des Deutschen Schwimm-Verbandes in Rio auf dem Podium.
»Jetzt muss ich erst einmal feiern – mal sehen, wo der Hambüchen ist. Dann den Körper in Ordnung bringen – und dann steige ich wieder mit dem Training ein.«
»Is that real life???«, twittert Hausding. Er steckt das i-Phone in die Tasche.

Jetzt noch zur Dopingkontrolle – und anschließend rasch-rasch zum Deutschen Haus.
Eigentlich schnallt er noch gar nicht recht, was da passiert ist.
Podium.
Endlich!

TAG 13

GOLDEN GIRLS

Wie sieht das moderne Olympia aus? Nicht sehr spektakulär – die Bühne ist ein Sand-Karree mit einem Netz in der Mitte. Die vier Akteure sind in der Regel spärlich bekleidet, sie haben begnadete Körper. Und die Fans flippen völlig aus, wenn sich diese schönen jungen Menschen um die Punkte balgen. Im Finale der Frauen sollen zwei heißblütige Brasilianerinnen ihr Land beglücken. Sie treffen auf Laura Ludwig und Kira Walkenhorst aus dem kalten Germanien.

Es ist Begeister-Stunde in Rio. Im Stadion an der Copacabana berauschen sich mehr als 10.000 Brasilianer an dem Gedanken, dass sie bald zwei Olympiasiegerinnen feiern dürfen. Eine satte Hundertschaft deutscher Fans rollt die Fahnen aus und hält mit tapferen Stimmen dagegen.
Über der See steht ein voller Mond, die Wellen brechen sich silbergleißend im hellen Sand. Aufgeputscht warten die Menschen in der Arena auf das, was nun kommt.
Mitternacht am Tag 13 von Olympia. Gleich steigt das Finale im Beachvolleyball. Agatha und Barbara sollen das Gold für Brasilien gewinnen, sie haben es mit den Deutschen Laura Ludwig und Kira Walkenhorst zu tun. →

Mi 17.8.2016

Spruch des Tages
»2007, als er Reckweltmeister wurde, haben ihm so viele Leute – Reporter, Vereinsmenschen, Politiker – Zucker in den Hintern gestreut, dass ich schon Bedenken hatte, dass er die Orientierung verliert. Ich hab' gesagt: Junge, du hast 'ne Superleistung gebracht, aber das sind jetzt nicht alles plötzlich Freunde.«
Wolfgang Hambüchen, Vater und Trainer von Fabian, dem Olympiasieger am Reck.

Zahl des Tages
14 ...
...Sekunden dauert es, bis Neymar, Star der brasilianischen Fußball-Nationalmannschaft, im Halbfinale gegen Honduras sein Team mit 1:0 in Führung bringt – Olympiarekord. Das Spiel endet 6:0.

Entscheidungen

Tischtennis Mannschaft **Männer** *Gold:* China; *Silber:* Japan; *Bronze:* Deutschland ++++ **Ringen 58 kg Frauen** *Gold:* Icho, Kaori [JPN]; *Silber:* Koblova, Valeria [RUS]; *Bronze:* Amri, Marwa [TUN], Malik, Sakshi [IND] +++
+ **Ringen 69 kg Frauen** *Gold:* Dosho, Sara [JPN]; *Silber:* Vorobieva, Natalya [RUS]; *Bronze:* Syzdykova, Elmira [KAZ], Fransson, Jenny [SWE] +++
+ **Ringen 48 kg Frauen** *Gold:* Tosaka, Eri [JPN]; *Silber:* Stadnik, Maria [AZE]; *Bronze:* Yankova, Elitsa [BUL], Sun, Yanan [CHN] +
+++ **Taekwondo 58 kg Männer** *Gold:* Zhao, Shuai [CHN]; *Silber:* Hanprab, Tawin [THA]; *Bronze:* Pie, Lusito [DOM], Kim, Tae-Hun [KOR] +++
+ **Taekwondo 49 kg Frauen** *Gold:* Kim, So-Hui [KOR]; *Silber:* Bogdanovic, Tijana [SRB]; *Bronze:* Wongpattanakit, Panipak [THA], Abakarova, Patimat [AZE] ++++ **Pferdesport Springreiten Mannschaft** *Gold:* Frankreich; *Silber:* USA; *Bronze:* Deutschland ++++
Leichtathletik 3.000 m Hindernis Männer *Gold:* Kipruto, Conseslus [KEN]; *Silber:* Jager, Evan [USA]; *Bronze:* Mekhissi-Benabbad, Mahiedine [FRA] ++
++ **Leichtathletik Weitsprung Frauen** *Gold:* Bartoletta, Tianna [USA]; *Silber:* Reese, Brittney [USA]; *Bronze:* Spanovic, Ivana [SRB]

Olympia **2016**

DIE FRAU AM NETZ. Kira Walkenhorst glänzte sowohl beim Block als auch im Angriff. Mit ihren 1,84 Metern war sie die Herrin der Lüfte.

Die sind zwar seit mittlerweile zwölf Spielen in der Weltelite ungeschlagen, doch was stört das die Gastgeber? Kein Zweifel, dass ihre Girls das Ding richten werden.
Die deutschen Frauen stapfen in den Sand. Sie scheinen unbeeindruckt. Hochgewachsene coole Ladys, die genau wissen, was sie tun. Am Netz sind sie ernst und konzentriert, nach den Siegen machen sie sich locker und genießen ihr modernes Leben.
Eine setzt sich dann irgendwann an den Laptop und bringt die Facebook-Eintragungen auf den Stand.
So kann zum Abschluss des olympischen Beachvolleyball-Wettbewerbs jedermann jederzeit nachlesen, wie das gewesen ist mit dem Turnier, auf das die beiden Frauen seit vier Jahren hingearbeitet haben.

3. August
Leeeeeuteeee es geht looooooos:) verrückt!
Zum Abschied kam noch der HSV vorbei und hat eine Glücksente gebracht.
Wir sind mega aufgeregt und gespannt, was die nächsten drei Wochen passiert.
Eure Mädelzzzzz

5. August
Technical Meeting ... Deutschland ist gut drauf!

7. August
Bald geht es los!!!!!
Was unsere Gegnerinnen Elghobashy/Nada können, wissen wir noch nicht so genau, aber wir haben sie beim Technical Meeting schon mal gesehen.
Das Fernsehen will das ganze Spiel zeigen und bringt einen Vorbericht. Schaut rein und drückt die Daumen!
Eure Mädelzzzzz

9. August
Letztes Training an der Copacabana und kurze Stärkung im Kilogramma. Das war die Vorbereitung für unser Spiel gegen die Kanadierinnen.
Um 23.30 deutsche Zeit geht es los.
Drückt die Daumen!!!!!!
Eure Mädelzzzz

Kira-Katharina Walkenhorst kam am 18. November 1990 in Essen zur Welt. Sie hat sich zu einer 1,84 Meter großen Sportlerin herausgewachsen. Erster großer Auftritt war die Teilnahme an der Junioreneuropameisterschaft 2008 im italienischen Foligno. Da hat sie auch erlebt, wie bitter Sport sein kann. Sie schied verletzt aus. Ihre Erfahrungen sammelte sie beim VC Olympia Berlin, bei Bayer Leverkusen und ab 2009 beim Bundesligisten Alemannia Aachen. 2011 wechselte sie zum Regionalligisten FdG Herne, der von ihrem Vater trainiert wird.

TAG 13

EMOTIONALES KRAFTPAKET. Laura Ludwig lässt sich von begeisterten deutschen Fans feiern. Im dritten Anlauf hat sie Olympia-Gold.

SPRUNG AUFS PODEST. So ausgelassen feiern sich die Beachvolleyballerinnen, die Silber-Brasilianerinnen Agatha und Barbara, die Golden Girls Laura Ludwig und Kira Walkenhorst sowie die Bronze-Amerikanerinnen Kerri Walsh Jennings und April Ross.

SCHWARZ-ROT-GOLD AN DER COPACABANA. Laura Ludwig und Kira Walkenhorst schreien an Tag 13 ihre Freude in den Nachthimmel von Rio.

10. August

Yeeeerrs! Zweiter Sieg im zweiten Spiel. Vielen Dank an alle, die uns im Stadion und vor dem Fernseher unterstützt haben. In zwei Tagen spielen wir um den Gruppensieg.
Eure Mädelzzzzz

13. August

Heute geht es endlich weiter, wir spielen um 20:00 Uhr deutscher Zeit gegen die Schweizerinnen.
Heute Morgen war noch das letzte Training im ruhigen Ipanema. Hier ist von Olympia praktisch nichts zu spüren. Aber wir freuen uns schon auf den brodelnden Center-Court.
Eure Mädelzzzz

14. August

Heute geht's ab hier. Um 16:00 Uhr unserer Zeit (21:00 Uhr deutscher Zeit) spielen wir gegen die starken Kanadierinnen. Laut FIVB-Statistik gegen die bislang beste Blockspielerin und die beste Abwehrspielerin des Turniers.
Seid dabei und drückt die Daumen!
Eure Mädelzzzzz

15. August

Waaaahnsinn. Halbfinale! Vielen Dank für die vielen Daumendrücker!
Wir haben gestern einfach alles getroffen und uns superwohl gefühlt auf diesem Center-Court. Mal schauen, was hier noch geht. Morgen geht es weiter hier!

Laura Ludwig, 1,81 Meter groß, geboren am 13. Januar 1986 in Berlin, ist 2016 die beste Beachvolleyballerin der Welt. Ihre Karriere begann 1994 beim Köpenicker SC mit dem Volleyball in der Halle. 2012 traf sie sich zu Gesprächen mit Kira. Ob man nicht gemeinsame Sache machen wolle? Man wollte. Ob es dabei nicht um Gold in Rio gehen würde? Natürlich, was denn sonst.
Die Europa- und deutschen Meisterinnen rückten bis auf Platz vier der Weltrangliste vor, nachdem sie zuvor wegen Walkenhorsts Erkrankung (Pfeiffersches Drüsenfieber) zehn Monate lang nicht auf Turnieren zusammenspielen konnten. Harte Zeit, das!

16. August

Hallo Leute, heute hatten wir Zeit, um ein wenig Luft zu holen. Und zwar im

Mi 17.8.2016

++++ **Leichtathletik 200 m Frauen** Gold: Thompson, Elaine [JAM]; Silber: Schippers, Dafne [NED]; Bronze: Bowie, Tori [USA] ++++ **Leichtathletik 100 m Hürden Frauen** Gold: Rollins, Brianna [USA]; Silber: Ali, Nia [USA]; Bronze: Castlin, Kristi [USA] ++++ **Boxen 69 kg Männer** Gold: Yeleussinov, Daniar [KAZ]; Silber: Giyasov, Shakhram [UZB]; Bronze: Rabii, Mohammed [MAR], Cissokho, Souleymane [FRA] ++++ **Beachvolleyball Frauen** Gold: Deutschland; Silber: Brasilien; Bronze: USA ++++ **Badminton Mixed** Gold: Indonesien; Silber: Malaysia; Bronze: China

Meldungen

YES! Elaine Thompson ist die Schnellste. Die Jamaikanerin setzt sich nach ihrem Triumph über 100 auch über die 200 Meter durch. In 21,78 Sekunden läuft sie Weltmeisterin Dafne Schippers aus den Niederlanden und der US-Amerikanerin Tori Bowie davon.

JAA! Die deutschen Fußballer haben das olympische Finale in Rio de Janeiro erreicht. Gegen kämpferisch starke Nigerianer müssen sie sich freilich mächtig anstrengen. Lukas Klostermann (9.) und Nils Petersen (89.) erzielen die Treffer zum 2:0-Sieg. »Wir haben schon vor dem Spiel gesagt, dass wir schon hier heute die Medaille klarmachen wollen. Das ist den Jungs in glänzender Art und Weise gelungen«, freut sich nach dem Spiel Coach Horst Hrubesch.

NEIN! Nicht einmal vier gehaltene Penaltys von Torhüterin Kristina Reynolds reichen am Ende: Die deutschen Hockey-Damen müssen sich im Halbfinale den Niederländerinnen nach 14 Penaltys knapp mit 3:4 geschlagen geben.

Olympia 2016

---

wahrsten Sinne. Pünktlich zum Nachmittagstraining zog nämlich so ein Sturm auf, dass wir gar nicht erst die Bälle rausgeholt haben. Jürgen hat uns ohne Bälle übers Feld gejagt.
Nach dem Training kam noch Franzi van Almsick bei uns vorbei. Bei Ostsee-Wind haben wir zwei Bilder mit Franzi geschossen und ein kleines Interview gegeben.
Und morgen geht es dann endlich wieder zurück auf unseren geliebten Center-Court.
Eure Mädelzzzzzz

Abgesichert ins Halbfinale!!!!
Nachdem gestern die Warnung herausgegeben wurde, dass 50-köpfige Banden Touristen an der Copacabana ausnehmen, war heute gleich eine noch mal deutlich erhöhte Militärpräsenz zu sehen. Im Hintergrund sogar ein Militärkreuzer, der uns beim Training überwacht hat.
Eure Mädelzzzzzz

Seit 2013 spielen **Laura Ludwig** und **Kira Walkenhorst** zusammen Beachvolleyball. Sie sind amtierende Europameisterinnen. Laura ist die Chefin: Sie hat mit ihren 30 Jahren die größere Erfahrung und war schon bei den Olympischen Spielen 2008 (Peking) und 2012 (London) dabei. Laura Ludwig, die beste Abwehrspielerin der Welt, ist die Extrovertierte. Dabei hat es in ihrem Leben schon eine mächtige Delle gegeben: Mit 18 Jahren erlitt Laura einen leichten Schlaganfall, der ihre linke Seite lähmte.

17. August
Die Medaille steht!!!!!!!!!!!!!!!!!!!
Riesendank an alle, die im Stadion geschrien und zu Hause die Daumen gedrückt haben. Morgen entscheidet sich nur noch die Farbe!
Wahnsinniges Spiel gegen Larissa, Talita und 10.000 Brasilianer. Hammer.
Morgen spielen wir erst um 5:00 Uhr deutscher Zeit. Wäre toll, wenn ein paar Leute live dabei wären.
Eure Mädelzzzzzz

18. August, Mitternacht ist 43 Minuten vorbei. Die Brasilianer haben ihre Agatha und ihre Barbara zu Gold brüllen wollen. Sie haben wirklich alles gegeben. Barbara und Agatha auch.
Es hat nichts genützt. Dio mio, waren die-

se Deutschen überlegen! Sogar die Netzroller haben sie auf ihrer Seite gehabt. 2:0 nach 43 Minuten – da müssen sogar die brasilianischen Fans applaudieren. Laura Ludwig und Kira Walkenhorst sind außer sich. Eigentlich müssten sie jetzt was Schnelles auf Facebook kommunizieren. Aber wer denkt in einem solchen Augenblick noch an so was? Jetzt ist Freude, jetzt ist Euphorie, jetzt sind sie im Rausch.
Sie weinen und sie lachen und sie erzählen es jedem, der es gerne hören mag:
»Es war ein steiniger Weg. Was haben wir für Schwierigkeiten gehabt! Und jetzt dieses Endspiel. Da ist plötzlich ein Sturm aufgekommen, und wir mussten die Taktik umstellen. Naja, hat ja geklappt, ist ja gut gegangen.
Ach, ich weiß nicht, was da gerade geschehen ist. Das muss ich mir noch mal angucken, das wird es ja wohl auf YouTube geben. Das werde ich als Oma noch den Enkeln zeigen.
Es war unser Ziel, seit vier Jahren haben wir dran geglaubt. Nun ist es wahr. Wir sind in der besten Zeit unseres Lebens.«
An den Strand rollen die hellen Wellen, als ob nichts gewesen wäre. In der Höllen-Arena freuen sich zwei Frauen, wie sie sich noch nie gefreut haben. Und der volle Mond lächelt und denkt sich seinen Teil.

Springreiten
STRESSTEST IM STECHEN

Ludger Beerbaum ist 52 Jahre alt und hat als Springreiter so ziemlich jeden wichtigen Titel mal gewonnen. In Rio startet er – das sagt er zumindest vor den Spielen – wahrscheinlich zum letzten Mal bei Olympia. Mit »Casello« rettet Beerbaum die deutsche Mannschaft, die sich bis dato schwergetan hat, durch einen Null-Fehler-Ritt in ein Stechen gegen Kanada.
»Ich war nicht nervös«, erzählt Beerbaum später. »Habe nicht lange hin und her gedacht. Wenn man anfängt zu grübeln, geht es meistens schief.«
Nun, sie kommen noch einmal mit dem Schrecken über leichte Fehler und vertane Chancen davon. Entscheiden das Stechen für sich, und zum ersten Mal seit 2004 gewinnt eine deutsche Équipe

TAG 13

HERRLICHER PARCOUR. Meredith Michaels-Beerbaum führt ihren »Fibonacci« über das Wasserhindernis von Rio.

– mit Christian Ahlmann auf »Taloubet«, Meredith Michaels-Beerbaum auf »Fibonacci«, Daniel Deußer auf »First Class« und Ludger Beerbaum auf »Casello« – wieder eine olympische Medaille.

»Ich bin überglücklich«, erklärt nach der »Achterbahnfahrt« Routinier Beerbaum. »Das war heute ein besonders emotionaler Tag für mich. Ich bin mir bewusst, dass es in meinem Leben nicht mehr so viele Momente wie diesen für mich geben wird. Das Schicksal hat es gut mit mir gemeint.«

Tischtennis
KÄMPFEN, TIMO, KÄMPFEN!

Timo Boll hat Glücksmomente gehabt in den Tagen von Rio. Zum Beispiel, als er bei der Eröffnungsfeier die Fahne der deutschen Mannschaft tragen durfte. Oder als er in die Matches mit Gewinnerschlägen starten konnte.
Dann musste er wieder schlimme Schlappen wegstecken. Stoisch hat er das auf sich genommen und weitergemacht. Gerade noch hatte er über den Einzug ins Halbfinale gejubelt – da haben die Japaner den Deutschen schon eins übergebraten, dass man Sorge um die mentale Unversehrtheit der Olympioniken am Tisch haben musste.
Aber sie haben sich noch einmal motiviert. Ins Spiel um den dritten Platz gegen Südkorea starten sie mit einem Sieg und einer Niederlage. Nun ist das Doppel dran. Es steht nach Sätzen 2:2. Boll stellt sich neben seinen Kollegen Bastian Steger an die Platte, richtet sich wieder auf, schreckgeweitete Augen hat er. Er winkt, der Mannschaftsarzt kommt, im Team bricht Hektik aus.
Timo Boll weint.
Vor Schmerzen und aus Wut. Ein Nackenwirbel ist aus der Pfanne gesprungen. Das ist nun schon das vierte Mal seit Beginn der Spiele.
»Ich habe vor dem Spiel noch gedacht, hoffentlich passiert das heute nicht, und dann kommt ein Ball, der mich überrascht und – zack! Raus.«
Ist das das Aus?
Später sagt Timo Boll: »Ich weiß nicht, wie viele Spritzen mir der Doc reingejagt hat, eine Schmerztablette hat er mir auch noch gegeben, in den Nacken bekam ich Eis. Und dann ging es eben weiter.«
Boll kennt sich aus mit Schmerzen. Wegen des Tischtennis auf höchstem Niveau hat er heute chronische Beschwerden im Rücken, morgens tut er sich mit dem Aufstehen schwer. Aber deswegen macht doch ein Boll nicht schlapp. Ein Boll will gewinnen, das ist die größte Droge überhaupt. »Der Steger hat mich im fünften Satz durchgezogen, der war einfach großartig.«
Die Deutschen führen 8:5, sie fallen auf 8:9 zurück, dann machen sie drei Punkte am Stück. 11:9. Satz und Sieg.
Das Reglement kennt keine Gnade. Bundestrainer Jörg Roßkopf hat Boll für das dritte Einzel gegen Joo Saehyuk aufgestellt, einen Defensivspezialisten. Der liegt Boll, den kann er auch mit seinen 35 Jahren noch von links nach rechts, von vorn nach hinten jagen.
Normalerweise...
Doch jetzt muss der Deutsche »erst mal nur überleben. Ich habe den Ball rübergelöffelt, wieder und wieder. Dann haben die Spritzen ganz gut zu wirken begonnen.« Und es war, als habe Boll endlich, kurz vor Schluss dieses Turniers, den Spaß wiedergefunden.
Das Ende vom Lied?
Bronze für Deutschland. Und schon wieder Tränen bei Timo Boll. Ende gut, alles gut.

DIE VORENTSCHEIDUNG. Mit Bastian Steger gewinnt Timo Boll das Doppel und dann die Bronzemedaille gegen Südkorea.

TAG 14

WENN TRÄUME WAHR WERDEN

Sieger bekommen in Rio eine Medaille aus Edelmetall und ein schmuckes, gläsernes Souvenir. Vor Zeus sind sie alle gleich. Aber das ist natürlich hehres Wunschdenken. Die Welten von Sprinter Usain Bolt und – zum Beispiel – zwei deutschen Kajakfahrern können unterschiedlicher nicht sein. Bolt sucht olympische Unsterblichkeit, die Paddler erfüllen sich einen Traum und wissen, wie schnell ihr Sieg vergessen sein wird.

Do
18.8.2016

Spruch des Tages
»*Ich habe das Gefühl gehabt, noch einmal gebraucht zu werden. Das zeigen zu können, das leisten zu können, das war ein schönes Gefühl, das war schon etwas Erhabenes. Das war ein Gefühl von Stolz und innerer Zufriedenheit.*« Springreiter Ludger Beerbaum nach seinem Rücktritt.

Zahl des Tages
1.603 ...
...Stimmen bekommt Britta Heidemann bei ihrer Wahl in die Athletenkommission des IOC. Mehr als die ehemalige deutsche Fechterin kriegt niemand.

Entscheidungen
Segeln **49er Männer** *Gold:* Neuseeland; *Silber:* Australien; *Bronze:* 🇩🇪 Deutschland +++
+ *Hockey* **Männer** *Gold:* Argentinien; *Silber:* Belgien; *Bronze:* 🇩🇪 Deutschland ++++ *Ringen*
75 kg Frauen *Gold:* Wiebe, Erica [CAN]; *Silber:* Manyourova, Gouzel [KAZ]; *Bronze:* Zhang, Fengliu [CHN], Bukina, Ekaterina [RUS] +
+++ *Ringen* **53 kg Frauen**
Gold: Maroulis, Helen [USA]; *Silber:* Yoshida, Saori [JPN]; *Bronze:* Sinishin, Natalya [AZE] / Mattsson, Sofia [SWE] +++
+ *Ringen* **63 kg Frauen** *Gold:* Kawai, Risako [JPN]; *Silber:* Mamashuk, Maria [BLR]; *Bronze:* Michalik, Monika [POL] / Larionova, Ekaterina [KAZ] ++++
Triathlon **Männer** *Gold:* Brownlee, Alistair [GBR]; *Silber:* Brownlee, Jonathan [GBR]; *Bronze:* Schoeman, Henri [RSA] ++++
Taekwondo **57 kg Frauen** *Gold:* Jones, Jade [GBR]; *Silber:* Calvo Gomez, Eva [ESP]; *Bronze:* Wahba, Hedaya [EGY] / Alizadeh Znoorin, Kimia [IRI] ++++
Taekwondo **68 kg Männer**
Gold: Abughaus, Ahmad [JOR]; *Silber:* Denisenko, Aleksey [RUS]; *Bronze:* Lee, Dae-Hoon [KOR] / Gonzalez Bonilla, Joel [ESP] ++
++ *Segeln* **470er Frauen** *Gold:* Großbritannien; *Silber:* Neuseeland; *Bronze:* Frankreich +++
+ *Segeln* **470er Männer** *Gold:* Kroatien; *Silber:* Australien; *Bronze:* Griechenland ++++
Segeln **49er FX Frauen** *Gold:* Brasilien; *Silber:* Neuseeland; *Bronze:* Dänemark ++++
Wasserspringen **Turmspringen 10 m Frauen** *Gold:* Ren, Qian [CHN]; *Silber:* Si, Yajie [CHN];

GESCHAFFT. Max Rendschmidt und Marcus Groß ballen die Siegerfaust nach der Schlusssirene.

Max Rendschmidt und Marcus Groß sind zwei junge Kerle, die sich nichts vormachen. Sie können Gold, das wissen sie. Aber Gold wird auch wehtun.

Max Rendschmidt und Marcus Groß wollen dieses Gold. Sie müssen jetzt in das Zwei-Mann-Boot steigen, zum Start paddeln und sich auf tausend Meter Schmerzen einstellen.

Das Wasser sieht ganz ordentlich aus. Morgens haben sich Rendschmidt/Groß für das Boot mit dem spitzen Bug entschieden. Es gäbe da auch noch die Variante mit dem runden Vorderteil des Rumpfs, an dem sich Unrat nicht so schnell verheddert – aber dieses Modell mögen sie nicht.

Robby Lange, der Mentaltrainer, ist der Letzte, der mit den Kajakfahrern reden darf. Er lenkt sie mit Smalltalk über Familiendinge, das Wetter und Storys aus Rio ab. Nur nicht über den Sport sprechen!

Lieber setzt Lange noch ein paar Nadeln an den Trauma- und Schmerzpunkten der Athleten. Viel nützen wird das nicht, aber für Gold probiert man doch alles.

Der Plan von Rendschmidt/Groß ist simpel. Einmal haben sie die Taktik ausprobiert, das war im Mai beim Weltcup im tschechischen Račice. Sie wollen jetzt in Rio genauso zu Werke gehen. »Ich weiß, wie schwer es am Ende wird. Aber wir wollten einen neuen Weg gehen und es den anderen nicht so einfach machen«, wird Groß nach dem Rennen erzählen.

Startsignal, die Deutschen sprinten los, als hätten sie den Leibhaftigen im Heck. Das ist Irrsinn, das hält keiner durch. Nach 500 Metern haben sie eine knappe Bootslänge vor den anderen voraus.

Die Schmerzen sind schon da. Aber sie haben gelernt, dagegen anzukämpfen. Marcus Groß und Max Rendschmidt sind vom Bundestrainer nach einem »Casting« 2013 in ein Boot gesetzt worden. Manchmal haben sie sechs, acht Stunden am Tag trainiert. Welt- und Europameister sind sie geworden. Marcus Groß sagt, die Erfolge lassen ihn lockerer an den Sport herangehen. Ein freier Kopf gehöre beim Kanurennsport einfach dazu.

Schon als Kind haben Marcus und Max im Boot gesessen. Sie haben im Sportinternat die Wände mit Postern von Athleten vollgepinnt. Sie haben Geschmack daran gefunden, bei der Siegerehrung in der Mitte des Podests stehen zu dürfen. Und sie waren so besessen und so talentiert, dass sie es bis Rio geschafft haben. Jetzt, 200 Meter vor dem großen Ziel, platzt ihnen fast der Kopf. Rendschmidt/Groß tauchen die Paddel wieder und wieder mit halb geschlossenen Augen ins Wasser, sie spüren, dass die Verfolger näher kommen. Sie nehmen nicht wahr, dass die deutschen Fans auf der Tribüne ein tosendes Spektakel veranstalten.

Die Geschwindigkeit können sie nicht mehr halten. Kein Gefühl in den Armen. Aber es ist nicht schlimm, wenn es technisch nicht mehr passt. Hauptsache, es wird Kraft aufs Boot übertragen.

Gerade mal so ins Ziel gerettet.

Die neuen Goldgewinner lassen sich fallen. Zum Jubeln sind sie in den ersten Augenblicken zu schwach.

Dann schreit einer: »Jaa! Jaaa! Jaa!«

Was man eben so brüllt, wenn man nach Überwindung aller Qualen bei Olympia am Ziel ist.

Siegerehrung. Dopingtest. Pressekonferenz (es ist eine lustige Veranstaltung, weil den Journalisten keine smarten Fragen einfallen und die Australier und

TAG 14

die Deutschen den Reporterjob übernehmen).

Das erste Bier. Einer fragt: Und? Was macht ihr jetzt?

Marcus Groß denkt kurz nach. Er grinst: »Was ich jetzt mache? Ganz einfach: Jetzt werde ich mal den Kopf freikriegen von dem ganzen Kanu-Scheiß.«

Leichtathletik
»DAS IST MEIN BABY«

Usain Bolt holt zum dritten Mal bei Olympischen Spielen das Sprint-Double über 100 Meter und 200 Meter. Den Finallauf über die längere Distanz gewinnt er in 19,78 Sekunden.

Er hatte angekündigt, er wolle in Rio den Weltrekord (19,19 Sekunden) toppen. Aber es regnet an Tag 14 – und Bolt begnügt sich damit, sich die Konkurrenten souverän vom Leib zu halten.

Beim Zieleinlauf wirkt der Jamaikaner ein wenig verhalten, doch er besinnt sich und schaltet auf den Show-Modus um.

DER SOLIST. Usain Bolt sprintet über die Ziellinie. Gold auch über 200 m.

BOLT-SHOW I. Er kniet sich hin, küsst die blaue Bahn. Ein Dankeschön für die goldbringende Unterlage.

BOLT-SHOW II. Seine typische Siegerpose darf auch in Rio nicht fehlen. Bolt macht den Bolt-Pfeil.

BOLT-SHOW III. Er mischt sich in die Zuschauermenge und lässt kein Selfie aus. Der Mann macht seine Fans glücklich.

Do
18.8.2016

Bronze: Benfeito, Meaghan [CAN] + + + + **Leichtathletik 400 m Hürden Männer** *Gold:* Clement, Kerron [USA]; *Silber:* Tumuti, Boniface Mucheru [KEN]; *Bronze:* Copello Escobar, Yasmani [TUR] + + + + **Leichtathletik 400 m Hürden Frauen** *Gold:* Muhammad, Ddalilah [USA]; *Silber:* Petersen, Sara Slott [DEN]; *Bronze:* Spencer, Ashley [USA] + + + + **Leichtathletik Zehnkampf Männer** *Gold:* Eaton, Ashton [USA]; *Silber:* Mayer, Kevin [FRA]; *Bronze:* Warner, Damian [CAN] + + + **Leichtathletik 200 m Männer** *Gold:* Bolt, Usain [JAM]; *Silber:* de Grasse, Andre [CAN]; *Bronze:* Lemaitre, Christophe [FRA] + + + + **Leichtathletik Speer Frauen** *Gold:* Kolak, Sara [CRO]; *Silber:* Viljoen, Sunette [RSA]; *Bronze:* Spotakova, Barbora [CZE] + + + + **Leichtathletik Kugelstoßen Männer** *Gold:* Crouser, Ryan [USA]; *Silber:* Kovacs, Joe [USA]; *Bronze:* Walsh, Tomas [NZL] + + + + **Kanu Kajak Zweier 1.000 m Männer** *Gold:* Deutschland; *Silber:* Serbien; *Bronze:* Australien + + + + **Kanu Kajak Einer 500 m Frauen** *Gold:* Kozak, Danuta [HUN]; *Silber:* Joergensen, Emma [DEN]; *Bronze:* Carrington, Lisa [NZL] + + + + **Kanu Canadier Einer 200 m Männer** *Gold:* Cheban, Yuriy [UKR]; *Silber:* Demyanenko, Valentin [AZE]; *Bronze:* Queiroz dos Santos, Isaquias [BRA] + + + + **Kanu Kajak Zweier 200 m Männer** *Gold:* Spanien; *Silber:* Großbritannien; *Bronze:* Litauen + + + + **Boxen 81 kg Männer** *Gold:* la Cruz Peraza, Julio [CUB]; *Silber:* Niyazimbetov, Adilbet [KAZ]; *Bronze:* Buatsi, Joshua [GBR] / Bauderlique, Mathieu [FRA] + + **Beachvolleyball Männer** *Gold:* Brasilien; *Silber:* Italien; *Bronze:* Niederlande + + + + **Badminton Doppel Frauen** *Gold:* Japan; *Silber:* Dänemark; *Bronze:* Südkorea

Meldung

Bis zum Umfallen. Zehnkämpfer Kai Kazmirek verpasst Bronze. Der 25-Jährige von der LG Rhein-Wied kommt mit der persönlichen Bestleistung von 8580 Punkten auf den vierten Platz. Gold gewinnt wie schon vor vier Jahren in London Ashton Eaton. Mit 8893 Punkten stellt er einen olympischen Rekord auf.

Olympia **2016**

Auf seiner Ehrenrunde tanzt er zu Reggae-Klängen, lässt Dutzende von Selfies mit sich geschehen. Er küsst die Ziellinie und zeigt den Fotografen die Blitz-Pose. Es ist Bolts achte olympische Goldmedaille. Bei den letzten drei Spielen war er immer der Schnellste. Seit der WM 2007 hat der Mann aus Jamaika kein großes Finale über die 200 Meter verloren. »Das ist mein Baby. Und Olympia – das ist meine Bestimmung. Weltrekordler bist du nur auf Zeit, deine Titel kann dir keiner mehr nehmen.«

Ja, das ist Leichtathletik-Geschichte – seine Titel.

PEKING, 2008:

Was macht dieser Mann denn da? Nach 19,30 Sekunden wischt Usain Bolt durchs Ziel. Einen Tag vor seinem 22. Geburtstag deklassiert er Churandy Martina von den Niederländischen Antillen (19,82) und Wallace Spearmon (USA), der 19,95 Sekunden für die 200 Meter braucht. Beide werden aber wegen Betretens der Laufbahnmarkierung disqualifiziert, also gehen Silber an Shawn Crawford (19,96) und Bronze an Walter Dix (19,98), schwer gedemütigte US-Sprinter, die übers Dabei-Sein nicht hinauskommen.

Der deutsche Sprinter Tobias Unger, der im 100-Meter-Zwischenlauf ausgeschieden ist, hat schon vor Bolts Fabel-Weltrekord Dopingvorwürfe geäußert: »Die springen auf ihrer Insel rum, wie sie wollen – denen passiert gar nichts.« Jamaikas Teamarzt Herb Elliot schäumt vor Wut: »Ich habe ihn in zwei Monaten 15-mal getestet. Bei Olympia wurde er sechsmal kontrolliert. Jedem, der unser Anti-Dopingprogramm anzweifelt, sage ich: Fahr zur Hölle.«

Gemeinsam mit Journalisten guckt sich derweil der Sieger das Rennen an. »Ich finde, ich sehe ziemlich cool aus. Ich würde sagen: Der Typ da ist schnell.«

LONDON 2012:

Vor der Ziellinie legt er den Finger an die Lippen – Zweifler sollen künftig schweigen, heißt das.

Dieses fiese Dopingthema – Bolt schüttelt den Kopf, als er danach gefragt wird: »Wir jamaikanischen Sprinter trainieren hart, wir brauchen das Doping nicht, wir mögen es nicht, deswegen tun wir es auch nicht.«

Habt ihr es geschnallt? Ihr müsst es doch wissen:

»Ich bin jetzt eine lebende Legende. Ich habe heute der ganzen Welt gezeigt, dass ich der Beste bin.«

Ob es das war mit Olympia, fragt jemand. »Mit 30 werde ich bestimmt nicht mehr aktiv sein. Ich will aufhören, bevor mir die Jüngeren davonlaufen. Ich hatte meine Zeit.«

RIO 2016:

Als Bolt in Rio über 200 Meter gewinnt, ist er in der Tat noch keine 30. Den runden Geburtstag feiert er erst 48 Stunden später. Bis dahin muss er noch in der Staffel ran.

Erst dann ist er alt.

So viel dazu.

Segeln
AUF GEDEIH UND VERDERB

Erik Heil und Thomas Plößel sind zwei gutgelaunte Wasser-Männer. Sie geben nie auf. Lächelnd hetzen sie auch den allerkleinsten Chancen hinterher. Bei den Spielen von Rio werden die beiden erst einmal von der Konkurrenz stehen gelassen – doch das kümmert sie nicht sehr. Sie kurbeln und lehnen sich im Trapez ganz weit nach außen. Keine Bange vor dem Schmutzwasser, in dem sich einer von ihnen vor einem Jahr Entzündungen geholt hatte, die in der Charité ausgeschabt werden mussten.

Bevor das Rennen nicht zu Ende ist, haben sie nicht verloren. Heil/Plößel schuften wie zwei Schwerarbeiter im Akkord.

Sie kennen das. 300 Tage sind sie im Jahr zusammen. Das schweißt entweder aneinander, oder man reibt sich auf. Die Deutschen haben einen Weg zum perfekten Teamwork gefunden.

Auf dem Wannsee bei Berlin haben sie das Segeln gelernt, trainiert wird heute in Hamburg und Kiel. Nun knüppeln sie sich auf dem 49er durchs kabbelige Wasser der Lagune vor Rio. Sie haben sich in die Hand versprochen, dass sie dort baden gehen würden – entweder, weil sie es mit der Medaille vermasseln. Sie würden aber auch mit Vergnügen baden gehen, wenn es zu einer Medaille reicht.

Die Briten kentern. Grüßend passieren

TAG 14

DER BRONZE-SALTO. Erik Heil und Thomas Plößel feiern ihre Medaille mit einem Sprung in die dreckige Lagune.

die Deutschen den stärksten Konkurrenten um Rang drei. Die Neuseeländer passieren die Ziellinie als Erste, die Australier kommen danach ein. Dann die Sensation: Die erste deutsche Segel-Medaille seit 2008 geht an Heil/Plößel. Es folgt:
Der Doppel-Salto.
»Wir hatten das vorher besprochen. Alles gut, haben wir uns gesagt. Das Wasser ist nicht mehr so tiefbraun wie im letzten Jahr, viel Müll haben wir auch nicht gesehen. Das war schon okay.«
Also: Rein ins Glück!
Badengehen mit Genuss.

Hockey
»NUR NOCH DANKBAR«

Es geht um Platz drei.
Die deutschen Hockeyspieler tun sich verteufelt schwer. Sie dominieren – aber Holland geht Anfang der zweiten Halbzeit in Führung.
Deutschland gleicht aus. 1:1 nach dem Schlusspfiff. Penalty-Schießen.
Moritz Fürste geht vor den Penaltys von einem zum nächsten. Der Mannschaftskapitän umarmt sie, er ist sehr aufgewühlt. Am Vorabend hat er verkündet, dieses Match in Rio werde sein letzter Auftritt in der Nationalmannschaft sein. Alle waren betroffen. »Moritz, wir holen Bronze für dich«, haben sie geschworen, »das sind wir dir schuldig.«
Deutschland verwandelt vier Versuche. Torhüter Jacobi wird zum Helden, kratzt den Niederländern den Ball vor der Nase weg.
Moritz Fürste, der als letzter Schütze vorgesehen war, muss gar nicht mehr ran.
Er sinkt auf die Knie und vergräbt das Gesicht zwischen den Armen.
»Ich war nur noch dankbar. Das war heute mein letzter Tag auf dem Platz. Wir hatten eine wilde Woche hinter uns. Der Sieg in letzter Sekunde im Viertelfinale. Die Klatsche im Halbfinale gegen Argentinien. Wir wollten so nicht aus dem Turnier. Haben viel gesprochen, haben uns berappelt. Ich habe dann den Moment meines Rücktritts gewählt, um zu zeigen, was für ein wichtiges Match dieses Spiel gegen die Niederlande ist.«
Er bekommt eine Medaille, den Schampus, das Töchterchen in den Arm.
290 Spiele in deutschen Farben. Weltspieler. Zwei Olympiasiege.
Er hat alles gehabt. Da wird doch was fehlen. Fällt Deutschlands bester Hockeyspieler nun in ein Loch?
Ach was. Er wischt die Tränen von der Backe und sagt, da komme jede Menge Leben auf ihn zu:
Bundesliga-Hockey. Papa. Neuer Beruf, irgendwas mit Sport. Der Fürste hat schon seine Projekte. Keine Bange.

DER AUSGLEICH. Mats Grambusch macht in der 42. Minute das 1:1, bringt das deutsche Team gegen die Niederlande ins Penalty-Schießen.

DER PENALTY-HELD. Torwart Nicolas Jacobi hält den Penalty von Sander de Wijn und damit die Bronzemedaille fest.

TAG 15

MANNOMANN, DIESE FRAU!

Oft hat man den Satz in den olympischen Tagen gehört: »Für mich ist ein großer Traum wahr geworden.« Das sagen Sportler, wenn sie in Rio nach vier Jahren knüppelharter Arbeit die Ernte einfahren. Silvia Neid ist die Fußballtrainerin der deutschen Frauen, sie wird nach den Olympischen Spielen abtreten. Lang geplant ist das – und Frau Neid hat erklärt, dass sie zum Abschluss ihrer imposanten Karriere schon ganz gern eine Medaille hätte. Wird gemacht, Trainerin! Die Spielerinnen spuren – und an Tag 15 stehen sie im Finale.

DFB-Präsident Reinhard Grindel sieht sich am liebsten als Überbringer der guten Botschaften. An Tag 15 hat er einen überaus angenehmen öffentlichen Auftritt.
Das Finale der Fußball-Frauen bei den Olympischen Spielen von Rio ist gerade zu Ende gegangen. Auf dem Rasen des beeindruckenden Estádio do Maracanã tollen deutsche Sportlerinnen, die gerade nach hartem Kampf Gold gewonnen haben. Mittenmang eine blonde Frau, die von jederfrau und jedermann abgeknutscht wird.
Bei der Deutschen Presse-Agentur liest sich das dann folgendermaßen:

Fr
19.8.2016

Spruch des Tages
»»*Hockey, Handball, Fußball: Alle drei Sportarten hatten ein klares Ziel, sie hatten einen Plan – und den haben sie auch konsequent umgesetzt. Davon können viele Sportarten etwas lernen.*« Dirk Schimmelpfennig, Vorstand Leistungssport beim Deutschen Olympischen Sportbund.

Zahl des Tages
150.000.000 …
… Euro Steuergelder werden bislang vom Bundesinnenministerium unter den Sportverbänden verteilt. Nach Rio baut der Deutsche Olympische Sportbund (DOSB) laut Vorstandsvorsitzendem Michael Vesper auf eine Aufstockung.

Entscheidungen

Moderner Fünfkampf Frauen
Gold: Esposito, Chloe [AUS]; *Silber:* Clouvel, Elodie [FRA]; *Bronze:* Nowacka, Oktawia [POL]
+ + + + **Hockey** Frauen *Gold:* Großbritannien; *Silber:* Niederlande; *Bronze:* Deutschland + + + + **Schwimmen** Synchron Gruppe Frauen *Gold:* Russland; *Silber:* China; *Bronze:* Japan + + + + **Ringen 57 kg Freistil Männer** *Gold:* Khinchegashvili, Vladimir [GEO]; *Silber:* Higuchi, Rei [JPN]; *Bronze:* Rahimi, Hassan Sabzali [IRI] / Aliev, Hadji [AZE] + + + + **Ringen 74 kg Freistil Männer** *Gold:* Yazdani Charati, Hassan [IRI]; *Silber:* Geduev, Anuiar [RUS]; *Bronze:* Demirtas, Soener [TUR] / Hasanov, Yabrail [AZE] + + + + **Wasserball** Frauen *Gold:* USA; *Silber:* Italien; *Bronze:* Russland + + + + **Taekwondo 67 kg** Frauen *Gold:* Oh, Hye-Ri [KOR]; *Silber:* Niare, Haby [FRA]; *Bronze:* Tatar, Nur [TUR] / Gbagbi, Ruth Marie Christelle [CIV] + + + + **Taekwondo 80 kg Männer** *Gold:* Cisse, Cheikh Sallah [CIV]; *Silber:* Muhammad, Lutalo [GBR]; *Bronze:* Oueslati, Oussama [TUN] / Beigi Harchegani, Milad [AZE] + + + + **Fußball** Frauen *Gold:* Deutschland; *Silber:* Schweden; *Bronze:* Kanada + + + + **Pferdesport** Springreiten Einzel *Gold:* Skelton, Nicholas [GBR]; *Silber:* Fredericson, Peder [SWE]; *Bronze:* Lamaze, Eric [CAN] + + + + **Radsport** BMX Einzel Frauen *Gold:* Pajon,

FINALER JUBEL. Dzsenifer Maroszán erzielte das 1:0 selbst, bereitete das 2:0 vor und entschied so das Finale gegen Schweden.

»Für das Siegerfoto nahm Bundestrainerin Silvia Neid mitten zwischen ihren Fußball-Frauen Platz. Das erste Olympia-Gold bei ihrem letzten Auftritt bescherte ihr den perfekten Abschluss ihrer imposanten Trainer-Laufbahn.
Mit 2:1 (0:0) gewannen die deutschen Fußball-Frauen gegen Schweden – dann ging der Jubel los. ›Das war das i-Tüpfelchen. Ich bin einfach total happy‹, sagte Neid. ›Das war wirklich etwas Besonderes.‹ Überglücklich blickte die 52-Jährige nach dem Schlusspfiff und bangen Momenten in der Endphase auf die Jubeltraube, liebevoll und strahlend hatte sie ihre Spielerinnen umarmt. ›Das Kribbeln war auf jeden Fall da. Das werde ich vermissen. Mal gucken, wo ich mir das jetzt herhole.‹« Silvia Neid. Bundestrainerin. Siegertyp. Goldfrau.
Das ist die Person, auf die der DFB-Boss gerade das Hohelied singt:
»Sie ist die Größte. Und dieser Sieg ist die Krönung ihrer Trainerkarriere und der tollste Erfolg in meinen Augen. Ein ganz großer Abschluss für eine Frau, die den deutschen Frauenfußball am meisten geprägt hat.«

Silvia Neids Ausstand als Trainerin der deutschen Nationalmannschaft ist eine Marathon-Veranstaltung. Schon lange ist bekannt, dass sie ihren Job nach den Olympischen Spielen an den Nagel hängt (künftig wird sie die Leitung der neuen Scoutingabteilung für Frauen und Mädchen beim DFB übernehmen). Und seit sie sich dazu entschlossen hat, hat sie auch erklärt, es wäre wünschenswert, wenn die Mannschaft ihr in Rio noch ein paar schöne Momente bereiten würde. Das müsse doch wohl zu machen sein.
»Wir möchten so lange wie möglich im Turnier bleiben, sprich bis zum Finale. Es wäre natürlich wunderschön, mit einer Goldmedaille heimzukehren. Ich möchte die letzten Wochen mit den tollen Menschen, die um mich herum sind, also die Mannschaft und meine Crew, einfach genießen.«
Das war eine Ansage, so ganz in der Fasson einer Silvia Neid.
Beim letzten Spiel auf deutschem Boden gewann die Neid-Truppe noch mal schnell mit 11:0 gegen Ghana. Die Pressesprecherin kommentierte diesen ersten Abschnitt des großen Abschieds mit beweg-

TAG 15

GLÜCKSSTRAHLEN. Bundestrainerin Silvia Neid mischt sich unter die Fans, lässt Selfies machen und strahlt übers ganze Gesicht.

ter Stimme, reichte dann der Trainerin ein Taschentuch. »Brauchst du?« Neid, wie immer mit Perlenohrringen und Blazer, schaute kurz irritiert auf. Dann belferte sie »Nein!« und brach in Gelächter aus.

Schluss mit Sentimentalitäten! Kurs setzen auf Gold!

Die Frau mag keine halben Sachen.

Sie war – zuerst als Spielerin, später als Trainerin – an allen Titelgewinnen des deutschen Frauenfußballs beteiligt. 1982 wurde sie, eine schmale 18-Jährige aus Walldürn, beim ersten Frauenländerspiel des DFB gegen die Schweiz in der 41. Minute eingewechselt. In der 42. schoss sie ihr erstes Tor fürs Land. Die deutsche Mannschaft gewann 5:1.

Bald war sie Käpt'n. Mit der Nationalmannschaft gewann Silvia Neid dreimal den EM-Titel. Nach ihrer aktiven Zeit wurde sie Assistentin von Trainerin Tina Theune-Meyer, obwohl sie keinen Trainerschein hatte. 2007 und 2009 holte sie – jetzt selbst Cheftrainerin – mit der Frauennationalmannschaft den WM-Titel, und 2013 gewann sie noch einmal die Europameisterschaft. »Ich war schon immer irgendwie mit dem DFB verheiratet.« Als ihr der damalige DFB-Präsident Theo Zwanziger 2005 den Job antrug, wollte sie eigentlich ablehnen. »Ich war als Assistentin von Tina Theune-Meyer sehr zufrieden. Wenn Theo Zwanziger mir nicht Mut zugesprochen hätte, hätte ich es nicht gemacht.«

Der Olympia-Trip des Jahres 2016 ist eine Genuss-Dienstreise für Silvia Neid. »Ich bin total zufrieden mit meiner Karriere. Die meisten meiner Trainerkolleginnen und -kollegen sind in ihrem Leben noch nie Europameister geworden, geschweige denn Weltmeister. Was jetzt noch kommt, ist das Sahnehäubchen obendrauf.«

Sie ist eine Siegerin gewesen – aber zum intensiven Gewinnen gehört eben auch, dass ab und zu Rückschläge zu verkraften sind. Silvia Neid musste Schlappen bei den Weltmeisterschaften 2011 und 2015 einstecken, da half ihr niemand. »Das gehört zu einer erfolgreichen Laufbahn, dass man auch einmal verliert. Entscheidend ist, wie man aus einer solchen Situation herausgeht.«

2013 war das Team zurück an der Spitze, wurde in Neid-Manier (Hoppla, jetzt kommen wir!) Europameister – und jetzt sind sie bei Olympia ins Finale gestürmt. Das Unternehmen Gold/letzte Etappe lässt sich zäh an. Die Schwedinnen beginnen offensiv, haben in Minute neun eine Riesenchance. Erst langsam kommen die Deutschen ins Match. Sie spielen's nicht schlecht, aber es fehlt Fortüne.

Anja Mittag (18.) schießt aus der Distanz daneben. Zwei Minuten später versiebt Melanie Leupolz aus sechs Metern den Kopfball. In der 25. Minute kickt Mittag einen Abpraller neben das Tor.

Nach 45 Minuten ist alles offen. Silvia Neid hält ihre letzte Halbzeitansprache in der Kabine der Nationalmannschaft. Die Frauen kommen wie befreit aufs Feld zurück. Zunächst zirkelt Dzsenifer Marozsán, die vor den Sommerspielen vom 1. FFC Frankfurt zum Champions-League-Sieger Olympique Lyon gewechselt ist, den Ball in der 48. Minute aus 16 Metern unhaltbar in den Winkel. Nach gut einer Stunde jubeln die DFB-Frauen erneut. Ein Freistoß von Marozsán klatscht an den Pfosten, den Abpraller stolpert Sembrant unglücklich ins eigene Netz.

Die Schwedinnen wehren sich. Die eingewechselte Blackstenius schließt einen gelungenen Angriff aus Nahdistanz ab – noch ist nichts gewonnen.

Da wehren sie sich und halten das Tor sauber. Da rennen sie und geben keinen Ball verloren. Da brechen sie ab und zu aus der Defensivschlacht aus und kontern, bis die Waden krampfen.

Und dann ist Schluss. Wieder einmal dürfen deutsche Fußball-Freaks jubeln: Aus! Das Spiel ist aus!

Endlich dürfen sie übereinander herfallen. Endlich dürfen sie ihre Trainerin knuddeln, die vor drei Jahren dazu übergegangen ist, alle Spielerinnen zu duzen. Endlich dürfen sie sich gehen lassen.

Denn sie wissen: Dieser Erfolg ist das Ergebnis des Neid-Jobs. Die Bundestrainerin hat mal gesagt:

»Ich erwarte auf dem Platz absolute Professionalität, volle Konzentration, Leidenschaft und Hingabe. Diese Ernsthaftigkeit ist absolut erforderlich, um erfolgreich zu sein. Das soll jetzt aber nicht

Fr
19.8.2016

MUTIG, ABER CHANCENLOS. Artem Harutyunyan verliert das Halbfinale gegen Lorenzo Sotomayor Collazo, aber gewinnt Bronze.

Mariana [COL]; *Silber:* Post, Alise [USA]; *Bronze:* Hernandez, Stefany [VEN] + + + + **Radsport BMX Einzel Männer** *Gold:* Fields, Connor [USA]; *Silber:* van Gorkom, Jelle [NED]; *Bronze:* Ramirez Yepes, Carlos Alberto [COL] + + + + **Leichtathletik 20 km Gehen Frauen** *Gold:* Liu, Hong [CHN]; *Silber:* Gonzalez, Maria Guadelupe [MEX]; *Bronze:* Lu, Xiuzhi [CHN] + + + + **Leichtathletik 50 km Gehen Männer** *Gold:* Toth, Matej [SVK]; *Silber:* Tallent, Jared [AUS]; *Bronze:* Arai, Hirooki [JPN] + + + + **Leichtathletik 5.000 m Frauen** *Gold:* Cheruiyot, Vivian Jepkemboi [KEN]; *Silber:* Obiri, Hellen Onsando [KEN]; *Bronze:* Ayana, Almaz [ETH] + + + + **Leichtathletik 4 x 100 m Frauen** *Gold:* USA; *Silber:* Jamaika; *Bronze:* Großbritannien + + + + **Leichtathletik 4 x 100 m Männer** *Gold:* Jamaika; *Silber:* Japan; *Bronze:* Kanada + + + + **Leichtathletik Stabhoch Frauen** *Gold:* Stefanidi, Ekaterini [GRE]; *Silber:* Morris, Sandi [USA]; *Bronze:* McCartney, Eliza [NZL] + + + + **Leichtathletik Hammer Männer** *Gold:* Nazarov, Dilshod [TJK]; *Silber:* Tikhon, Ivan [BLR]; *Bronze:* Nowicki, Wojciech [POL] + + + + **Boxen 60 kg Frauen** *Gold:* Mossely, Estelle [FRA]; *Silber:* Yin, Junhua [CHN]; *Bronze:* Belyakova, Anastassia [RUS] / Potkonen, Mira [FIN] + + + + **Badminton Doppel Männer** *Gold:* China; *Silber:* Malaysia; *Bronze:* Großbritannien + + + + **Badminton Einzel Frauen** *Gold:* Marin, Carolina [ESP]; *Silber:* Pusarla, V Sindhu [IND]; *Bronze:* Okuhara, Nozomi [JPN]

Meldung

Dumm gelaufen. Unglücklicher kann man ein olympisches Finale kaum verpassen: Die deutschen Handball-Europameister liegen schon sieben Tore hinter dem Gold-Kandidaten Frankreich. Dann holen sie auf und gleichen gar aus. Zwei Sekunden vor Schluss kassieren sie noch ein Tor, und es steht 28:29. »Jetzt geht es darum, aus der Enttäuschung ein positives Gefühl zu entwickeln, damit wir die Bronzemedaille holen«, sagt DHB-Vize Bob Hanning.

so interpretiert werden, dass bei uns das Lachen verboten ist.

Lachen gehört dazu. Ich will, dass meine Spielerinnen mit Spaß bei der Sache sind. Die Spielerinnen sollen verstehen, dass wir einen vertrauensvollen Umgang pflegen, jederzeit ein offenes Ohr haben und gerne auch mal für einen Spaß zu haben sind.«

Die Tage der Professionalität und der Konzentration haben sie hinter sich. Jetzt ist der Spaß dran.

Silvia Neid lacht und sieht glücklich aus. Ein goldiges Lachen ist das.

Boxen
GRIFF NACH DEN STERNEN

Noch einer lacht an Tag 15 der Spiele, als ob ihm die Welt geschenkt worden wäre.

Artem Harutyunyan kommt noch gar nicht so recht klar mit seinem Glück. Der 25-jährige Boxer hat seinen Kampf gegen Lorenzo Sotomayor soeben verloren. Doch Harutyunyan ist happy. Weil bei Olympia zwei Bronzemedaillen vergeben werden, bedeutete zuvor bereits der Einzug ins Halbfinale automatisch Edelmetall für den Halbweltergewichtler. Nun darf er sich zwar nicht um Gold schlagen – aber was macht das schon?

»Es war immer mein Traum, zu Olympia zu fahren, und jetzt habe ich sogar eine Medaille.«

Gegen den für Aserbaidschan startenden Kubaner Sotomayor war Harutyunyan chancenlos. Er ist ja gar nicht an den Mann gekommen, weil der so lange Arme hat. Und der hat hart, sehr hart geschlagen. Nach zweieinhalb Minuten musste der Ringarzt einen blutenden Riss an Harutyunyans linkem Auge behandeln.

So ist das gewesen. Doch Harutyunyan hat das »Herz eines Boxers« in der Brust. Der ist so tapfer, dass er sich die Wirklichkeit auch nach dem Fight schönlügen kann. »Dass der 13 Zentimeter größer ist, das Gefühl hatte ich gar nicht. Mir kam es eher so vor, er sei kleiner als ich.« Mit dem Kopf hatte er durch die Wand gewollt. »Mir ist doch gar nichts anderes übrig geblieben, als die Brechstange auszupacken.« Natürlich sei er dann in die Konter gelaufen, das hat auch wehgetan. Aber haben nicht alle gesehen, wie der Kubaner in der dritten Runde zu schwächeln begann? Noch ein paar Minuten – und er wäre reif gewesen…

Egal.

»Mein Lächeln kann mir keiner aus dem Gesicht wischen. Beim Boxen zählt es nicht, wo jemand herkommt und woran jemand glaubt.

Ein Mann muss nach den Sternen greifen, wozu sind die denn sonst da? Eine Niederlage bedeutet für mich nur, mehr Anlauf zu nehmen.«

TAG 15

Hockey
AUF DER LETZTEN RILLE

Puh, das ist ein harter Gang gewesen! Die deutschen Hockey-Damen werfen die Schläger weg und schmeißen sich übereinander. Ganz unten im Menschenknäuel Kristina Reynolds, die Torfrau.
Die Spielerinnen begeistern sich an einem Zittersieg. Sie haben ihre Rückkehr in die Weltspitze gleich mit einer Olympiamedaille gekrönt. Das Team von Bundestrainer Jamilon Mülders setzt sich im Spiel um Platz drei dank einer starken zweiten Halbzeit mit 2:1 (0:0) gegen Neuseeland durch. Nach dem Triumph von Athen 2004 ist das die erste Medaille für ein deutsches Frauenteam.
Kristina Reynolds hat den knappen Sieg gerettet. An ihr sind die Neuseeländerinnen verzweifeln. Wenn sie nicht einen Traumtag gehabt hätte, würden die Deutschen jetzt vermutlich vom Platz schlurfen und ihren Kummer vor der Welt verbergen.
Miserabel haben die Vorderfrauen in der ersten Halbzeit gespielt. Nichts lief zusammen, Pässe rollten ins Leere, Zweikämpfe wurden verloren, Stockfehler reihten sich aneinander.

FELS IN DER BRANDUNG. Die deutsche Torfrau Kristina Reynolds lässt auch Gemma Flynn verzweifeln. Sie hält den 2:1-Sieg und damit Bronze fest.

Dann ging's in die Kabine. Nach dem Match erzählen die Spielerinnen, die Ansprache des Trainers sei »absolut krass« gewesen. Der Coach musste nicht mal die Stimme heben. Er machte seinen Damen klar, sie sollten doch lieber ein Kaffeekränzchen besuchen, als noch mal da hinaus ins olympische Hockeyturnier laufen und sich blamieren. Man könne sich diesen deutschen Hühnerhaufen nicht mehr ansehen. Also: Entweder würden sie sich jetzt darauf besinnen, was sie können, und endlich zu spielen beginnen – oder:
Kaffeekränzchen.
Alles neu in der zweiten Hälfte:
Charlotte Stapenhorst vollendet einen wunderbaren Spielzug zur Führung (34.), Lisa Schütze legt mit einem eleganten Lupfer kurz darauf nach (38.).
Mit dem Abpfiff des dritten Viertels verkürzt Olivia Merry (45.) – allerdings ist der Treffer umstritten, da die Neuseeländerin bei der Strafecke zu früh in den Schusskreis läuft. Das Schiedsrichterteam ändert die Entscheidung auf Tor aber auch nach dem Videobeweis nicht. Doch jetzt lassen sich die Deutschen nicht mehr irremachen. Sie haben alles unter Kontrolle. Und wissen, dass da hinten eine Unbezwingbare im Tor steht. Die fischt alles aus der Gefahrenzone. Kristina Reynolds ist eigens wegen Olympia in eine neue Stadt gezogen. Sie hat als Ärztin nur noch eine halbe Stelle besetzt, weil sie mehr Zeit fürs Training haben wollte. Ein persönlicher Mentaltrainer und ein Torwart-Coach kümmerten sich um sie.
»Ich will eine Medaille, unbedingt«, hat Kristina zu Freunden gesagt, bevor sie nach Rio flog.
»Ohne Medaille komme ich gar nicht erst nach Hause.«
Nun darf sie den Rückflug nehmen. Puh!

Usain Bolt
DRITTER STREICH

4x100 Meter Männer. Bahn vier gehört Jamaika. Asafa Powell. Yohan Blake. Nickel Ashmeade. Schlussläufer Usain Bolt übernimmt, knapp in Führung, und enteilt allen. Gold. 37,27 Sekunden. Zweiter: Japan (37,60). Bronze: Kanada (37,64).
Für Bolt ist es ein historischer Streich: Zum dritten Mal nach 2008 und 2012 holt er das Gold-Triple über 100 Meter, 200 Meter und mit der Sprintstaffel.
Bolt küsst die olympische Laufbahn. Dann ruft er allen Brasilianern zu: »Ihr habt mich als einen der Euren angenommen, ich habe so viel Liebe gespürt, das hat mir sehr viel gegeben, das war ein großer Spaß. Ich werde eure Fahne in mein Land mitnehmen und ehren.« Und man möchte bitten: Mach's noch mal, Usain!

JAMAIKA-QUARTETT. Usain Bolt mit Asafa Powell, Yohan Blake und Nickel Ashmeade.

TAG 16

FLUGS MAL GOLD GEWONNEN

Ein Mann glaubt unbeirrt an sich. Er will Olympiasieger werden und lässt sich nicht aus der Ruhe bringen, als die Kollegen aus seiner »Firma« kollektiv an diesem großen Ziel scheitern. Am vorletzten Tag der Spiele zieht er ins Gefecht. Greift sich einen Speer, wirft – und... Und?

Er hat es schon vor Rio angekündigt. Thomas Röhler hat in den letzten Monaten immer gesagt, unter dem Olympiasieg mache er es nicht. Jede Woche ein neues Meeting, mitunter zwei – nur daheim, in Jena, bekommen sie ihn kaum zu Gesicht. »Die Wettkämpfe sind im Moment die wichtigsten Trainingseinheiten«, sagt er.

Sa 20.8.2016

Spruch des Tages
»Großartig ist die olympische Idee. Aber spätestens mit Rio wurde mir klar: Wer noch an die olympische Idee glaubt, muss selber gedopt sein.« Pfarrer Alfred Buß aus Unna, ehemaliger Präses der Evangelischen Kirche im »Wort zum Sonntag«.

Zahl des Tages
76,483 ...
... Punkte sammelt die Russin Margarita Mamun in der Rhythmischen Sportgymnastik. Nach Übungen mit dem Reifen, dem Ball, den Keulen und dem Band reicht das vor ihrer Landsfrau Yana Kudryavtseva (75,608) und Anna Rizatdinova (73,583) aus der Ukraine zu Gold.

Entscheidungen

Moderner Fünfkampf Männer *Gold:* Lesun, Aleksander [RUS]; *Silber:* Tymoshchenko, Pavlo [UKR]; *Bronze:* Hernandez Uscaniga, Ismael [MEX] + + + + **Handball Frauen** *Gold:* Russland; *Silber:* Frankreich; *Bronze:* Norwegen + + + + **Rhythmische Sportgymnastik Einzel Mehrkampf Frauen** *Gold:* Mamun, Margarita [RUS]; *Silber:* Kudryavtseva, Yana [RUS]; *Bronze:* Rizatdinova, Anna [UKR] + + + + **Golf Frauen** *Gold:* Park, Inbee [KOR]; *Silber:* Ko, Lydia [NZL]; *Bronze:* Feng, Shanshan [CHN] + + + + **Ringen Freistil 125 kg Männer** *Gold:* Akguel, Taha [TUR]; *Silber:* Ghasemi, Komeil [IRI]; *Bronze:* Petriashvili, Geno [GEO], Saidov, Ibragim [BLR] + + + + **Ringen Freistil 86 kg Männer** *Gold:* Sadulaev, Abdulrashid [RUS]; *Silber:* Yasar, Selim [TUR]; *Bronze:* Cox, J'den Michael Tbory [USA], Sharifov, Sharif [AZE] + + + + **Wasserball Männer** *Gold:* Serbien; *Silber:* Kroatien; *Bronze:* Italien + + + + **Volleyball Frauen** *Gold:* China; *Silber:* Serbien; *Bronze:* USA + + + + **Triathlon Frauen** *Gold:* Jorgensen, Gwen [USA]; *Silber:* Spirig, Nicola [SUI]; *Bronze:* Holland, Vicky [GBR] + + + + **Taekwondo + 80 kg Männer** *Gold:* Isaev, Radik [AZE]; *Silber:* Issoufou Alfaga, Abdulrazak [NIG]; *Bronze:* Siqueira, Maicon [BRA], Cha, Dong-Min [KOR] + + + + **Taekwondo + 67 kg Frauen** *Gold:* Zheng, Shuyin [CHN]; *Silber:* Espinoza, Maria [MEX]; *Bronze:* Galloway, Jackie [USA], Walkden, Bianca [GBR] + + + + **Fußball Männer** *Gold:* Brasilien; *Silber:* Deutschland; *Bronze:* Nigeria

Olympia **2016**

Leisten kann er sich die Umfänge nur, weil das Studium auf Eis gelegt ist: Seine Bachelor-Thesis in Sportwissenschaft und Betriebswirtschaftslehre hat Röhler im März abgegeben. Bis Olympia zählt nur noch der Sport.

Für Röhler ist das der Höhepunkt seiner stetigen Entwicklung der vergangenen Jahre. Kontinuierlich hat er sich über 83,95 (2013), 87,63 (2014) und 89,27 (2015) auf in diesem Jahr erzielte 91,28 Meter gesteigert. Er ist damit zum zweitbesten Deutschen der Geschichte hinter Raymond Hecht (92,60) geworden.

Bei der WM 2015 haben Röhler 87,21 Meter nicht einmal zu einer Medaille gereicht. Zwei der damals vor ihm platzierten Werfer haben sich aber jetzt in Rio selbst aus dem Kreis der Favoriten befördert: Vizeweltmeister Ihab Abdelrahman (Ägypten) ist durch einen Dopingtest gerasselt, Finnlands Routinier Tero Pitkämäki scheiterte in Rio in der Qualifikation.

Und dann hat Thomas Röhler erklärt, er werde nun schnell mal Gold einsacken.
Jaja, sagen alle, die es hören. Die Freunde, die Trainer, die Journalisten, die Kollegen.
Jaja, red' du nur!

Die Spiele nehmen ihren Lauf, und Deutschlands Sportler kriegen oft die Kurve nicht. Die Schwimmer tauchen in der Bedeutungslosigkeit ab, die Gewichtheber, die Boxer, die Fechter in Rio? Fehlanzeige.

Die Leichtathleten?
Naja, von den Frauen und Männern auf der Tartanbahn, an den hohen Latten, in den Sandgruben und im Ring hat man vorab nicht zu viel erwartet.
Ein Glück, dass Robert Harting einen ungezogenen Bruder hat, der ihm das Siegen abnimmt und Gold im Diskuswurf gewinnt.

Am vorletzten Tag zieht der ehemalige Zehnkämpfer Frank Busemann Bilanz. Und das klingt selbst bei einem sanftmütigen Beobachter, der Busemann nun mal ist, nicht so toll:

»Im Medaillenspiegel haben wir nach dem Desaster von Peking 2008 mit einer und dem tollen Ergebnis von London mit acht Medaillen hier lediglich dreimal Edelmetall gewinnen können... Nun wird Ursachenforschung betrieben. Dadurch, dass der Weg bisher ein richtiger war und die Formkurve der letzten Jahre stetig nach oben zeigte, wäre es schlecht, einfach alles in Frage zu stellen. Wie es der Präsident Clemens Prokop auf Leichtathletik.de formulierte, müssen die guten Dinge beibehalten werden und in einem laufenden Übergang Verbesserungspotenziale eingebaut werden.

Als Resümee kann der Deutsche Leichtathletik-Verband trotzdem nicht zufrieden sein, da losgelöst von der Medaillenzählerei zu viele Athleten beim Saisonhöhepunkt unter ihren eigenen individuellen Möglichkeiten blieben und zu wenige aufgrund ihres Abschneidens strahlten.«

TAG 16

AUSGELASSENE FREUDE. Thomas Röhler schreit seinen Gold-Jubel in den Nachthimmel von Rio. Sein vorletzter Speer flog zum Sieg.

DER AUSGLEICH. Kapitän Max Meyer lässt die DFB-Elf von Gold träumen – bis zum Drama aus elf Metern.

BRASILIEN FEIERT. Kapitän Neymar, hier im Selfiemodus, bringt das erhoffte Gold. Er erzielte das 1:0 und verwandelte den entscheidenden Elfmeter.

GROSSER TRAINER. Horst Hrubesch applaudiert fair dem Sieger Brasilien. Der DFB-Trainer tritt mit der Silbermedaille ab.

Dann tritt – dem Herrn sei Dank – Thomas Röhler auf den Plan. Er verfolgt, wie der Kollege Julius Yego, ein stämmiger Kenianer, den Speer 88,24 Meter weit schleudert. Danach schafft er selbst 87,30 Meter.
War's das?
Nein. Röhler bereitet sich auf den fünften Versuch vor. Er ist ein adretter, für einen Werfer eher feingliedriger Athlet. Der Mann aus Jena lächelt, als er zu seinem favorisierten Speer greift. Geht zur Marke, von der aus er anläuft. Rennt los, wirft, schreit, braucht bis zum Stillstand noch zwei Schritte.
Der Speer fliegt nicht übermäßig hoch. Aber weit, sehr weit. Er sticht jenseits der 90-Meter-Linie in den Rasen.
90,30 Meter. Mehr geht nicht an diesem Abend. Thomas Röhler ist Olympiasieger.
Danach gibt er sich recht cool:
»Ich hatte schon ein Super-Gefühl nach dem Aufwärmen. Olympiasieg, mehr kann man nicht sagen.«
2009 erst hat Röhler mit dem Speerwerfen begonnen. Davor war der Dreisprung seine Passion. Dann entdeckte er, wie erhebend es sein kann, »Dinge fliegen zu lassen«.
Nun sind sie wunderbar abgehoben, die »Dinge«.
»Wir Speerwerfer wollen doch alle nur, dass die Speere weit fliegen und wir möglichst lang zugucken können.«
So isses.

Fußball
DOOFER LETZTER SCHUSS

Die »Dinge fliegen lassen« – das gelingt den deutschen Fußballern fast in Perfektion. Sie stürmen bis ins Finale, treffen gegen Brasilien dreimal die Latte und stehen am Ende doch nur mit Silber da. Brasilien ist der Favorit, aber die Gastgeber drücken dem Match dann nicht den Stempel auf. Brasilien gegen Deutschland, das ist ein Duell auf Augenhöhe. 80.000 frenetische Fans im Maracanã-Stadion befürchten, dass am Ende die Gastgeber gegen diese vitalen Germanen wieder mal den Kürzeren ziehen könnten. Das 1:7 zwei Jahre zuvor bei der Weltmeisterschaft steckt noch im-

Sa 20.8.2016

++++ *Wasserspringen* Turmspringen 10 m Männer *Gold:* Chen, Aisen [CHN]; *Silber:* Sanchez, German [MEX]; *Bronze:* Boudia, David Alasdair [USA] ++++ *Mountainbike* Frauen *Gold:* Rissveds, Jenny [SWE]; *Silber:* Wloszczowska, Maja [POL]; *Bronze:* Pendrel, Catherine [CAN] ++++ *Leichtathletik* 1.500 m Männer *Gold:* Centrowitz, Matthew [USA]; *Silber:* Makhloufi, Taoufik [ALG]; *Bronze:* Willis, Nicholas [NZL] +++ *Leichtathletik* 5.000 m Männer *Gold:* Farah, Mohammed [GBR]; *Silber:* Chelimo, Paul Kipkemoi [USA]; *Bronze:* Gebrhiwet, Hagos [ETH] ++++ *Leichtathletik* 4 x 400 m Männer *Gold:* USA; *Silber:* Jamaika; *Bronze:* Bahamas ++++ *Leichtathletik* 4 x 400 m Frauen *Gold:* USA; *Silber:* Jamaika; *Bronze:* Großbritannien ++++ *Leichtathletik* Speer Männer *Gold:* 🇩🇪 Röhler, Thomas [GER]; *Silber:* Yego, Julius [KEN]; *Bronze:* Walcott, Keshorn [TRI] ++++ *Leichtathletik* 800 m Frauen *Gold:* Semenya, Caster [RSA]; *Silber:* Niyonsaba, Francine [BDI]; *Bronze:* Wambui, Margaret Nyairera [KEN] ++++ *Leichtathletik* Hochsprung Frauen *Gold:* Beitia, Ruth [ESP]; *Silber:* Demireva, Mirela [BUL]; *Bronze:* Vlasic, Blanka [CRO] ++++ *Kanu* Kajak Vierer 500 m Frauen *Gold:* Ungarn; *Silber:* 🇩🇪 Deutschland; *Bronze:* Weißrussland ++++ *Kanu* Canadier Zweier Männer *Gold:* 🇩🇪 Deutschland; *Silber:* Brasilien; *Bronze:* Ukraine ++++ *Kanu* Kajak Vierer 1.000 m Männer *Gold:* 🇩🇪 Deutschland; *Silber:* Slowakei; *Bronze:* Tschechien ++++ *Kanu* Kajak Einer 200 m Männer *Gold:* Heath, Liam [GBR]; *Silber:* Beaumont, Maxime [FRA]; *Bronze:* Craviotto Rivero, Saul [ESP], 🇩🇪 Rauhe, Ronald [GER] +++ *Boxen* 51 kg Frauen *Gold:* Adams, Nicola [GBR]; *Silber:* Ourahmoune, Sarah [FRA]; *Bronze:* Valencia Victoria, Ingrit Lorena [COL], Ren, Can Can [CHN] ++++ *Boxen* 56 kg Männer *Gold:* Ramirez, Robeisy Eloy [CUB]; *Silber:* Stevenson, Shakur [USA]; *Bronze:* Akhmadaliev, Murodjon [UZB], Nikitin, Vladimir [RUS] ++++ *Boxen* 75 kg Männer *Gold:* Lopez, Arlen [CUB]; *Silber:* Melikuziev, Bektemir [UZB]; *Bronze:* Rodriguez, Misael Uziel [MEX], Shakhsuvarly, Kamran [AZE] ++++ *Basketball* Frauen *Gold:* USA; *Silber:* Spanien; *Bronze:* Serbien ++++ *Badminton* Einzel Männer *Gold:* Chen, Long [CHN]; *Silber:* Lee, Chong Wei [MAS]; *Bronze:* Axelsen, Viktor [DEN]

Olympia **2016**

GOLD IM MÄNNER-ZWEIER. Mit Jan Vandrey holt Sebastian Brendel seinen zweiten Sieg.

mer in den leidgeprüften brasilianischen Fußball-Seelen.

»Über 120 Minuten haben wir ein überragendes Spiel gezeigt. Das habe ich den Jungs vor dem Elfmeterschießen gesagt«, resümiert Coach Horst Hrubesch nach der Niederlage. »Wir brauchen uns keine Gedanken machen, wir gehen hier als Gewinner heraus, nicht als Verlierer.« Hrubesch ist nach der Nervenschlacht bester Dinge: »Wir können glücklich sein, dass wir hier im Fußballtempel Maracanã so einen Auftritt hatten.« Dann erinnert der Trainer an den eigentlichen Kapitän seiner Mannschaft, an Leon Goretzka. Der hätte es wirklich verdient gehabt, im Finale aufzulaufen. Aber...

Der 21 Jahre alte Mittelfeldspieler des FC Schalke hatte vor dem Viertelfinale gegen Portugal (4:0) wegen einer Schulterverletzung die Heimreise antreten müssen. Mannschaftskollege Max Meyer hat seither die Verantwortung als Kapitän. Und der hat gegen Brasilien einen ganz großen Moment:

Der 20-jährige offensive Mittelfeldspieler erzielt in Rio den Ausgleich zum 1:1 (59. Minute), nachdem Neymar mit einem perfekt getretenen Freistoß Brasilien in Führung gebracht hatte. Nach 120 Minuten steht es Unentschieden, die Teams müssen ins Elfmeterschießen. Brasilien gewinnt letztendlich mit 5:4.

Erschöpft und deprimiert liegt Max Meyer nach dem Elfmeterschießen auf dem Rasen des Maracanã.

Dann rappelt er sich hoch, gratuliert den Gegnern – auch diesem Neymar, der im Elfmeterschießen den entscheidenden Treffer gemacht hat – und trottet zur Siegerehrung. Er hält das deutsche Trikot mit der Nummer zehn von Goretzka hoch. Seine Botschaft via TV: Du bist hier bei uns!

Sie haben nur Silber, aber sie benehmen sich wie echte Sieger. Die Reaktionen der Deutschen nach der Niederlage sind denn auch – da ist man sich in der Sportwelt einig – Gold wert.

Horst Hrubesch: »Der Moment ist nicht bitter. Wir wussten vorher, dass das im Elfmeterschießen entschieden werden könnte. Ich bin rundum glücklich, es hat Riesenspaß gemacht.«

Reinhard Grindel, Präsident des Deutschen Fußball-Bundes: »Wir sind immer noch Weltmeister. Wir haben heute eine hervorragende Leistung gebracht. Wir haben die Brasilianer an den Rand einer Niederlage bringen können. Ich habe mich bei Horst Hrubesch bedankt, für die fachliche und soziale Kompetenz. Dieser

TAG 16

GOLD IM MÄNNER-VIERER. Max Rendschmidt, Tom Liebscher, Max Hoff und Marcus Groß feiern ihre Dominanz über die 1000 Meter.

SILBER IM FRAUEN-VIERER. Sabrina Hering, Franziska Weber, Steffi Kriegerstein und Tina Dietze mussten sich nur den starken Ungarinnen geschlagen geben.

Kanu
DIE TRÄNEN DER SIEGER

Nach Mitternacht laufen die Fußballer einem guten Dutzend angeschickerter Sportkolleginnen und -kollegen im Deutschen Haus über den Weg. Da sind sie sich alle schnell einig darüber, dass Olympia denn doch eine geile Angelegenheit ist. Dass die trunkenen Herrschaften dieser Meinung sind, ist nun mal durchaus verständlich. Es handelt sich um Mitglieder des Deutschen Kanu-Verbandes. Und die haben an Tag 16 noch einmal ordentlich zugelangt.

Sebastian Brendel und Jan Vandrey gewinnen im Canadier-Zweier genauso Gold wie der Kajak-Vierer der Männer. Der Kajak-Vierer der Frauen holt Silber, Ronald Rauhe Bronze. Mit insgesamt sieben Medaillen hat der DKV damit sein Ziel sogar übertroffen.

»Unser Endspurt ist gut gekommen. Das ist unglaublich. Großer Respekt an den Jungen«, sagte der 28 Jahre alte Brendel (er hat schon im Einer der Welt gezeigt, wer der Beste ist) über seinen Kollegen Vandrey. Der wiederum ist nach dem Zieleinlauf schlichtweg überwältigt: »Das war schon sehr aufregend. Aber ich hatte einfach einen großen Sportler an meiner Seite.« Und dann ist der Vierer dran. Die Kerle paddeln los wie vom Leibhaftigen gejagt und sind nicht zu halten. Bei der Hälfte der Strecke sehen sie nicht mal mehr die Spitzen der Konkurrenzboote, so klar führen die Deutschen. Max Hoff, Max Rendschmidt (beide Essen), Marcus Groß (Berlin) und Tom Liebscher (Dresden) siegen über 1000 Meter in 3:02,14 Minuten mit mehr als einer Bootslänge und fast drei Sekunden Vorsprung auf Weltmeister Slowakei (3:05,04) und die Tschechen (3:05,18). »Ich kann gar nicht mehr aufhören zu heulen, weil ich mich so freue«, sagt Hoff.

Im Deutschen Haus versiegen die Tränen, und man erzählt sich mit den Fußballern und dem Speerwerfer Röhler Geschichten davon, wie schön Olympia gewesen ist.

Nur einer in der fidelen Runde hat noch eine Aufgabe in Rio vor sich. Sebastian Brendel ist ganz gerührt, wenn er dran denkt. Bei der Schlussfeier am Abend wird er die deutsche Fahne tragen.

Für ihn bedeutet es fast so viel wie Gold.

Trainer hat der Mannschaft und dem DFB gut getan. Er hat jetzt das Recht, Urlaub zu machen und Fische zu fangen, dann sehen wir weiter.«

Nils Petersen, der verschossen hat: »Im Elfmeterschießen gab es nur einen Doofen, der bin heute ich. Natürlich bin ich sehr traurig und enttäuscht, ich bin aber auch wahnsinnig stolz auf die Leistung der Mannschaft und darauf, dass ich Teil des Teams sein durfte.«

Julian Brandt: »Im Moment ist es etwas bitter. Für Nils, der sechs Tore im Turnier gemacht hat, ist es sehr schade. Wir haben gegen 80.000 und elf Menschen gespielt. Das Leben geht weiter. Wir haben ein gutes Spiel gemacht und können stolz sein. Besser verlieren kann man nicht. Es ist Wahnsinn, was wir geleistet haben. Mit fast gar keiner Vorbereitung haben wir Silber geholt. Ich ziehe meinen Hut vor Horst Hrubesch. Er ist ein sehr geiler, ein sehr spezieller Mensch.«

Niklas Süle: »Wir können sehr stolz sein auf das Turnier und das Trainerteam. Beim Elfmeterschießen dachte ich mir ›Komm, hau einfach drauf‹. Olympia war eine tolle Erfahrung. Ich werde Horst Hrubesch vermissen.«

Timo Horn: »Ich bin natürlich sehr traurig. Bei mir wird das auch noch ein bisschen dauern, weil ich in meinem Leben noch nie ein Elfmeterschießen verloren habe. Nicht im DFB-Pokal und auch nicht in irgendwelchen Turnieren. Wenn das dann heute in so einem entscheidenden Spiel passiert, ist man natürlich sehr traurig und enttäuscht.«

TAG 17

FINAL COUNTDOWN

Sie sind beinahe durch mit ihrem Programm, die Olympia-Menschen von Rio. Es waren packende, bunte, anstrengende Spiele. Noch einmal betreten Athleten die Arenen, noch einmal machen sich Sportler auf die ganz langen Wege zum Gold. Sie alle sind aus einem besonderen Holz geschnitzt: Sie geben niemals auf. Auch die deutschen Handballer nicht. Die haben im Halbfinale eine große Enttäuschung erlebt. Und jetzt?

Für Handballer ist es früher Morgen, als die Deutschen ranmüssen. Aber sie haben es ja selbst vergeigt. Sind im Halbfinale an Frankreich gescheitert, jetzt müssen sie sich mit den Polen um Bronze balgen.
Die Polen. Die haben sie in der Vorrunde mit 32:29 geschlagen; es war kein Spaziergang, aber vor allem die Abwehr hat es den Polen schwer gemacht. Jetzt haben sie die Kerle wieder vor der Brust. Das sind gestandene Handballer, die Lijenskis und Krajewskis. Und die Deutschen sind im Handballturnier von Olympia die Jüngsten. Bitter war die Niederlage im Halbfinale gegen Frankreich, das zehrt. Zwei Tage Zeit hatten die jungen Männer, um die erste richtig große sportliche Enttäuschung zu verarbeiten. →

So 21.8.2016

Spruch des Tages
»Hygiene, Unterbringung – das war manchmal grenzwertig, aber man darf das nicht mit europäischem Standard vergleichen. Der olympische Spirit war überall spürbar. Ich möchte das hier nicht schlechtreden, Olympia ist immer etwas Wunderbares, und das war es auch hier. Und sportlich war es ein Traum.« Fabian Hambüchen, der Gold-Held, zieht seine Bilanz.

Zahl des Tages
2...
... Heiratsanträge haben die Sportfreunde in Rio gerührt. Brasiliens Rugbyspielerin Isadora Cerull erhörte noch auf dem Feld nach dem Sieg gegen Japan ihre Freundin Marjorie Enya. Und Chinas Wasserspringerin He Zi gab dem Freund Qin Kai vom Siegerpodest aus das Ja-Wort.

Entscheidungen

Handball Männer *Gold:* Dänemark; *Silber:* Frankreich; *Bronze:* Deutschland +++
+ *Rhythmische Sportgymnastik* Geräte *Gold:* Russland; *Silber:* Spanien; *Bronze:* Bulgarien +++
+ *Ringen* Freistil 65 kg Männer *Gold:* Ramonov, Soslan [RUS]; *Silber:* Asgarov, Toghrul [AZE]; *Bronze:* Chamizo Marquez, Frank [ITA], Navruzov, Ikhtior [UZB] ++
++ *Ringen* Freistil 97 kg Männer *Gold:* Snyder, Kyle [USA]; *Silber:* Gazumov, Khetag [AZE]; *Bronze:* Ibragimov, Magomed [UZB], Saritov, Albert [ROU] +++
+ *Volleyball* Männer *Gold:* Brasilien; *Silber:* Italien; *Bronze:* USA ++++ *Mountainbike* Männer *Gold:* Schurter, Nino [SUI]; *Silber:* Kulhavy, Jaroslav [CZE]; *Bronze:* Coloma Nicolas, Carlos [ESP] ++++ *Leichtathletik* Marathon Männer *Gold:* Kipchoge, Eliud [KEN]; *Silber:* Lilesa, Feyisa [ETH]; *Bronze:* Rupp, Galen [USA] +++
+ *Boxen* 64 kg Männer *Gold:* Gaibnazarov, Fazliddin [UZB]; *Silber:* Sotomayor Collazo, Lorenzo [AZE]; *Bronze:* Dunaitsev, Vitali [RUS], Harutyunyan, Artem [GER] ++++ *Boxen* 52 kg Männer *Gold:* Zoirov, Shakhobidim [UZB]; *Silber:* Aloyan, Misha [RUS]; *Bronze:* Hu, Jianguan [CHN], Finol, Yoel Segundo [VEN] ++++ *Boxen* + 91 kg Männer *Gold:* Yoka,

SIEGERFAUST. Nationaltrainer Dagur Sigurdsson ballt die Faust. Nach dem EM-Titel im Januar nun Olympia-Bronze in Rio.

Sie sammeln Erfahrungen bei diesen Olympischen Spielen. Das ist manchmal ziemlich stressig.

Das erste Tor erzielt der Pole Bielecki mit einem Siebenmeter nach eineinhalb Minuten. Es dauert weitere lange 120 Sekunden, bis die Polen erhöhen. 2:0. Das erste Tor der Deutschen fällt nach vier Minuten, wenig später rettet Torwart Wolff gleich zweimal, kurz darauf gleicht Deutschland aus.

Ein Pole läuft allein auf das deutsche Tor zu. Wolff fährt das rechte Bein hoch, pariert den Wurf.

Siebte Minute, nach wirrem Hin und Her: 3:2 für Deutschland.

»Jetzt geht's lo-hoos«, rufen deutsche Fans.

Vier Sekunden vor dem Pausenpfiff zirkelt Tobias Reichmann aus ganz spitzem Winkel zum 17:13 ins Netz.

Das könnte was werden mit Bronze.

Marathon I
NUR NOCH 40 KILOMETER ...

In Rio gießt es. Der Zuckerhut verschwindet in einer Wolkenwelt. Um halb zehn laufen sie los. Durch die Häuserfluchten, inmitten einer trostlosen Sonntagmorgen-City. Biegen rechts vor der Candelaria-Kirche ab. Ein paar Zuschauer ducken sich unter die Regenschirme und sehen vorne links Tadesse Abraham laufen, der vor zehn Jahren in die Schweiz geflohen ist. Der hat zu Hause in Eritrea sein Rad kaputt gefahren und musste fortan die zehn Kilometer zur Schule zu Fuß laufen. Nun startet er als Marathon-Mann für die Schweiz, wird kurz vor den Spielen Europameister über die Halbdistanz. Beim gemächlichen Anfangstempo in Rio kann er mühelos mithalten.

Erste Wende an der Botafogo Bay. Ein Schoner liegt vor der Kaimauer, gleichmäßig geht der Regen auf die noch verschlafene Stadt nieder. Der führende Pulk bewegt sich noch immer in gedrosseltem Tempo, die Favoriten halten sich in den hinteren Reihen. Unter ihnen drei Kenianer, die schon die 30 überschritten haben. Das ist ungewöhnlich, weil immer aggressiver die ganz jungen Sportler nachrücken.

Nach 40 Minuten nestelt der Italiener Daniele Meucci – er ist auf der zweiten von drei Zehn-Kilometer-Schleifen durch einen Park – an den Schuhen, schüttelt den Kopf und humpelt von der Strecke. Vier Jahre Vorbereitung für die Katz – weil den Europameister von 2014 der Schuh drückt.

Handball II
DIESER WOLFF!

Andreas Wolff hat sich wundersamerweise berappelt. Im Halbfinale gegen Frankreich sind dem deutschen Torhüter die

BRONZE-JUBEL. Die selbst ernannten »Bad Boys« feiern ausgelassen den Sieg über Polen. Sie haben eine Medaille!

Bälle um die Ohren geflogen, dass es zum Heulen war. Er hatte die Finger immer wieder dran. Aber das Glück war futsch. Nach der Niederlage sorgten sich Freunde, ob sich der Andreas bis zum Spiel um Platz drei auf die Beine stellen könnte. Er konnte.
Und wie! Wolff lässt die Polen verzweifeln. Zehn Minuten sind noch zu spielen, der deutsche Torhüter pariert zum 18. Mal einen wuchtigen polnischen Schuss. Bei den Gegnern schimpft Krajewski den Lijenski aus, er zieht an seinem Lid und brüllt den Kameraden an, er möge bitteschön die Augen aufmachen, wenn er spiele.
Lijenski macht die Augen auf und wirft ein Tor aus der Distanz. Er macht noch einmal die Augen auf und trifft vom Kreis. Dann macht er noch einmal die Augen auf – und scheitert an Wolff. Der bedient seinen Kumpel Kühn, der ins Tor trifft. 27:21.
Auf den Rängen skandieren sie: »Deutschland! Deutschland! Deutschland!«

Marathon II
SPREU UND WEIZEN

Die Marathon-Männer sind bei Kilometer 32 im Park am Mahnmal für den unbekannten Soldaten unterwegs. Vier Männer führen. Sie haben sich an einem Verpflegungsstand abgesetzt. Rupp aus den USA, der Kenianer Kipchoge und Lilesa aus Äthiopien machen das Tempo, lassen den vierten Mann stehen.
Kipchoge sieht klasse aus. Besser gesagt: Er sieht gar nicht aus. Wenn Sportler sich ein Pokerface antrainieren wollen würden – sie könnten sich ein Beispiel an diesem Dauerläufer nehmen.
Kipchoge ist ein Mann, der nicht viel redet. Außerdem hält er sich gern bedeckt. Bei ihm muss der Reporter schon giftig nachhaken, um ihn aus der Reserve zu locken. Das Maximum, das man dann von ihm hört, klingt so:
»Es ist sehr traurig, wie viele Dopingfälle es gerade in Kenia in den letzten Jahren gegeben hat. Ich kann nur sagen: Ich bin überzeugt, dass die Topathleten, die ich kenne, sauber sind. Wir alle trainieren sehr, sehr hart und das über viele Jahre. Auf der anderen Seite ist es schon so, dass viele Kenianer sehr leichtgläubig sind. Aber wir müssen aufhören, Ärzte oder Apotheker an den Pranger zu stellen. Jeder Athlet ist für sich und seinen Körper verantwortlich.«

Handball III
HAPPY END

Trainer Dagur Sigurdsson hat einmal gesagt: »Mit Siegen hält man die Fans bei der Stange. Für uns gilt das genauso: Sportler wollen gewinnen, wollen Spaß haben. Dann wollen alle für das Nationalteam spielen, weil sie zu den Winnern gehören wollen. Aber leider kann man das nicht bestellen, sondern muss sich alles hart erarbeiten. Ich bin der Meinung, dass wir auf dem Weg sind, eine

So 21.8.2016

Tony Victor James [FRA]; *Silber:* Joyce, Joseph [GBR]; *Bronze:* Dychko, Ivan [KAZ], Hrgovic, Filip [CRO] + + + + **Boxen 75 kg Frauen** *Gold:* Shields, Claressa [USA]; *Silber:* Fontijn, Nouchka [NED]; *Bronze:* Li, Qian [CHN], Shakimova, Dariga [KAZ] + + + + **Basketball Männer** *Gold:* USA; *Silber:* Serbien; *Bronze:* Spanien

Meldungen

Sorry, habe gelogen. US-Schwimmstar Ryan Lochte gibt nach seiner Lügengeschichte über einen angeblichen Raubüberfall bei den Olympischen Spielen in Rio »unreifes Verhalten« zu. »Ich habe bei der Story stark übertrieben. Deshalb übernehme ich die volle Verantwortung«, sagt der 32-Jährige bei NBC. Lochte sowie seine Kollegen Gunnar Bentz, Jack Conger und James Feigen hatten behauptet, mit vorgehaltener Waffe überfallen worden zu sein. Dies entsprach nicht der Wahrheit. Die Amerikaner hatten an einer Tankstelle randaliert und später für den entstandenen Sachschaden bezahlen müssen.

So geht es nicht weiter. Schwimmer Philip Heintz (Heidelberg) hat die Schnauze voll. »Vier Jahre lang interessiert sich keiner für uns, und bei Olympia müssen wir plötzlich Medaillen holen. Wo sollen die denn herkommen? Mir tut dieses System weh«, sagt der Olympiasechste über 200 Meter Lagen im Interview mit der »Welt am Sonntag«. Er selbst habe »jetzt zehn Jahre gearbeitet, nur eben nicht in einem Beruf, sondern als Sportler, stehe aber mit null da... Und bei Olympia ist es dann, als trete ein Kreisligist gegen einen Champions-League-Teilnehmer an. Keine Chance.«

Wieder die Nummer eins. Deutschland holte in Rio 42 Medaillen, zwei weniger als vier Jahre zuvor in London. Dafür waren es diesmal sechs Goldmedaillen mehr. In der Medaillenwertung aber sicherten sich die USA zum 16. Mal Platz eins. In Rio kam das 560-köpfige US-Team zu seinem besten Ergebnis seit 1984 in Los Angeles.

GESCHAFFT. Eliud Kipchoge aus Kenia gewinnt den Marathon.

Mannschaft zu bauen, die die nächsten acht bis zehn Jahre zusammenhalten wird und eine neue Ära begründen kann.«
Letzte halbe Minute. Die Deutschen haben den Ball. Sie wandern übers Feld. Der Ball fliegt nach links und nach rechts, er wandert von einer Hand in die andere. Polens Männer greifen nicht mehr ein. Die Uhr tickt, noch fünf Sekunden, noch drei, noch eine.
An der Seitenlinie tanzen Sigurdsson und seine Spieler.
Finito.
31:25.
Die Fans singen wie verrückt.
»Oh, wie ist das schön!«

Marathon III
LETZTE SCHRITTE

Fürs Protokoll:
Der Kenianer Eliud Kipchoge ist neuer Marathon-Olympiasieger. Der 31-Jährige siegt überlegen in einer Zeit von 2:08:44 Stunden. Silber geht an Feyisa Lilesa aus Äthiopien, der 1:10 Minuten nach Kipchoge das Ziel überquert. Bronze gewinnt überraschend der US-Amerikaner Galen Rupp, der noch einmal elf Sekunden Rückstand auf Lilesa hat.

Handball IV
DÄNEN GÖNNT MAN'S

Prinz Frederik von Dänemark kriegt sich gar nicht mehr ein. Er hat gerade den Sieg der Mannschaft im Finale der Handballer gegen das favorisierte Frankreich bejubeln dürfen. Noch so eine Sensation, so eine olympische! Weinen. Jubel. Dänische Matrosen flippen bei einer Polonaise auf der Tribüne der Future Arena völlig aus.
Und der Prinz? Klatscht, bis die Handflächen glühen.

Ringen
BLÖD: ZU FRÜH GEJUBELT

Ehrlich, Folgendes trägt sich an Tag 17 bei den Ringern zu: Ein Mongole – er nennt sich Ganzorigiin Mandakhnaran – führt im Kampf um Bronze gegen einen Usbeken (Name: Ikhtior Navruzov).
Noch fünf Sekunden, da tanzt der Mongole triumphierend um den Kontrahenten herum. Der kann ihn gar nicht mehr greifen, weil der Mongole so tanzt.
Schluss. Die Trainer des Mongolen herzen ihren Schützling, ganz glücklich sind sie.

Olympia **2016**

TAG 17

Die Usbeken beschweren sich bei den Kampfrichtern über den vorzeitigen Jubel des Kämpfers aus der Mongolei.
Recht so, sagen die Kampfrichter, verpassen dem Mongolen einen Strafpunkt. Wegen unsportlichen Gehabes.
Plötzlich hat der Usbeke gewonnen.
Der Ringer aus der Mongolei weint bitterlich, die Trainer des Mannes reißen sich das Obergewand vom Leib. Protest, Protest!
Nützt nichts. Bronze für Usbekistan.

Mountainbike
VORFAHRT SCHWEIZ

Nino Schurter hat noch keine Goldmedaille zu Hause. Das wurmt ihn, also gewinnt er eine. Nach Bronze 2008 in Peking und Silber 2012 in London siegt der Mountainbiker aus der Schweiz im Cross-Country-Rennen von Rio.
Der 30-Jährige lässt den London-Sieger Jaroslav Kulhavy aus Tschechien souverän hinter sich. Bronze geht an den Spanier Carlos Coloma Nicolas.
Der slowakische Straßen-Weltmeister Peter Sagan, fünfmaliger Gewinner des Grünen Trikots der Tour de France, hat nach einem technischen Defekt mit dem Ausgang des Rennens ebenso nichts zu tun wie Manuel Fumic und Moritz Milatz.

Fumic belegt mit 4:11 Minuten Rückstand Platz 13, Milatz kommt mit 9:46 Minuten Rückstand als 28. ins Ziel.
»Ich habe mein Bestes gegeben, hatte gute Beine«, sagt Fumic, der ebenso wie Sagan von einem Defekt ausgebremst worden war: »Aber ich habe bei meiner Aufholjagd durch das Feld vermutlich mehr Körner gelassen als die Spitze.«
Spricht's und packt das Unglücksrad ein.

Basketball
MAN REIZE DIE AMIS NICHT!

Serbien will Gold im Basketball. Die Männer halten im Finale gegen die USA das Spiel fast zehn Minuten lang offen.
Dann besinnen sich die »Dream Boys«. Sie legen die Bälle nach Höhenflügen in den Korb, sie treffen von weither, sie spielen, bis selbst die Zuschauer dem Schwindel erliegen.

GALA UNTER DEM KORB. Der Amerikaner Klay Thompson zeigt hier den Serben, wie man sich unter dem Korb durchsetzt.

Noch 30 Sekunden. Die Millionäre auf der Ami-Bank freuen sich wie die Kinder. Es hält sie gar nicht mehr. Wann ist denn endlich Schluss, wann ist Party?
Freiwurf Serbien. Verwandelt. Dann die Sirene.
96:66.
Die Amis.
Das war's dann mit Olympia.

STRAHLENDER STAR. Kevin Durant war der überragende Mann im US-Dream-Team, das zum dritten Mal in Serie Gold holte.

Und sonst?
NACHBESSERN, BITTE SCHÖN!

Das war's.
War's das?
Nein, die verantwortungsbewussten Olympier haben nach dem letzten Korb beim Basketball schon die Gedanken in die Zukunft gerichtet.
»Dies sind bisher die schwierigsten Spiele gewesen, die wir jemals erlebt haben«, sagt IOC-Vizepräsident John Coates. Die vielen leeren Plätze seien ein Kontrast zu London 2012, wo schon vor Beginn viele Wettkämpfe ausverkauft waren. »Ich würde mir wünschen, dass da größere Menschenmengen wären.« Offiziell wurden 84 Prozent der Tickets verkauft, aber Zehntausende Plätze blieben unbesetzt: wegen langer Warteschlangen, Transportproblemen und weil Sponsoren-Kontingente ungenutzt verfielen.
Man bedaure dennoch nicht die Vergabe an Rio, es waren die ersten Spiele in Südamerika. Coates: »Es ist wichtig, Olympia global zu machen.« Aber dies sei eine größere Herausforderung als vom IOC zunächst erwartet.

Die teilnehmenden Nationen

LAND	Kürzel	LAND	Kürzel	LAND	Kürzel
Abu Dhabi	UAE	Island	ISL	Panama	PAN
Afghanistan	AFG	Israel	ISR	Papua-Neuguinea	PNG
Ägypten	EGY	Italien	ITA	Paraguay	PAR
Albanien	ALB	Jamaika	JAM	Peru	PER
Algerien	ALG	Japan	JPN	Philippinen	PHI
Andorra	AND	Jemen	YEM	Polen	POL
Angola	ANG	Jordanien	JOR	Portugal	POR
Antigua und Barbuda	ANT	Kambodscha	CAM	Ruanda	RWA
Äquatorialguinea	GEQ	Kamerun	CMR	Rumänien	ROM
Argentinien	ARG	Kanada	CAN	Russische Föderation	RUS
Armenien	ARM	Kap Verde	CPV	Salomonen	SOL
Aserbaidschan	AZE	Kasachstan	KAZ	Sambia	ZAM
Äthiopien	ETH	Katar	QAT	Samoa	SAM
Australien	AUS	Kenia	KEN	San Marino	SMR
Bahamas	BAH	Kirgisistan	KGZ	São Tomé und Príncipe	STP
Bahrain	BRN	Kolumbien	COL	Saudi-Arabien	KSA
Bangladesch	BAN	Komoren	COM	Schweden	SWE
Barbados	BAR	Kongo	COD	Schweiz	SUI
Belgien	BEL	Kongo, Dem. Republik	CGO	Senegal	SEN
Belize	BIZ	Korea, Dem. Volksrepublik	PRK	Serbien	SRB
Benin	BEN	Korea, Republik	KOR	Seychellen	SEY
Bhutan	BHU	Kroatien	CRO	Sierra Leone	SLE
Bolivien	BOL	Kuba	CUB	Simbabwe	ZIM
Bosnien und Herzegowina	BIH	Kuwait	KUW	Singapur	SIN
Botswana	BOT	Laos	LAO	Slowakei	SVK
Brasilien	BRA	Lesotho	LES	Slowenien	SLO
Brunei	BRU	Lettland	LAT	Somalia	SOM
Bulgarien	BUL	Libanon	LIB	Spanien	ESP
Burkina Faso	BUR	Liberia	LBR	Sri Lanka	SRI
Burundi	BDI	Libyen	LBA	St. Kitts und Nevis	SKN
Chile	CHI	Liechtenstein	LIE	St. Lucia	LCA
China	CHN	Litauen	LTU	St. Vincent u. die Grenadinen	VIN
Costa Rica	CRC	Luxemburg	LUX	Südafrika	RSA
Dänemark	DEN	Madagaskar	MAD	Sudan	SUD
Deutschland	GER	Malawi	MAW	Surinam	SUR
Dominica	DMA	Malaysia	MAS	Swasiland	SWZ
Dominikanische Republik	DOM	Malediven	MDV	Syrien	SYR
Dschibuti	DJI	Mali	MLI	Tadschikistan	TJK
Ecuador	ECU	Malta	MLT	Taiwan	TPE
Elfenbeinküste	CIV	Marokko	MAR	Tansania	TAN
El Salvador	ESA	Mauretanien	MTN	Thailand	THA
Estland	EST	Mauritius	MRI	Togo	TOG
Fidschi	FIJ	Mazedonien	MKD	Tonga	TGA
Finnland	FIN	Mexiko	MEX	Trinidad und Tobago	TRI
Frankreich	FRA	Mikronesien	FSM	Tschad	CHA
Gabun	GAB	Moldau	MDA	Tschechische Republik	CZE
Gambia	GAM	Monaco	MON	Tunesien	TUN
Georgien	GEO	Mongolei	MGL	Türkei	TUR
Ghana	GHA	Montenegro	MNE	Turkmenistan	TKM
Grenada	GRN	Mosambik	MOZ	Uganda	UGA
Griechenland	GRE	Myanmar	MYA	Ukraine	UKR
Großbritannien	GBR	Namibia	NAM	Ungarn	HUN
Guatemala	GUA	Nauru	NRU	Uruguay	URU
Guinea	GUI	Nepal	NEP	Usbekistan	UZB
Guinea-Bissau	GBS	Neuseeland	NZL	Vanuatu	VAN
Guyana	GUY	Nicaragua	NCA	Venezuela	VEN
Haiti	HAI	Niederlande	NED	Vereinigte Arabische Emirate	UAE
Honduras	HON	Niger	NIG	Vereinigte Staaten	USA
Indien	IND	Nigeria	NGR	Vietnam	VIE
Indonesien	INA	Norwegen	NOR	Weißrussland	BLR
Irak	IRQ	Oman	OMA	Zentralafrikanische Republik	CAF
Iran	IRI	Österreich	AUT	Zypern	CYP
Irland	IRL	Pakistan	PAK		

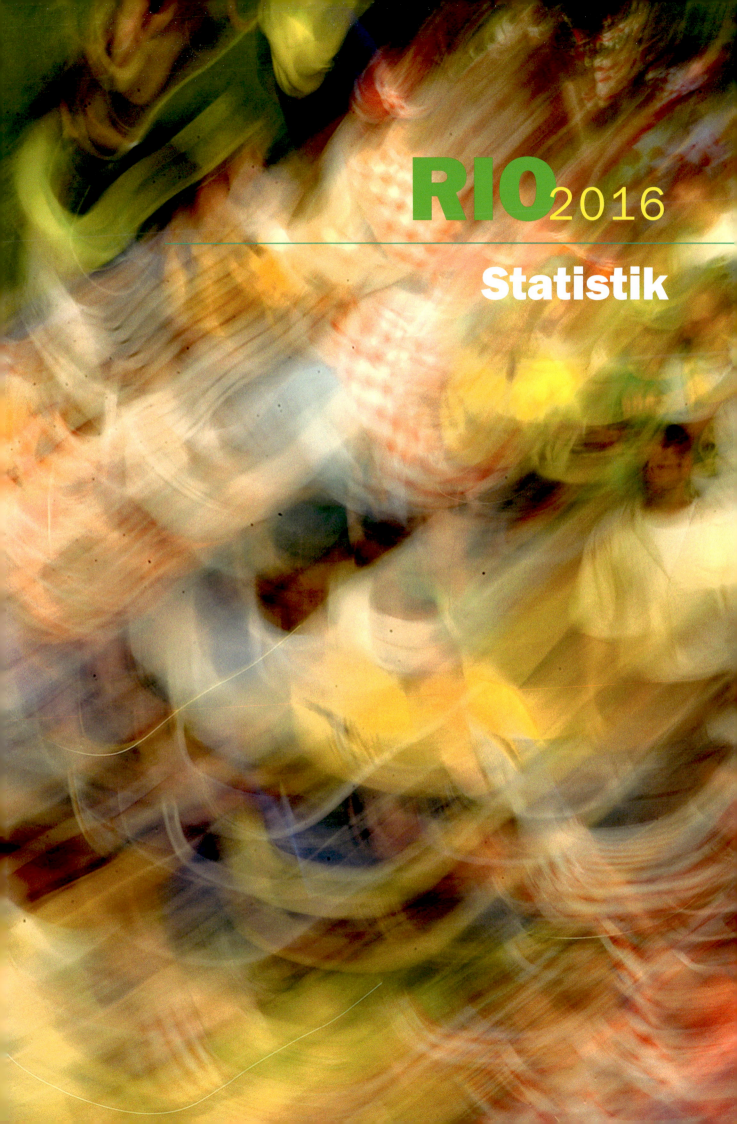
RIO 2016
Statistik

ERGEBNISSE / STATISTIK

Badminton

FRAUEN — Einzel
1.	Marin, Carolina	ESP
2.	Pusarla, V Sindhu	IND
3.	Okuhara, Nozomi	JPN
4.	Li, Xuerui	CHN
5.	Wang, Yihan	CHN
5.	Yamaguchi, Akane	JPN
5.	Buranaprasertsuk, Porntip	THA
5.	Sung, Ji Hyun	KOR
ZK	Schnaase, Karin	GER

Doppel
1.	Japan	JPN
2.	Dänemark	DEN
3.	Korea	KOR
4.	China	CHN
5.	Korea	KOR
5.	Indonesien	INA
5.	Niederlande	NED
5.	Malaysia	MAS
VK	Deutschland	GER

MIXED — Doppel
1.	Indonesien	INA
2.	Malaysia	MAS
3.	China	CHN
4.	China	CHN
5.	Korea	KOR
5.	Polen	POL
5.	Indonesien	INA
5.	Japan	JPN
VK	Deutschland	GER

MÄNNER — Einzel
1.	Chen, Long	CHN
2.	Lee, Chong Wei	MAS
3.	Axelsen, Viktor	DEN
4.	Lin, Dan	CHN
5.	Son, Wan Ho	KOR
5.	Ouseph, Rajiv	ENG
5.	Kidambi, Srikanth	IND
5.	Chou, Tien Chen	TPE
ZK	Zwiebler, Marc	GER

Doppel
1.	China	CHN
2.	Malaysia	MAS
3.	Großbritannien	GBR
4.	China	CHN
5.	Japan	JPN
5.	Korea	KOR
5.	Korea	KOR
5.	Russland	RUS
ZK	Deutschland	GER

Basketball

FRAUEN
1.	USA	USA
2.	Spanien	ESP
3.	Serbien	SRB
4.	Frankreich	FRA
5.	Australien	AUS
6.	Türkei	TUR
7.	Kanada	CAN
8.	Japan	JPN

MÄNNER
1.	USA	USA
2.	Serbien	SRB
3.	Spanien	ESP
4.	Australien	AUS
5.	Kroatien	CRO
6.	Frankreich	FRA
7.	Litauen	LTU
8.	Argentinien	ARG

Beachvolleyball

FRAUEN
1.	Deutschland	GER
2.	Brasilien	BRA
3.	USA	USA
4.	Brasilien	BRA
5.	Australien	AUS
5.	Russland	RUS
5.	Schweiz	SUI
5.	Kanada	CAN
9.	Deutschland	GER

MÄNNER
1.	Brasilien	BRA
2.	Italien	ITA
3.	Niederlande	NED
4.	Russland	RUS
5.	USA	USA
5.	Niederlande	NED
5.	Russland	RUS
5.	Kuba	CUB
19.	Deutschland	GER

Bogenschießen

FRAUEN — Einzel
1.	Chang, Hye Jin	KOR
2.	Unruh, Lisa	GER
3.	Ki, Bo Bae	KOR
4.	Valencia, Alejandra	MEX
5.	Folkard, Naomi	GBR
5.	Wu, Jiaxing	CHN
5.	Tan, Ya-Ting	TPE
5.	Choi, Misun	KOR

Mannschaft
1.	Korea	KOR
2.	Russland	RUS
3.	Taiwan	TPE
4.	Italien	ITA
5.	Indien	IND
5.	China	CHN
5.	Japan	JPN
5.	Mexiko	MEX

MÄNNER — Einzel
1.	Ku, Bonchan	KOR
2.	Valladont, Jean-Charles	FRA
3.	Ellison, Brady	USA
4.	van den Berg, Sjef	NED
5.	Lee, Seungyun	KOR
5.	Nespoli, Mauro	ITA
5.	Worth, Taylor	AUS
5.	Furukawa, Takaharu	JPN
9.	Floto, Florian	GER

Mannschaft
1.	Korea	KOR
2.	USA	USA
3.	Australien	AUS
4.	China	CHN
5.	Frankreich	FRA
6.	Indonesien	INA
7.	Niederlande	NED
8.	Italien	ITA

Boxen

FRAUEN — 51 kg
1.	Adams, Nicola	GBR
2.	Ourahmoune, Sarah	FRA
3.	Valencia Victoria, Ingrit L.	COL
3.	Ren, Can Can	CHN
5.	Shekerbekova, Zhaina	KAZ
5.	Laopeamp, Peamwilai	THA
5.	Bujold, Mandy	CAN
5.	Kob, Tatyana	UKR

60 kg
1.	Mossely, Estelle	FRA
2.	Yin, Junhua	CHN
3.	Belyakova, Anastassia	RUS
3.	Potkonen, Mira	FIN
5.	Mayer, Mikaela Joslin	USA
5.	Testa, Irma	ITA
5.	Taylor, Katie	IRL
5.	Alekseeva, Yana	AZE

75 kg
1.	Shields, Claressa	USA
2.	Fontijn, Nouchka	NED
3.	Li, Qian	CHN
3.	Shakimova, Dariga	KAZ
5.	Marshall, Savannah	GBR
5.	Bandeira, Andreia	BRA
5.	Mardi, Khadija	MAR
5.	Yakushina, Yaroslava	RUS

MÄNNER — 49 kg
1.	Dusmatov, Hassanboy	UZB
2.	Martinez, Yurberjen H.	COL
3.	Argilagos, Johanys	CUB
3.	Hernandez, Nico	USA
5.	Quipo Pilataxi, Carlos E.	ECU
5.	Carmona Heredia, Samuel	ESP
5.	Zhakypov, Birzhan	KAZ
5.	Warui, Peter Mungai	KEN

52 kg
1.	Zoirov, Shakhobidim	UZB
2.	Aloyan, Misha	RUS
3.	Hu, Jianguan	CHN
3.	Finol, Yoel Segundo	VEN
5.	Veitia Soto, Yosbany	CUB
5.	Avila Segura, Ceiber David	COL
5.	Flissi, Mohamed	ALG
5.	Mamishzadeh, Elvin	AZE
VK	Touba, Hamza	GER

56 kg
1.	Ramirez, Robeisy Eloy	CUB
2.	Stevenson, Shakur	USA
3.	Akhmadaliev, Murodjon	UZB
3.	Nikitin, Vladimir	RUS
5.	Melian, Alberto Ezequiel	ARG
5.	Zhang, Jiawei	CHN

5.	Erdenebat, Tsendbaatar	MGL
5.	Conlan, Michael	IRL

60 kg
1.	Conceicao, Robson Donato	BRA
2.	Oumiha, Sofiane	FRA
3.	Alvarez Estrada, Lazaro	CUB
3.	Dorjnyambuu, Otgondalai	MGL
5.	Balderas Jr, Carlos	USA
5.	Tojibaev, Hurshid	UZB
5.	Benbaziz, Reda	ALG
5.	Selimov, Albert	AZE

64 kg
1.	Gaibnazarov, Fazliddin	UZB
2.	Sotomayor Collazo, Lorenzo	AZE
3.	Dunaitsev, Vitali	RUS
3.	Harutyunyan, Artem	GER
5.	Toledo, Yasnier	CUB
5.	Gözgec, Batuhan	TUR
5.	Russell, Gary	USA
5.	Hu, Qianxun	CHN

69 kg
1.	Yeleussinov, Daniar	KAZ
2.	Giyasov, Shakhram	UZB
3.	Rabii, Mohammed	MAR
3.	Cissokho, Souleymane	FRA
5.	Donnelly, Steven Gerard	IRL
5.	Ardee, Saylom	THA
5.	Iglesias Sotolongo, Roniel	CUB
5.	Maestre Perez, Gabriel	VEN
17.	Marutjan, Araik	GER

75 kg
1.	Lopez, Arlen	CUB
2.	Melikuziev, Bektemir	UZB
3.	Rodriguez, Misael Uziel	MEX
3.	Shakhsuvarly, Kamran	AZE
5.	Vikas, Krishan	IND
5.	Abdin, Hosam Hussein Bakr	EGY
5.	Alimkhanuly, Zhanibek	KAZ
5.	Mbilli, Christian	FRA

81 kg
1.	la Cruz Peraza, Julio	CUB
2.	Niyazimbetov, Adilbet	KAZ
3.	Buatsi, Joshua	GBR
3.	Bauderlique, Mathieu	FRA
5.	Mina, Carlos Andres	ECU
5.	Borges, Michel	BRA
5.	Mammadov, Teymur	AZE
5.	Benchalba, Abdelhafid	ALG
17.	Michel, Serge	GER

91 kg
1.	Tishchenko, Evgeni	RUS
2.	Levit, Vassili	KAZ
3.	Tulaganov, Rustam	UZB
3.	Savon Cotilla, Erislandy	CUB
5.	Peralta Jara, Yamil	ARG
5.	Abdullaev Abdulkadir	AZE
5.	Russo, Clemente	ITA
5.	St Pierre, Joseph Kennedy	MRI
VK	Graf, David	GER

+ 91 kg
1.	Yoka, Tony Victor James	FRA
2.	Joyce, Joseph	GBR
3.	Dychko, Ivan	KAZ
3.	Hrgovic, Filip	CRO
5.	Ajagba, Efe	NGR
5.	Jalolov, Bakhodir	UZB

5.	Pero, Leinier Eunice	CUB
5.	Iashaish, Hussein	JOR
VK	Pfeifer, Erik	GER

Fechten

■ FRAUEN

Florett
1.	Deriglazova, Inna	RUS
2.	di Francisca, Elisa	ITA
3.	Boubakri, Ines	TUN
4.	Shanaeva, Aida	RUS
5.	Guyart, Astrid	FRA
5.	Thibus, Ysora	FRA
5.	Liu, Yongshi	CHN
5.	Harvey, Eleanor	CAN
17.	Golubytskyi, Carolin	GER

Degen
1.	Szasz, Emese	HUN
2.	Fiamingo, Rossella	ITA
3.	Sun, Yiwen	CHN
4.	Rembi, Lauren	FRA
5.	Besbes, Sarra	TUN
5.	Choi, In-Jeong	KOR
5.	Nakano, Nozomi	JPN
5.	Moellhausen, Nathalie	BRA

Säbel
1.	Egorian, Yana	RUS
2.	Velikaia, Sophia	RUS
3.	Kharlan, Olga	UKR
4.	Brunet, Manon	FRA
5.	Berder, Cecilia	FRA
5.	Besbes, Azza	TUN
5.	Diatchenko, Ekaterina	RUS
5.	Gulotta, Loreta	ITA

Degen Mannschaft
1.	Rumänien	ROU
2.	China	CHN
3.	Russland	RUS
4.	Estland	EST
5.	USA	USA
6.	Korea	KOR
7.	Frankreich	FRA
8.	Ukraine	UKR

Säbel Mannschaft
1.	Russland	RUS
2.	Ukraine	UKR
3.	USA	USA
4.	Italien	ITA
5.	Korea	KOR
6.	Polen	POL
7.	Mexiko	MEX
8.	Frankreich	FRA

■ MÄNNER

Florett
1.	Garozzo, Daniele	ITA
2.	Massialas, Alexander	USA
3.	Safin, Timur	RUS
4.	Kruse, Richard	GBR
5.	Toldo, Guilherme	BRA
5.	Chen, Haiwei	CHN
5.	Meinhardt, Gerek	USA
5.	Avola, Giorgio	ITA
ZK	Joppich, Peter	GER

Degen
1.	Park, Sang-Young	KOR
2.	Imre, Geza	HUN
3.	Grumier, Gauthier	FRA
4.	Steffen, Benjamin	SUI
5.	Heinzer, Max	SUI
5.	Borel, Yannick	FRA
5.	Novosjolov, Nikolai	EST
5.	Minobe, Kazuyasu	JPN

Säbel
1.	Szilagy, Aron	HUN
2.	Homer, Daryl	USA
3.	Kim, Jung-Hwan	KOR
4.	Abedini, Mojtaba	IRI
5.	Szabo, Matyas	GER
5.	Anstett, Vincent	FRA
5.	Dolniceanu, Tiberiu	ROU
5.	Kovalev, Nikolai	RUS
9.	Hartung, Maximilian	GER

Florett Mannschaft
1.	Russland	RUS
2.	Frankreich	FRA
3.	USA	USA
4.	Itallien	ITA
5.	China	CHN
6.	Großbritannien	GBR
7.	Ägypten	EGY
8.	Brasilien	BRA

Degen Mannschaft
1.	Frankreich	FRA
2.	Italien	ITA
3.	Ungarn	HUN
4.	Ukraine	UKR
5.	Korea	KOR
6.	Schweiz	SUI
7.	Russland	RUS
8.	Venezuela	VEN

Fußball

■ FRAUEN
1.	Deutschland	GER
2.	Schweden	SWE
3.	Kanada	CAN
4.	Brasilien	BRA
5.	USA	USA
6.	Frankreich	FRA
7.	Australien	AUS
8.	China	CHN

■ MÄNNER
1.	Brasilien	BRA
2.	Deutschland	GER
3.	Nigeria	NGR
4.	Honduras	HON
5.	Kolumbien	COL
5.	Korea	KOR
5.	Portugal	POR
5.	Dänemark	DEN

ERGEBNISSE / STATISTIK

Geräteturnen

■ FRAUEN

Mehrkampf Einzel

1.	Biles, Simone	USA	62.198
2.	Raisman, Alexandra	USA	60.098
3.	Mustafina, Aliya	RUS	58.665
4.	Shang, Chunsong	CHN	58.549
5.	Black, Elsabeth	CAN	58.298
6.	Wang, Yan	CHN	58.032
7.	Lopez Arocha, J. B.	VEN	57.966
8.	Teramoto, Asuka	JPN	57.965
17.	Seitz, Elisabeth	GER	56.366
23.	Scheder, Sophie	GER	53.907

Mehrkampf Mannschaft

1.	USA	USA	184.897
2.	Russland	RUS	176.688
3.	China	CHN	176.003
4.	Japan	JPN	174.371
5.	Großbritannien	GBR	174.362
6.	Deutschland	GER	173.672
7.	Niederlande	NED	172.447
8.	Brasilien	BRA	172.087

Stufenbarren

1.	Mustafina, Aliya	RUS	15.900
2.	Kocian, Madison	USA	15.833
3.	Scheder, Sophie	GER	15.566
4.	Seitz, Elisabeth	GER	15.533
5.	Shang, Chunsong	CHN	15.433
6.	Lopez Arocha, Jessica B.	VEN	15.333
7.	Douglas, Gabrielle	USA	15.066
8.	Spiridonova, Daria	RUS	13.966
19.	Bui, Kim	GER	14.800
25.	Alt, Tabea	GER	14.666

Sprung

1.	Biles, Simone	USA	15.966
2.	Paseka, Maria	RUS	15.253
3.	Steingruber, Giulia	SUI	15.216
4.	Karmakar, Dipa	IND	15.066
5.	Wang, Yan	CHN	14.999
6.	Hong, Un Jong	PRK	14.900
7.	Chusovitina, Oksana	UZB	14.833
8.	Olsen, Shallon	CAN	14.816

Schwebebalken

1.	Wevers, Sanne	NED	15.466
2.	Hernandez, Lauren	USA	15.333
3.	Biles, Simone	USA	14.733
4.	Boyer, Marine Clemence	FRA	14.600
5.	Saraiva, Flavia	BRA	14.533
6.	Fan, Yilin	CHN	14.500
7.	Ponor, Catalina	ROU	14.000
8.	Onyshko, Isabela	CAN	13.400
15.	Schäfer, Pauline	GER	14.400
21.	Alt, Tabea	GER	14.233
31.	Seitz, Elisabeth	GER	13.866
62.	Scheder, Sophie	GER	12.933

Boden

1.	Biles, Simone	USA	15.966
2.	Raisman, Alexandra	USA	15.500
3.	Tinkler, Amy	GBR	14.933
4.	Ferrari, Vanessa	ITA	14.766
5.	Wang, Yan	CHN	14.666
6.	Fasana, Erika	ITA	14.533
7.	Murakami, Mai	JPN	14.533
8.	Steingruber, Giulia	SUI	11.800
12.	Schäfer, Pauline	GER	14.300
29.	Bui, Kim	GER	13.766
34.	Seitz, Elisabeth	GER	13.666
47.	Scheder, Sophie	GER	13.266

■ MÄNNER

Mehrkampf Einzel

1.	Uchimura, Kohei	JPN	92.365
2.	Verniaiev, Oleg	UKR	92.266
3.	Whitlock, Max	GBR	90.641
4.	Belyavski, David	RUS	90.498
5.	Lin, Chaopan	CHN	90.230
6.	Deng, Shudi	CHN	90.130
7.	Mikulak, Samuel	USA	89.631
8.	Wilson, Nile	GBR	89.565
19.	Nguyen, Marcel	GER	86.031
20.	Bretschneider, Andreas	GER	84.965

Mehrkampf Mannschaft

1.	Japan	JPN	274.094
2.	Russland	RUS	271.453
3.	China	CHN	271.122
4.	Großbritannien	GBR	269.752
5.	USA	USA	268.560
6.	Brasilien	BRA	263.728
7.	Deutschland	GER	261.275
8.	Ukraine	UKR	202.078

Boden

1.	Whitlock, Max	GBR	15.633
2.	Hypolito, Diego Matias	BRA	15.533
3.	Oyakawa Mariano, Arthur	BRA	15.433
4.	Shirai, Kenzo	JPN	15.366
5.	Uchimura, Kohei	JPN	15.241
6.	Dalton, Jacob	USA	15.133
7.	Thomas, Kristian	GBR	15.058
8.	Mikulak, Samuel	USA	14.333
23.	Bretschneider, Andreas	GER	14.800
30.	Nguyen, Marcel	GER	14.500
43.	Hambuechen, Fabian	GER	14.041
72.	Toba, Andreas	GER	1.633

Pauschenpferd

1.	Whitlock, Max	GBR	15.966
2.	Smith, Louis	GBR	15.833
3.	Naddour, Alexander	USA	15.700
4.	Tommasone, Cyril	FRA	15.600
5.	Belyavski, David	RUS	15.400
6.	Kuksenkov, Mykola	RUS	15.233
7.	Merdinyan, Harutyun	ARM	14.933
8.	Verniaiev, Oleg	UKR	12.400
32.	Toba, Andreas	GER	14.233
50.	Dauser, Lukas	GER	13.733
52.	Bretschneider, Andreas	GER	13.641
54.	Nguyen, Marcel	GER	13.433

Ringe

1.	Petrounias, Eleftherios	GRE	16.000
2.	Zanetti, Arthur	BRA	15.766
3.	Ablyazin, Denis	RUS	15.700
4.	Liu, Yang	CHN	15.600
5.	Radivilov, Igor	UKR	15.466
6.	You, Hao	CHN	15.400
7.	Pinheiro Rodrigues, Danny	FRA	15.233
8.	Goosens, Dennis	BEL	14.933
18.	Nguyen, Marcel	GER	14.733
40.	Bretschneider, Andreas	GER	14.158
50.	Dauser, Lukas	GER	13.916

Reck

1.	Hambüchen, Fabian	GER	15.766
2.	Leyva, Danell	USA	15.500
3.	Wilson, Nile	GBR	15.466
4.	Mikulak, Samuel	USA	15.400
5.	Barretto, Junior	BRA	15.208
6.	Larduet, Manrique	CUB	15.033
7.	Zonderland, Epke	NED	14.033
8.	Verniaiev, Oleg	UKR	13.366
26.	Toba, Andreas	GER	14.633
55.	Bretschneider, Andreas	GER	13.633
62.	Nguyen, Marcel	GER	13.366

Barren

1.	Verniaiev, Oleg	UKR	16.041
2.	Leyva, Danell	USA	15.900
3.	Belyavski, David	RUS	15.783
4.	Deng, Shudi	CHN	15.766
5.	Larduet, Manrique	CUB	15.625
6.	Muntean, Andrei Vasile	ROU	15.600
7.	Kato, Ryohei	JPN	15.233
8.	You, Hao	CHN	14.833
11.	Nguyen, Marcel	GER	15.466
19.	Dauser, Lukas	GER	15.266
36.	Bretschneider, Andreas	GER	14.833

Sprung

1.	Ri, Se Gwang	PRK	15.691
2.	Ablyazin, Denis	RUS	15.516
3.	Shirai, Kenzo	JPN	15.449
4.	Dragulescu, Marian	ROU	15.449
5.	Nagorny, Nikita	RUS	15.316
5.	Verniaiev, Oleg	UKR	15.316
7.	Gonzalez Sepulveda, E. T.	CHI	15.137
8.	Radivilov, Igor	UKR	15.033

Gewichtheben

■ FRAUEN

48 kg

1.	Tanasan, Sopita	THA	200
2.	Agustiani, Sri Wahyuni	INA	192
3.	Miyake, Hiromi	JPN	188
4.	Candelarion Piron, B. E.	DOM	187
5.	Yelisseeva, Margarita	KAZ	186
6.	King, Morgan Whitney	USA	183
7.	Chen, Wei-Ling	TPE	181
8.	Paratova, Yulia	UKR	179

53 kg

1.	Hsu, Shu-Ching	TPE	212
2.	Diaz, Hidilyn	PHI	200
3.	Yoon, Jin-Hee	KOR	199
4.	Koha, Rebeka	LAT	197
5.	dos Reis Santos, Rosane	BRA	193
6.	Yagi, Kanae	JPN	186
7.	Safitri, Dewi	INA	185
8.	Veli, Evgjelia	ALB	165

58 kg

1.	Srisurat, Sukaya	THA	240
2.	Sirikaew, Pimsiri	THA	232
3.	Kuo, Hsing-Chun	TPE	231
4.	Escobar Guerrero, Maria A.	ECU	223
5.	Andoh, Mikiko	JPN	218
6.	Contreras, Yuderqui	DOM	217
7.	Rivas Ordonez, Lina M.	COL	216
8.	Dominguez Lara, Monica P.	MEX	211
10.	Kusterer, Sabine	GER	200

63 kg

1.	Deng, Wei	CHN	262
2.	Choe, Hyo-Sim	PRK	248
3.	Goricheva, Karina	KAZ	243
4.	Perez Tigrero, Mercedes I.	COL	234
5.	Gurrola Ortiz, Eva Alicia	MEX	220
6.	Bordignon, Giorgia	ITA	217

STATISTIK

7.	Ahmed, Esraa E. R. E.	EGY	216
8.	Rodriguez Mitjan, Marina D.	CUB	215

69 kg

1.	Xiang, Yanmei	CHN	261
2.	Zhapparkul, Zhazira	KAZ	259
3.	Ahmed, Sara Samir E. M.	EGY	255
4.	Solis Arboleda, Leidy Y.	COL	253
5.	Avdalyan, Nazik	ARM	242
6.	Dajomes Barrera, Neisi P.	ECU	237
6.	Munkhjantsan, Ankhtsetseg	MGL	237
6.	Pachabut, Daria	BLR	237

75 kg

1.	Rim, Jong-Sim	PRK	274
2.	Naumava, Daria	BLR	258
3.	Valentin Perez, Lidia	ESP	257
4.	Valoyes Cuesta, Ubaldina	COL	247
5.	Dekha, Irina	UKR	247
6.	Arthur, Jenny Lyvette	USA	242
7.	Valdes Paris, Maria F.	CHI	242
8.	Nayo Ketchanke, Gaelle V.	FRA	237

+ 75 kg

1.	Meng, Suping	CHN	307
2.	Kim, Kuk-Hyang	PRK	306
3.	Robles, Sarah	USA	286
4.	Haridy, Shaimaa A. K.	EGY	278
5.	Lee, Hui-Sol	KOR	275
6.	Son, Younghee	KOR	273
7.	Espinosa, Yaniuska I.	VEN	273
8.	Aanei, Andreea	ROU	265

■ *MÄNNER* **56 kg**

1.	Long, Qingquan	CHN	307
2.	Om, Yun Chol	PRK	303
3.	Kruaithong, Sinphet	THA	289
4.	Chontey, Arli	KAZ	278
5.	Tran, Le Quoc Toan	VIE	275
6.	de las Salas, Habib	COL	266
7.	Scarantino, Giovanni	ITA	264
8.	Mingmoon, Witoon	THA	261

62 kg

1.	Figueroa Mosquera, O. A.	COL	318
2.	Irawan, Eko Yuli	INA	312
3.	Kharki,, Farkhad	KAZ	305
4.	Itokazu, Yoichi	JPN	302
5.	Saad, Ahmed Ahmed M.	EGY	294
6.	Baru, Morea	PNG	290
7.	Hasbi, Muhamad	IND	290
8.	Ioane, Vaipava Nevo	SAM	281

69 kg

1.	Shi, Zhiyong	CHN	352
2.	Ismailov, Daniar	TUR	351
3.	Artykov Izzat	KGZ	339
4.	Mosquera Lozano, L. J.	COL	338
5.	Roque Mendoza, Bredni	CUB	326
6.	Calja, Briken	ALB	326
7.	Cechir, Serghei	MDA	322
8.	Kingue Matam, Bernardin	FRA	320
8.	Won, Jeong-Sik	KOR	320

77 kg

1.	Rahimov, Nijat	KAZ	379
2.	Lyu, Xiaojun	CHN	379
3.	Mahmoud, Mohamed I. Y.	EGY	361
4.	Chinnawong, Chatuphum	THA	356
5.	Spac, Alexandru	MDA	347
6.	Caicedo Piedrahita, A. M.	COL	346
7.	Mata Perez, Andres E.	ESP	343
10.	Müller, Nico	GER	332

85 kg

1.	Rostami, Kianoush	IRI	396
2.	Tian, Tao	CHN	395
3.	Sincraian, Gabriel	ROU	390
4.	Ulanov, Denis	KAZ	390
5.	Pielieshenko, Aleksander	UKR	385
6.	Asayonak, Petr	BLR	377
7.	Khadasevich, Pavel	BLR	365
8.	Elbakh, Fares Ibrahim	QAT	361

94 kg

1.	Moradi, Sohrab	IRI	403
2.	Straltsou, Vadzim	BLR	395
3.	Didzbalis, Aurimas	LTU	392
4.	Sumpradit, Sarat	THA	390
5.	Abdalla, Ragab	EGY	387
6.	Chumak, Dmytro	UKR	387
7.	Hashemi, Ali	IRI	383
8.	Bersanau, Aleksander	BLR	381

105 kg

1.	Nurudinov, Ruslan	UZB	431
2.	Martirosyan, Simon	ARM	417
3.	Zaichikov, Aleksander	KAZ	416
4.	Yang, Zhe	CHN	415
5.	Efremov, Ivan	UZB	414
6.	Barari, Mohammad Reza	IRI	406
7.	Michalski, Arkadiusz	POL	400
8.	Plesnieks, Arturs	LAT	399
10.	Spieß, Jürgen	GER	390

+ 105 kg

1.	Talakhadze, Lasha	GEO	473
2.	Minasyan, Gor	ARM	451
3.	Turmanidze, Irakli	GEO	448
4.	Aleksanyan, Ruben	ARM	440
5.	Saraiva Reis, Fernando	BRA	435
6.	Djangabaev, Rustam	UZB	432
7.	Seim, Mart	EST	430
8.	Orsag, Jiri	CZE	425
9.	Velagic, Almir	GER	420
16.	Prochorow, Alexej	GER	395

Golf

■ *FRAUEN*

1.	Park, Inbee	KOR	268
2.	Ko, Lydia	NZL	273
3.	Feng, Shanshan	CHN	274
4.	Yang, Hee Young	KOR	275
4.	Lewis, Stacey	USA	275
4.	Nomura, Hayuyko	JPN	275
7.	Hull, Charley	GBR	276
7.	Lee, Minjee	AUS	276
7.	Henderson, Brooke	CAN	276
21.	Masson, Caroline	GER	282
25.	Gal, Sandra	GER	283

■ *MÄNNER*

1.	Rose, Justin	GBR	268
2.	Stenson, Henrik	SWE	270
3.	Kuchar, Matt	USA	271
4.	Pieters, Thomas	BEL	275
5.	Fraser, Marcus	AUS	276
5.	Aphibarnrat, Kiradech	THA	276
5.	Cabrera Bello, Rafael	ESP	276
8.	Grillo, Emiliano	ARG	277
8.	Watson, Bubba	USA	277
8.	Garcia, Sergio	ESP	277
15.	Kaymer, Martin	GER	279
21.	Cejka, Alexander	GER	281

Handball

■ *FRAUEN*

1.	Russland		RUS
2.	Frankreich		FRA
3.	Norwegen		NOR
4.	Niederlande		NED
5.	Brasilien		BRA
6.	Spanien		ESP
7.	Schweden		SWE
8.	Angola		ANG

■ *MÄNNER*

1.	Dänemark		DEN
2.	Frankreich		FRA
3.	Deutschland		GER
4.	Polen		POL
5.	Kroatien		CRO
6.	Slowenien		SLO
7.	Brasilien		BRA
8.	Qatar		QAT

Hockey

■ *FRAUEN*

1.	Großbritannien		GBR
2.	Niederlande		NED
3.	Deutschland		GER
4.	Neuseeland		NZL
5.	USA		USA
6.	Australien		AUS
7.	Argentinien		ARG
8.	Spanien		ESP

■ *MÄNNER*

1.	Argentinien		ARG
2.	Belgien		BEL
3.	Deutschland		GER
4.	Niederlande		NED
5.	Spanien		ESP
6.	Australien		AUS
7.	Neuseeland		NZL
8.	Indien		IND

Judo

■ *FRAUEN* **48 kg**

1.	Pareto, Paula		ARG
2.	Jeong, Bo Kyeong		KOR
3.	Kondo, Ami		JPN
3.	Galbadrakh, Otgontsetseg		KAZ
5.	Mestre Alvarez, Dayaris		CUB
5.	Munkhbat, Urantsetseg		MGL
7.	Csernoviczky, Eva		HUN
7.	Menezes, Sarah		BRA

52 kg

1.	Kelmendi, Majlinda		KOS
2.	Giuffrida, Odette		ITA
3.	Kuzyutina, Natalya		RUS
3.	Nakamura, Misato		JPN
5.	Ma, Yingnan		CHN
5.	Miranda, Erika		BRA

ERGEBNISSE / STATISTIK

7.	Chitu, Andreea	ROU	
7.	Legentil, Christianne	MRI	
9.	Kraeh, Mareen	GER	

57 kg

1.	Silva, Rafaela	BRA	
2.	Dorjsuren, Sumiya	MGL	
3.	Monteiro, Telma	POR	
3.	Matsumoto, Kaori	JPN	
5.	Lien, Chen-Ling	TPE	
5.	Caprioriu, Corina Oana	ROU	
7.	Karakas, Hedvig	HUN	
7.	Pavia, Automne	FRA	
17.	Roper, Miryam	GER	

63 kg

1.	Trstenjak, Tina	SLO	
2.	Agbegnenou, Clarisse	FRA	
3.	van Emden, Anicka	NED	
3.	Gerbi, Yarden	ISR	
5.	Silva, Mariana	BRA	
5.	Tashiro, Miku	JPN	
7.	Unterwurzacher, Kathrin	AUT	
7.	Yang, Junxia	CHN	
9.	Trajdos, Martyna	GER	

70 kg

1.	Tachimoto, Haruka	JPN	
2.	Alvear, Yuri	COL	
3.	Vargas Koch, Laura	GER	
3.	Conway, Sally	GBR	
5.	Graf, Bernadette	AUT	
5.	Bernabeau Avomo, Maria	ESP	
7.	Bolder, Linda	NED	
8.	Zupancic, Kelita	CAN	

78 kg

1.	Harrison, Kayla	USA	
2.	Tcheumeo, Audrey	FRA	
3.	Aguiar, Mayra	BRA	
3.	Velensek, Anamari	SLO	
5.	Castillo, Yalennis	CUB	
5.	Malzahn, Luise	GER	
7.	Joo, Abigel	HUN	
7.	Powell, Nathalie	GBR	

+ 78 kg

1.	Andeol, Emilie	FRA	
2.	Ortiz Boucurt, Idalla	CUB	
3.	Yamabe, Kanae	JPN	
3.	Yu, Song	CHN	
5.	Kim, Minjeong	KOR	
5.	Sayit, Kayra	TUR	
7.	Savekouls, Tessie	NED	
7.	Cheikh Rouhou, Nihel	TUN	
17.	Külbs, Jasmin	GER	

■ MÄNNER

60 kg

1.	Mudranov, Beslan	RUS	
2.	Smetov, Yeldos	KAZ	
3.	Takato, Naohisa	JPN	
3.	Urozboev, Diyorbek	UZB	
5.	Safarov, Orkhan	AZE	
5.	Papinashvili, Amiran	GEO	
7.	Kim, Won-Jin	KOR	
7.	Kitadai, Felipe	BRA	
9.	Englmaier, Tobias	GER	

66 kg

1.	Basile, Fabio	ITA	
2.	An, Baul	KOR	
3.	Sobirov, Rishod	UZB	
3.	Ebinuma, Masashi	JPN	
5.	Gomboc, Adrian	SLO	
5.	Bouchard, Antoine	CAN	
7.	Davaadorj, Tumurkhuleg	MGL	
7.	Mateo, Wander	DOM	
17.	Seidl, Sebastian	GER	

73 kg

1.	Ono, Shohei	JPN	
2.	Orujov, Rustam	AZE	
3.	Shavdatuashvili, Lasha	GEO	
3.	van Tichelt, Dirk	BEL	
5.	Muki, Sagi	ISR	
5.	Ungvari, Miklos	HUN	
7.	Iartsev, Denis	RUS	
7.	Delpopolo, Nicholas	USA	
9.	Wandtke, Igor	GER	

81 kg

1.	Khalmurzaev, Khasan	RUS	
2.	Stevens, Travis	USA	
3.	Nagase, Takanori	JPN	
3.	Toma, Serghiu	UAE	
5.	Tchrikishvili, Avtandil	GEO	
5.	Marconcini, Matteo	ITA	
7.	Ivanov, Ivailo	BUL	
7.	Valois-Fortier, Antoine	CAN	
17.	Maresch, Sven	GER	

90 kg

1.	Baker, Mashu	JPN	
2.	Liparteliani, Varlam	GEO	
3.	Gwak, Dong-Han	KOR	
3.	Cheng, Xunzhao	CHN	
5.	Lkhagvasuren, Otgonbaatar	MGL	
5.	Nyman, Marcus	SWE	
7.	Iddir, Alexandre	FRA	
7.	Mehdiev, Mammadali	AZE	
19.	Odenthal, Marc	GER	

100 kg

1.	Krpalek, Lukas	CZE	
2.	Gasimov, Elmar	AZE	
3.	Haga, Ryosuke	JPN	
3.	Maret, Cyrille	FRA	
5.	Frey, Karl-Richard	GER	
5.	Bloshenko, Artem	UKR	
7.	Gviniashvili, Beka	GEO	
7.	Darwish, Ramadan	EGY	

+ 100 kg

1.	Riner, Teddy	FRA	
2.	Harasawa, Hisayoshi	JPN	
3.	Silva, Rafael	BRA	
3.	Sasson, Or	ISR	
5.	Garcia Mendoza, Alex	CUB	
5.	Tangriev, Abdullah	UZB	
7.	Krakovetski, Yuri	KGZ	
7.	Meyer, Roy	NED	
17.	Breitbarth, Andre	GER	

Kanu

■ FRAUEN

Kajak Einer 200 m

1.	Carrington, Lisa	NZL	39.864
2.	Walczykiewicz, Marta	POL	40.279
3.	Osipenko-Radomska, Inna	AZE	40.401
4.	Ponomarenko, Spela	SLO	40.769
5.	Guyot, Sarah	FRA	40.894
6.	Portela Rivas, Teresa	ESP	41.053
7.	Stensils, Julia	SWE	41.293
8.	Klinova, Inna	KAZ	41.521
HF	Waßmuth, Conny	GER	

Kajak Einer 500 m

1.	Kozak, Danuta	HUN	1:52.494
2.	Jørgensen, Emma	DEN	1:54.326
3.	Carrington, Lisa	NZL	1:54.372
4.	Litvinchuk, Marina	BLR	1:54.474
5.	Waßmuth, Conny	GER	1:54.553
6.	Zhou, Yu	CHN	1:54.994
7.	Ruzicic-Benedek, Dalma	SRB	1:55.095
8.	Osipenko-Radomska, Inna	AZE	1:56.573

Kajak Zweier 500 m

1.	Ungarn	HUN	1:43.687
2.	Deutschland	GER	1:43.738
3.	Polen	POL	1:45.207
4.	Ukraine	UKR	1:45.868
5.	Russland	RUS	1:46.319
6.	Weißrussland	BLR	1:46.967
7.	Kazakhstan	KAZ	1:48.361
8.	Australien	AUS	1:51.915

Kajak Vierer 500 m

1.	Ungarn	HUN	1:14.193
2.	Deutschland	GER	1:15.094
3.	Weißrussland	BLR	1:16.619
4.	Ukraine	UKR	1:16.925
5.	Neuseeland	NZL	1:17.909
6.	Dänemark	DEN	1:18.768
7.	Großbritannien	GBR	1:19.754
8.	Kanada	CAN	1:20.444

Slalom

Kajak-Einer

1.	Chourraut, Maialen	ESP	98.65
2.	Jones, Luuka	NZL	101.82
3.	Fox, Jessica	AUS	102.49
4.	Dukatova, Jana	SVK	103.86
5.	Kuhnle, Corinna	AUT	104.75
6.	Pennie, Fiona	GBR	105.70
7.	Pfeifer, Melanie	GER	106.89
8.	Horn, Stefanie	ITA	107.22

■ MÄNNER

Kajak Einer 200 m

1.	Heath, Liam	GBR	35.197
2.	Beaumont, Maxime	FRA	35.362
3.	Craviotto Rivero, Saul	ESP	35.662
3.	Rauhe, Ronald	GER	35.662
5.	Rumjancevs, Alekzejs	LAT	35.891
6.	Rizza, Manfredi	ITA	36.000
7.	de Jonge, Mark	CAN	36.080
8.	Bird, Stephen	AUS	36.426

Kajak Einer 1.000 m

1.	Walz, Marcus	ESP	3:31.447
2.	Dostal, Josef	CZE	3:32.145
3.	Anoshkin, Roman	RUS	3:33.363
4.	Stewart, Murray	AUS	3:33.741
5.	Pimenta, Fernando	POR	3:35.349
6.	Poulsen Holten, Rene	DEN	3:36.840
7.	Hoff, Max	GER	3:37.581
8.	Gelle, Peter	SVK	3:40.691

Kajak Zweier 200 m

1.	Spanien	ESP	32.075
2.	Großbritannien	GBR	32.368
3.	Litauen	LTU	32.382
4.	Ungarn	HUN	32.412
5.	Deutschland	GER	32.488
6.	Serbien	SRB	32.656
7.	Frankreich	FRA	32.699
8.	Kanada	CAN	33.767

STATISTIK

Kajak Zweier 1.000 m
1.	Deutschland	GER	3:10.781
2.	Serbien	SRB	3:10.969
3.	Australien	AUS	3:12.593
4.	Portugal	POR	3:12.889
5.	Litauen	LTU	3:14.748
6.	Italien	ITA	3:14.883
7.	Ungarn	HUN	3:15.387
8.	Slowakei	SVK	3:15.916

Kajak Vierer 1.000 m
1.	Deutschland	GER	3:02.143
2.	Slowakei	SVK	3:05.044
3.	Tschechien	CZE	3:05.176
4.	Australien	AUS	3:06.731
5.	Spanien	ESP	3:06.768
6.	Portugal	POR	3:07.482
7.	Frankreich	FRA	3:07.488
8.	Serbien	SRB	3:10.241

Canadier Einer 200 m
1.	Cheban, Yuriy	UKR	39.279
2.	Demyanenko, Valentin	AZE	39.493
3.	Queiroz dos Santos, Isaquias	BRA	39.628
4.	Benavides Lopez de Ayala, A.	ESP	39.649
5.	Nadiradze, Zaza	GEO	39.817
6.	Kraitor, Andrey	RUS	40.105
7.	Li, Qiang	CHN	40.143
8.	Simart, Thomas	FRA	40.180
HF	Kiraj, Stefan	GER	43.171

Canadier Einer 1.000 m
1.	Brendel, Sebastian	GER	3:56.926
2.	Queiroz dos Santos, I.	BRA	3:58.529
3.	Tarnovschi, Serghei	MDA	4:00.852
4.	Shtokalov, Ilya	RUS	4:00.963
5.	Altukhov, Pavel	UKR	4:01.587
6.	Fuksa, Martin	CZE	4:03.322
7.	Kochnev, Gerasim	UZB	4:04.205
8.	Tacchini, Carlo	ITA	4:15.368

Canadier Zweier 1.000 m
1.	Deutschland	GER	3:43.912
2.	Brasilien	BRA	3:44.819
3.	Ukraine	UKR	3:45.949
4.	Ungarn	HUN	3:46.198
5.	Russland	RUS	3:46.776
6.	Kuba	CUB	3:48.133
7.	Tschechien	CZE	3:49.352
8.	Usbekistan	UZB	3:52.920

Slalom Kajak-Einer
1.	Clarke, Joseph	GBR	1:28.53
2.	Kauzer, Peter	SLO	1:28.70
3.	Prskavec, Jiri	CZE	1:28.99
4.	Aigner, Hannes	GER	1:29.02
5.	Grigar, Jakub	SVK	1:29.43
6.	Da Silva, Pedro	BRA	1:31.54
7.	de Gennaro, Giovanni	ITA	1:31.77
8.	Combot, Sebastien	FRA	1:32.55

Slalom Canadier-Einer
1.	Gargaud Chanut, Denis	FRA	94.17
2.	Benus, Matej	SVK	95.02
3.	Haneda, Takuya	JPN	97.44
4.	Gebas, Vitezslav	CZE	97.57
5.	Tasiadis, Sideris	GER	97.90
6.	Savsek, Benjamin	SLO	99.36
7.	Eichfeld, Casey	USA	99.69
8.	Elosegui Alkain, Ander	ESP	101.27

Slalom Canadier-Zweier
1.	Slowakei	SVK	101.58
2.	Großbritannien	GBR	102.01
3.	Frankreich	FRA	103.24
4.	Deutschland	GER	103.58
5.	Polen	POL	104.97
6.	Russland	RUS	106.70
7.	Slowenien	SLO	107.73
8.	Tschechien	CZE	108.35

Leichtathletik

■ FRAUEN

Laufen 100 m
1.	Thompson, Elaine	JAM	10.71
2.	Bowie, Tori	USA	10.83
3.	Fraser-Pryce, Shelly-Ann	JAM	10.86
4.	Ta Lou, Marie-Josee	CIV	10.86
5.	Schippers, Dafne	NED	10.90
6.	Ahye, Michelle-Lee	TRI	10.92
7.	Gardner, English	USA	10.94
8.	Williams, Christania	JAM	11.80
21.	Lofamakanda Pinto, T.	GER	11.32
32.	Haase, Rebekka	GER	11.47

200 m
1.	Thompson, Elaine	JAM	21.78
2.	Schippers, Dafne	NED	21.88
3.	Bowie, Tori	USA	22.15
4.	Ta Lou, Marie-Josee	CIV	22.21
5.	Asher-Smith, Dina	GBR	22.31
6.	Ahye, Michelle-Lee	TRI	22.34
7.	Stevens, Deajah	USA	22.65
8.	Lalova-Collio, Ivet	BUL	22.69
HF	Lueckenkemper, Gina	GER	22.73
HF	Mayer, Lisa	GER	22.90
VK	Gonska, Nadine	GER	23.03

400 m
1.	Miller, Shaunae	BAH	49.44
2.	Felix, Allyson	USA	49.51
3.	Jackson, Shericka	JAM	49.85
4.	Hastings, Natasha	USA	50.34
5.	Francis, Phyllis	USA	50.41
6.	McPherson, Stephanie	JAM	50.97
7.	Zemlyak, Olga	UKR	51.24
8.	Grenot, Libania	ITA	51.25
HF	Spelmeyer, Ruth Sophia	GER	51.61

800 m
1.	Semenya, Caster	RSA	1:55.28
2.	Niyonsaba, Francine	BDI	1:56.49
3.	Wambui, Margaret Nyairera	KEN	1:56.89
4.	Bishop, Melissa	CAN	1:57.02
5.	Jozwik, Joanna	POL	1:57.37
6.	Sharp, Lynsey	GBR	1:57.69
7.	Arzamasava, Marina	BLR	1:59.10
8.	Grace, Kate	USA	1:59.57
VK	Hering, Christina	GER	2:01.04
VK	Kohlmann, Fabienne	GER	2:05.36

1.500 m
1.	Kipyegon, Faith C.	KEN	4:08.92
2.	Dibaba, Genzebe	ETH	4:10.27
3.	Simpson, Jennifer	USA	4:10.53
4.	Rowbury, Shannon	USA	4:11.05
5.	Hassan, Sifan	NED	4:11.23
6.	Bahta, Meraf	SWE	4:12.59
7.	Muir, Laura	GBR	4:12.88
8.	Seyaum, Dawit	ETH	4:13.14
HF	Klosterhalfen, Konstanze	GER	4:07.26
HF	Sujew, Diana	GER	4:10.15

5.000 m
1.	Cheruiyot, Vivian Jepkemboi	KEN	14:26.17
2.	Obiri, Hellen Onsando	KEN	14:29.77
3.	Ayana, Almaz	ETH	14:33.59
4.	Cherono, Mercy	KEN	14:42.89
5.	Teferi, Senbere	ETH	14:43.75
6.	Can, Yasemin	TUR	14:56.96
7.	Grovdal, Karoline Bjerkeli	NOR	14:57.53
8.	Kuijken, Susan	NED	15:00.69

10.000 m
1.	Ayana, Almaz	ETH	29:17.45
2.	Cheruiyot, Vivian Jepkemboi	KEN	29:32.53
3.	Dibaba, Tirunesh	ETH	29:42.56
4.	Nawowuna Aprot, Alice	KEN	29:53.51
5.	Saina, Betsy	KEN	30:07.78
6.	Huddle, Molly	USA	30:13.17
7.	Can, Yasemin	TUR	30:13.70
8.	Burka, Gelete	ETH	30:26.66

4 x 100 m
1.	USA	USA	41.01
2.	Jamaika	JAM	41.36
3.	Großbritannien	GBR	41.77
4.	Deutschland	GER	42.10
5.	Trinidad Tobago	TRI	42.12
6.	Ukraine	UKR	42.36
7.	Kanada	CAN	43.15
8.	Nigeria	NGR	43.21

4 x 400 m
1.	USA	USA	3:19.06
2.	Jamaika	JAM	3:20.34
3.	Großbritannien	GBR	3:25.88
4.	Kanada	CAN	3:26.43
5.	Ukraine	UKR	3:26.64
6.	Italien	ITA	3:27.05
7.	Polen	POL	3:27.28
8.	Australien	AUS	3:27.45
VK	Deutschland	GER	3:26.02

Marathon
1.	Sumgong, Jemina Jelagat	KEN	2:24.04
2.	Kirwa, Eunice Jepkirui	BRN	2:24.13
3.	Dibaba, Mare	ETH	2:24.30
4.	Tsegaye, Tirfi	ETH	2:24.47
5.	Mazuronak, Olga	BLR	2:24.48
6.	Flanagan, Shalane	USA	2:25.26
7.	Linden, Desiree	USA	2:26.08
8.	Chelimo, Rose	BRN	2:27.36
44.	Scherl, Anja	GER	2:37.23
81.	Hahner, Anna	GER	2:45.32
82.	Hahner, Lisa	GER	2:45.33

100 m Hürden
1.	Rollins, Brianna	USA	12.48
2.	Ali, Nia	USA	12.59
3.	Castlin, Kristi	USA	12.61
4.	Ofili, Cindy	GBR	12.63
5.	Roleder, Cindy	GER	12.74
6.	Seymour, Pedrya	BAH	12.76
7.	Porter, Tiffany	GBR	12.76
8.	George, Phylicia	CAN	12.89
HF	Dutkiewicz, Pamela	GER	12.92
HF	Hildebrand, Nadine	GER	12.95

160 – 161

ERGEBNISSE / STATISTIK

400 m Hürden
1.	Muhammad, Ddalilah	USA	53.13
2.	Petersen, Sara Slott	DEN	53.55
3.	Spencer, Ashley	USA	53.72
4.	Hejnova, Zuzanna	CZE	53.92
5.	Tracey, Ristananna	JAM	54.15
6.	Nugent, Leah	JAM	54.45
7.	Russell, Janieve	JAM	54.56
8.	Doyle, Eilidh	GBR	54.61
VK	Baumann, Jackie	GER	59.04

3.000 m Hindernis
1.	Jebet, Ruth	BRN	8:59.75
2.	Jepkemboi, Hyvin Kiyeng	KEN	9:07.12
3.	Coburn, Emma	USA	9:07.63
4.	Chepkoech, Beatrice	KEN	9:16.05
5.	Assefa, Sofia	ETH	9:17.15
6.	Krause, Gesa Felicitas	GER	9:18.41
7.	Heiner, Madeleine	AUS	9:20.38
8.	Quigley, Colleen	USA	9:21.10
VK	Koubaa, Sanaa	GER	9:35.15
VK	Rehberg, Maya	GER	9:51.73

Springen

Weitsprung
1.	Bartoletta, Tianna	USA	7.17
2.	Reese, Brittney	USA	7.15
3.	Spanovic, Ivana	SRB	7.08
4.	Mihambo, Maleika	GER	6.95
5.	Brume, Ese	NGR	6.81
6.	Balta, Ksenija	EST	6.79
7.	Stratton, Brooke	AUS	6.74
8.	Sawyers, Jazmin	GBR	6.69
10.	Moguenara-Taroum, Sostene	GER	6.61
VK	Wester, Alexandra	GER	5.98

Dreisprung
1.	Ibarguen, Caterine	COL	15.17
2.	Rojas, Yulimar	VEN	14.98
3.	Rypakova, Olga	KAZ	14.74
4.	Orji, Keturah	USA	14.71
5.	Knyazyeva-Minenko, H.	ISR	14.68
6.	Mamona, Patricia	POR	14.65
7.	Williams, Kimberly	JAM	14.53
8.	Papahristou, Paraskevi	GRE	14.26
11.	Gierisch, Kristin	GER	13.96
VK	Elbe, Jenny	GER	14.02

Hochsprung
1.	Beitia, Ruth	ESP	1.97
2.	Demireva, Mirela	BUL	1.97
3.	Vlasic, Blanka	CRO	1.97
4.	Lowe, Chaunte	USA	1.97
5.	Trost, Alessia	ITA	1.93
6.	Spencer, Levern	LCA	1.93
7.	Skoog, Sofie	SWE	1.93
7.	Jungfleisch, Marie-Laurence	GER	1.93

Stabhoch
1.	Stefanidi, Ekaterini	GRE	4.85
2.	Morris, Sandi	USA	4.85
3.	McCartney, Eliza	NZL	4.80
4.	Boyd, Alana	AUS	4.80
5.	Bradshaw, Holly	GBR	4.70
6.	Buchler, Nicole	SUI	4.70
7.	Suhr, Jennifer	USA	4.60
7.	Silva, Yarisley	CUB	4.60
9.	Strutz, Martina	GER	4.60
10.	Ryzih, Lisa	GER	4.50
VK	Roloff, Annika	GER	4.45

Werfen / Stoßen

Diskus
1.	Perkovic, Sandra	CRO	69.21
2.	Robert Michon, Melina	FRA	66.73
3.	Caballero, Denia	CUB	65.34
4.	Samuels, Dani	AUS	64.90
5.	Su, Xinyue	CHN	64.37
6.	Müller, Nadine	GER	63.13
7.	Chen, Yang	CHN	63.11
8.	Feng, Bin	CHN	63.06
9.	Fischer, Julia	GER	62.67
11.	Craft, Shanice	GER	59.85

Kugelstoßen
1.	Carter, Michelle	USA	20.63
2.	Adams, Valerie	NZL	20.42
3.	Marton, Anita	HUN	19.87
4.	Gong, Lijiao	CHN	19.39
5.	Saunders, Raven	USA	19.35
6.	Schwanitz, Christina	GER	18.37
7.	Borel-Brown, Cleopatra	TRI	18.37
8.	Dubitskaya, Alyona	BLR	18.23
20.	Gambetta, Sara	GER	17.24
30.	Urbaniak, Lena	GER	16.62

Hammer
1.	Wlodarczyk, Anita	POL	82.29
2.	Zhang, Wenxiu	CHN	76.75
3.	Hitchon, Sophie	GBR	74.54
4.	Heidler, Betty	GER	73.71
5.	Marghieva, Zalina	MDA	73.50
6.	Campbell, Amber	USA	72.74
7.	Malyshik, Hanna	BLR	71.90
8.	Price, Deanna	USA	70.95
VK	Klaas, Kathrin	GER	67.92
VK	Woitha, Charlene	GER	62.50

Speer
1.	Kolak, Sara	CRO	66.18
2.	Viljoen, Sunette	RSA	64.92
3.	Spotakova, Barbora	CZE	64.80
4.	Andrejczyk, Maria	POL	64.78
5.	Khaladovich, Tatyana	BLR	64.60
6.	Mitchell, Kathryn	AUS	64.36
7.	Lyu, Huhui	CHN	64.04
8.	Obergföll, Christina	GER	62.92
11.	Stahl, Linda	GER	59.71
12.	Hussong, Christin	GER	57.70

Siebenkampf
1.	Thiam, Nafissatour	BEL	6810
2.	Ennis-Hill, Jessica	GBR	6775
3.	Theisen Eaton, Brianne	CAN	6653
4.	Ikauniece-Admidina, Laura	LAT	6617
5.	Schäfer, Carolin	GER	6540
6.	Johnson-Thompson, K.	GBR	6523
7.	Rodriguez, Yorgelis	CUB	6481
8.	Zsivoczky-Farkas, Gyoergi	HUN	6442
9.	Oeser, Jennifer	GER	6401
14.	Rath, Claudia	GER	6270

Gehen

20 km Gehen
1.	Liu, Hong	CHN	1:28.35
2.	Gonzalez, Maria Guadelupe	MEX	1:28.37
3.	Lu, Xiuzhi	CHN	1:28.42
4.	Palmisano, Antonella	ITA	1:29.03
5.	Qieyang, Shenjie	CHN	1:29.04
6.	Cabecinha, Ana	POR	1:29.23
7.	de Sena, Erica	BRA	1:29.29
8.	Pascual, Beatriz	ESP	1:30.24

■ MÄNNER

Laufen

100 m
1.	Bolt, Usain	JAM	9.81
2.	Gatlin, Justin	USA	9.89
3.	de Grasse, Andre	CAN	9.91
4.	Blake, Yohan	JAM	9.93
5.	Simbine, Akani	RSA	9.94
6.	Meite, Ben Youssef	CIV	9.96
7.	Vicaut, Jimmy	FRA	10.04
8.	Bromell, Trayvon	USA	10.06
VK	Reus, Julian	GER	10.34
VK	Jakubczyk, Lucas	GER	10.29

200 m
1.	Bolt, Usain	JAM	19.78
2.	de Grasse, Andre	CAN	20.02
3.	Lemaitre, Christophe	FRA	20.12
4.	Gemili, Adam	GBR	20.12
5.	Martina, Churandy	NED	20.13
6.	Merritt, LaShawn	USA	20.19
7.	Edward, Alonso	PAN	20.23
8.	Guliyev, Ramil	TUR	20.43
VK	Menga, Aleixo-Platini	GER	20.80
VK	Erewa, Robin	GER	20.61

400 m
1.	van Niekerk, Wayde	RSA	43.03
2.	James, Kirani	GRN	43.76
3.	Merritt, LaShawn	USA	43.85
4.	Cedenio, Machel	TRI	44.01
5.	Sibanda, Karabo	BOT	44.25
6.	Khamis, Ali Khamis	BRN	44.36
7.	Taplin, Bralon	GRN	44.45
8.	Hudson-Smith, Matthew	GBR	44.61

800 m
1.	Rudisha, Daniel Lekuta	KEN	1:42.15
2.	Makhloufi, Taoufik	ALG	1:42.61
3.	Murphy, Clayton	USA	1:42.93
4.	Bosse, Pierre Ambroise	FRA	1:43.41
5.	Rotich, Ferguson Cheruiyot	KEN	1:43.55
6.	Lewandowski, Marcin	POL	1:44.20
7.	Kipketer, Alfred	KEN	1:46.02
8.	Berian, Boris	USA	1:46.15

1.500 m
1.	Centrowitz, Matthew	USA	3:50.00
2.	Makhloufi, Taoufik	ALG	3:50.11
3.	Willis, Nicholas	NZL	3:50.24
4.	Souleiman, Ayanleh	DJI	3:50.29
5.	Iguider, Abdalaati	MAR	3:50.58
6.	Kiprop, Asbel	KEN	3:50.87
7.	Bustos, David	ESP	3:51.06
8.	Blankenship, Ben	USA	3:51.09
HF	Tesfaye, Homiyu	GER	3:40.76

5.000 m
1.	Farah, Mohammed	GBR	13:03.30
2.	Chelimo, Paul Kipkemoi	USA	13:03.90
3.	Gebrhiwet, Hagos	ETH	13:04.35
4.	Ahmed, Mohammed	CAN	13:05.94
5.	Lagat, Bernard	USA	13:06.78
6.	Butchart, Andrew	GBR	13:08.61
7.	Rop, Albert Kibichii	BRN	13:08.79
8.	Cheptegei, Joshua Kiprui	UGA	13:09.17
VK	Ringer, Richard	GER	14:05.01
VK	Orth, Florian	GER	13:28.88

10.000 m
1.	Farah, Mohammed	GBR	27:05.17
2.	Tanui Kipngetich, Paul	KEN	27:05.64
3.	Tota, Tamirat	ETH	27:06.26
4.	Demelash, Yigrem	ETH	27:06.27
5.	Rupp, Galen	USA	27:08.92
6.	Cheptegei, Joshua Kiprui	UGA	27:10.06
7.	Muchiri, Bednan Karoki	KEN	27:22.93
8.	Tadese, Zersenay	ERI	27:23.86

STATISTIK

4 x 100 m

1.	Jamaika	JAM	37.27
2.	Japan	JPN	37.60
3.	Kanada	CAN	37.64
4.	China	CHN	37.90
5.	Großbritannien	GBR	37.98
6.	Brasilien	BRA	38.41
VK	Deutschland	GER	38.26
DQ	Trinidad Tobago	TRI	
DQ	USA	USA	

4 x 400 m

1.	USA	USA	2:57.30
2.	Jamaika	JAM	2:58.16
3.	Bahamas	BAH	2:58.49
4.	Belgien	BEL	2:58.52
5.	Botswana	BOT	2:59.06
6.	Kuba	CUB	2:59.53
7.	Polen	POL	3:00.50
8.	Brasilien	BRA	3:03.28

Marathon

1.	Kipchoge, Eliud	KEN	2:08.44
2.	Lilesa, Feyisa	ETH	2:09.54
3.	Rupp, Galen	USA	2:10.05
4.	Ghebreslassie, Ghirmay	ERI	2:11.04
5.	Simbu, Alphonce Felix	TAN	2:11.30
6.	Ward, Jared	USA	2:11.30
7.	Abraham, Tadesse	SUI	2:11.42
8.	Mutai, Munyo Solomon	UGA	2:11.49
55.	Pflieger, Philipp	GER	2:18.56
71.	Flügel, Julian	GER	2:20.47

110 m Hürden

1.	McLeod, Omar	JAM	13.05
2.	Ortega, Orlando	CUB	13.17
3.	Bascou, Dimitri	FRA	13.24
4.	Martinot-Lagarde, Pascal	FRA	13.29
5.	Allen, Devon	USA	13.31
6.	Cabral, Johnathan	CAN	13.40
7.	Trajkovic, Milan	CYP	13.41
HF	Traber, Gregor	GER	13.43
VK	Bühler, Matthias	GER	13.90
VK	John, Alexander	GER	14.13
DQ	Ash, Ronnie	USA	

400 m Hürden

1.	Clement, Kerron	USA	47.73
2.	Tumuti, Boniface Mucheru	KEN	47.78
3.	Copello Escobar, Yasmani	TUR	47.92
4.	Barr, Thomas	IRL	47.97
5.	Whyte, Annsert	JAM	48.07
6.	Magi, Rasmus	EST	48.40
7.	Koech, Haron	KEN	49.09
DQ	Culson, Javier	PUR	

3.000 m Hindernis

1.	Kipruto, Conseslus	KEN	8:03.28
2.	Jager, Evan	USA	8:04.28
3.	Mekhissi-Benabbad, M.	FRA	8:11.52
4.	Elbakkali, Soufiane	MAR	8:14.35
5.	Kowal, Yoann	FRA	8:16.75
6.	Kipruto, Brimin Kiprop	KEN	8:18.79
7.	Bor, Hillary	USA	8:22.74
8.	Cabral, Donald	USA	8:25.81

Gehen

20 km

1.	Wang, Zhen	CHN	1:19:14.0
2.	Cai, Zelin	CHN	1:19:26.0
3.	Bird-Smith, Dane	AUS	1:19:37.0
4.	Bonfim, Caio	BRA	1:19:42.0
5.	Linke, Christopher	GER	1:20:00.0
6.	Bosworth, Tom	GBR	1:20:13.0
7.	Matsunaga, Daisuke	JPN	1:20:22.0
8.	Giupponi, Matteo	ITA	1:20:27.0
17.	Pohle, Hagen	GER	1:21:44.0
38.	Brembach, Nils	GER	1:23:46.0

50 km

1.	Toth, Matej	SVK	3:40:58
2.	Tallent, Jared	AUS	3:41:16
3.	Arai, Hirooki	JPN	3:41:24
4.	Dunfee, Evan	CAN	3:41:38
5.	Yu, Wei	CHN	3:43:00
6.	Heffernan, Robert	IRL	3:43:55
7.	Haukenes, Harvard	NOR	3:46:33
8.	Diniz, Yohan	FRA	3:46:43
DNF	Pohle, Hagen	GER	
DNF	Dohmann, Carl	GER	

Springen

Weitsprung

1.	Henderson, Jeff	USA	8.38
2.	Manyoga, Luvo	RSA	8.37
3.	Rutherford, Greg	GBR	8.29
4.	Lawson, Jarrion	USA	8.25
5.	Wang, Jianan	CHN	8.17
6.	Lasa, Emiliano	URU	8.10
7.	Frayne, Henry	AUS	8.06
8.	Gomis, Kafetien	FRA	8.05
18.	Heinle, Fabian	GER	7.79
30.	Camara, Alyn	GER	5.16

Dreisprung

1.	Taylor, Christian	USA	17.86
2.	Claye, Will	USA	17.76
3.	Dong, Bin	CHN	17.58
4.	Cao, Shuo	CHN	17.13
5.	Murillo, John	COL	17.09
6.	Evora, Nelson	POR	17.03
7.	Doris, Troy	GUY	16.90
8.	Martinez, Lazaro	CUB	16.68
VK	Hess, Max	GER	16.56

Hochsprung

1.	Drouin, Derek	CAN	2.38
2.	Barshim, Mutaz Essa	QAT	2.36
3.	Bondarenko, Bogdan	UKR	2.33
4.	Protsenko, Andrey	UKR	2.33
5.	Grabarz, Robert	GBR	2.33
6.	Kynard, Erik	USA	2.33
7.	Thomas, Donald	BAH	2.29
7.	Ioannou, Kyriakos	CYP	2.29
7.	Ghazal, Majd Eddin	SYR	2.29
VK	Onnen, Eike	GER	2.26
VK	Przybylko, Mateusz	GER	2.22

Stabhoch

1.	da Silva, Thiago	BRA	6.03
2.	Lavillenie, Renaud	FRA	5.98
3.	Kendricks, Sam	USA	5.85
4.	Lisek, Piotr	POL	5.75
5.	Kudlicka, Jan	CZE	5.75
6.	Xue, Changrui	CHN	5.65
7.	Balner, Michal	CZE	5.50
7.	Filippidis, Konstandinos	GRE	5.50
7.	Sawano, Daichi	JPN	5.50
VK	Scherbarth, Tobias	GER	5.45
VK	Holzdeppe, Raphael	GER	5.45
VK	Dilla, Karsten	GER	5.30

Werfen / Stoßen

Diskus

1.	Harting, Christoph	GER	68.37
2.	Malachowski, Piotr	POL	67.55
3.	Jasinski, Daniel	GER	67.05
4.	Kupper, Martin	EST	66.58
5.	Kanter, Gerd	EST	65.10
6.	Weißhaidinger, Lukas	AUT	64.95
7.	Kovago, Zoltan	HUN	64.50
8.	Parellis, Apostolos	CYP	63.72
15.	Harting, Robert	GER	62.21

Kugelstoßen

1.	Crouser, Ryan	USA	22.52
2.	Kovacs, Joe	USA	21.78
3.	Walsh, Tomas	NZL	21.36
4.	Elemba, Franck	CGO	21.20
5.	Romani, Darlan	BRA	21.02
6.	Majewski, Tomasz	POL	20.72
7.	Storl, David	GER	20.64
8.	Richards, O'Dayne	JAM	20.64
VK	Dahm, Tobias	GER	19.62

Speer

1.	Röhler, Thomas	GER	90.30
2.	Yego, Julius	KEN	88.24
3.	Walcott, Keshorn	TRI	85.38
4.	Vetter, Johannes	GER	85.32
5.	Kosynskyy, Dmytro	UKR	83.95
6.	Ruuskanen, Antti	FIN	83.05
7.	Vesely, Vitezslav	CZE	82.51
8.	Vadlejch, Jakub	CZE	82.42
9.	Weber, Julian	GER	81.36

Hammer

1.	Nazarov, Dilshod	TJK	78.68
2.	Tsikhan, Ivan	BLR	77.79
3.	Nowicki, Wojciech	POL	77.73
4.	del Real, Diego	MEX	76.05
5.	Lomnicky, Marcel	SVK	75.97
6.	Elseify, Ashraf Amgad	QAT	75.46
7.	Pars, Krisztian	HUN	75.28
8.	Soderberg, David	FIN	74.61

Zehnkampf

1.	Eaton, Ashton	USA	8893
2.	Mayer, Kevin	FRA	8834
3.	Warner, Damian	CAN	8666
4.	Kazmirek, Kai	GER	8580
5.	Bourrada, Larbi	ALG	8521
6.	Suarez, Leonel	CUB	8460
7.	Ziemek, Zach	USA	8392
8.	van der Plaetsen, Thomas	BEL	8332
15.	Abele, Arthur	GER	8013
DNF	Freimuth, Rico	GER	

Moderner Fünfkampf

FRAUEN

1.	Esposito, Chloe	AUS	1372
2.	Clouvel, Elodie	FRA	1356
3.	Nowacka, Oktawia	POL	1349
4.	Chen, Qian	CHN	1343
5.	Schleu, Annika	GER	1336
6.	French, Kate	GBR	1331
7.	Coyle, Natalya	IRL	1325
8.	Sotero, Alice	ITA	1323
32.	Schöneborn, Lena	GER	1045

MÄNNER

1.	Lesun, Aleksander	RUS	1479
2.	Tymoshchenko, Pavlo	UKR	1472
3.	Hernandez Uscaniga, Ismael	MEX	1468
4.	Prades, Valentin	FRA	1467
5.	de Luca, Riccardo	ITA	1467
6.	Dogue, Patrick	GER	1463
7.	Esposito, Max	AUS	1462

ERGEBNISSE / STATISTIK

8.	Lanigan-O'Keefe, Arthur	IRL	1457
21.	Zillekens, Christian	GER	1417

Mountainbike

■ FRAUEN

1.	Rissveds, Jenny	SWE	1:30:15.0
2.	Wloszczowska, Maja	POL	1:30:52.0
3.	Pendrel, Catherine	CAN	1:31:41.0
4.	Batty, Emily	CAN	1:31:43.0
5.	Nash, Katerina	CZE	1:32:25.0
6.	Neff, Jolanda	SUI	1:32:43.0
7.	Davison, Lea	USA	1:33:27,0
8.	Indergand, Linda	SUI	1:33:27,0
12.	Grobert, Helen	GER	1:34:08,0
19.	Spitz, Sabine	GER	1:39:16,0

■ MÄNNER

1.	Schurter, Nino	SUI	1:33:28.0
2.	Kulhavy, Jaroslav	CZE	1:34:18.0
3.	Coloma Nicolas, Carlos	ESP	1:34:51.0
4.	Marotte, Maxime	FRA	1:35:01.0
5.	Botero Villegas, Jhonnatan	COL	1:35:44.0
6.	Flückiger, Mathias	SUI	1:35:52.0
7.	Braidot, Luca	ITA	1:36:25.0
8.	Absalon, Julien	FRA	1:36:43.0
13.	Fumic, Manuel	GER	1:37:39.0
28.	Milatz, Moritz	GER	1:43:14.0

Pferdesport

Military — Einzel

1.	Jung, Michael	GER	40.90
2.	Astier, Nicolas	FRA	48.00
3.	Dutton, Phillip	USA	51.80
4.	Griffiths, Sam	AUS	53.10
5.	Burton, Christopher	AUS	53.60
6.	Johnstone, Clarke	NZL	59.30
7.	Todd, Mark	NZL	62.00
8.	Huan Tian, Alex	CHN	63.60
11.	Auffarth, Sandra	GER	66.40
14.	Klimke, Ingrid	GER	69.50
DNF	Krajewski, Julia	GER	

Mannschaft

1.	Frankreich	FRA	169.00
2.	Deutschland	GER	172.80
3.	Australien	AUS	175.30
4.	Neuseeland	NZL	178.80
5.	Großbritannien	GBR	250.10
6.	Niederlande	NED	252.60
7.	Brasilien	BRA	280.90
8.	Irland	IRL	286.40

Dressur — Einzel

1.	Dujardin, Charlotte	GBR	93.857
2.	Werth, Isabell	GER	89.071
3.	Bröring-Sprehe, Kristina	GER	87.142
4.	Graves, Laura	USA	85.196
5.	Lopez, Severo Jesus Jurado	ESP	83.625
6.	Schneider, Dorothee	GER	82.946
7.	Hester, Carl	GBR	82.553
8.	Wilhelmsson-Silfven, Tine	SWE	81.553
VK	Rothenberger, Sönke	GER	

Mannschaft

1.	Deutschland	GER	82.577
2.	Großbritannien	GBR	77.937
3.	USA	USA	76.363
4.	Niederlande	NED	74.991
5.	Schweden	SWE	74.370
6.	Dänemark	DEN	74.346
7.	Spanien	ESP	74.029
8.	Frankreich	FRA	71.914

Springreiten — Einzel

1.	Skelton, Nicholas	GBR	0
2.	Fredericson, Peder	SWE	0
3.	Lamaze, Eric	CAN	4
4.	Guerdat, Philippe	SUI	4
5.	Farrington, Kent	USA	8
6.	Al Thani, Sheikh Ali	QAT	8
7.	Dubbeldam, Jeroen	NED	
8.	Albarracin, Matias	ARG	
9.	Ahlmann, Christian	GER	
9.	Deußer, Daniel	GER	
35.	Michaels-Beerbaum, M.	GER	
VK	Beerbaum, Ludger	GER	

Mannschaft

1.	Frankreich	FRA	3.0
2.	USA	USA	5.0
3.	Deutschland	GER	8.0
4.	Kanada	CAN	8.0
5.	Brasilien	BRA	13.0
6.	Schweiz	SUI	15.0
7.	Schweden	SWE	18.0
7.	Niederlande	NED	18.0

Radsport

■ FRAUEN
Straßenradsport — Straßenrennen

1.	van der Breggen, Anna	NED	3:51.27
2.	Johansson, Emma	SWE	3:51.27
3.	Longo Borghini, Elisa	ITA	3:51.27
4.	Abbott, Mara	USA	3:51.31
5.	Armitstead, Elizabeth	GBR	3:51.47
6.	Niewiadoma, Katarzyna	POL	3:51.47
7.	Oliveira, Flavia	BRA	3:51.47
8.	Neff, Jolanda	SUI	3:51.47
19.	Brennauer, Lisa	GER	3:56.34
31.	Lichtenberg, Claudia	GER	3:58.03
43.	Worrack, Trixi	GER	4:01.33
44.	Kasper, Romy	GER	4:02.07

Einzelzeitfahren

1.	Armstrong, Kristin	USA	44:26.42
2.	Zabelinskaya, Olga	RUS	44:31.97
3.	van der Breggen, Anna	NED	44:37.80
4.	van Dijk, Eleonora	NED	44:48.74
5.	Longo Borghini, Elisa	ITA	44:51.94
6.	Villumsen, Linda Melanie	NZL	44:54.71
7.	Whitten, Tara	CAN	45:01.16
8.	Brennauer, Lisa	GER	45:22.62
16.	Worrack, Trixi	GER	46:52.77

Bahnradsport — Mannschaftssprint

1.	China	CHN	32.107
2.	Russland	RUS	32.401
3.	Deutschland	GER	32.636
4.	Australien	AUS	32.658
5.	Niederlande	NED	32.792
6.	Frankreich	FRA	33.517
7.	Spanien	ESP	33.531
8.	Kanada	CAN	33.684

Mannschaftsverfolgung

1.	Großbritannien	GBR	4:10.236
2.	USA	USA	4:12.454
3.	Kanada	CAN	4:14.627
4.	Neuseeland	NZL	4:18.459
5.	Australien	AUS	4:21.232
6.	Italien	ITA	4:28.368
9.	Deutschland	GER	4:30.068
DNF	China	CHN	
DQ	Polen	POL	

Keirin

1.	Ligtlee, Elis	NED	11.217
2.	James, Rebecca Angharad	GBR	11.250
3.	Meares, Anna	AUS	11.255
4.	Voinova, Anastasia	RUS	11.328
5.	Basova, Lyubov	UKR	11.369
6.	Vogel, Kristina	GER	11.380
7.	Lee, Wai Sze	HKG	11.407
8.	Lee, Hyejin	KOR	11.466
HF	Welte, Miriam	GER	12.962

Sprint

1.	Vogel, Kristina	GER	
2.	James, Rebecca Angharad	GBR	
3.	Marchant, Katy	GBR	
4.	Ligtlee, Elis	NED	
5.	Zhong, Tianshi	CHN	
6.	Lee, Wai Sze	HKG	
7.	Krupeckaite, Simona	LTU	
8.	Voinova, Anastasia	RUS	
11.	Welte, Miriam	GER	

Mehrkampf

1.	Trott, Laura	GBR	230
2.	Hammer, Sarah	USA	206
3.	D'Hoore, Jolien	BEL	199
4.	Ellis, Lauren	NZL	189
5.	Dideriksen, Amalie	DEN	189
6.	Wild, Kirsten	NED	183
7.	Mejias Garcia, Marlies	CUB	173
8.	Edmondson, Annette	AUS	168
13.	Knauer, Anna	GER	99

BMX — Einzel

1.	Pajon, Mariana	COL	34.093
2.	Post, Alise	USA	34.435
3.	Hernandez, Stefany	VEN	34.755
4.	Crain, Brooke	USA	35.520
5.	Bondarenko, Yaroslava	RUS	36.017
6.	Vanhoof, Elke	BEL	39.538
7.	Smulders, Laura	NED	1:52.235
8.	Valentino, Manon	FRA	2:41.109
14.	Pries, Nadja	GER	

■ MÄNNER
Straßenradsport — Straßenrennen

1.	van Avermaet, Greg	BEL	6:10.05
2.	Fuglsang, Jakob	DEN	6:10.05
3.	Majka, Rafal	POL	6:10.10
4.	Alaphilippe, Julian	FRA	6:10.27
5.	Rodriguez Oliver, Joaquim	ESP	6:10.27
6.	Aru, Fabio	ITA	6:10.27
7.	Meintjes, Louis	RSA	6:10.27
8.	Zeits, Andrei	KAZ	6:10.30
14.	Buchmann, Emanuel	GER	6:13.03
DNF	Geschke, Simon	GER	
DNF	Levy, Maximilian	GER	
DNF	Martin, Tony	GER	

STATISTIK

Einzelzeitfahren

1.	Cancellara, Fabian	SUI	1:12:15.42
2.	Dumoulin, Tom	NED	1:13:02.83
3.	Froome, Christopher	GBR	1:13:17.54
4.	Castroviejo Nicolas, J.	ESP	1:13:21.50
5.	Dennis, Rohan	AUS	1:13:25.66
6.	Bodnar, Maciej	POL	1:14:05.89
7.	Santos Simoes Oliveira, N. P.	POR	1:14:15.27
8.	Izaguirre Insausti, Jon	ESP	1:14:21.59
12.	Martin, Tony	GER	1:15:33.75
13.	Geschke, Simon	GER	1:15:49.88

Bahnradsport — Mannschaftssprint

1.	Großbritannien	GBR	42.440
2.	Neuseeland	NZL	42.542
3.	Frankreich	FRA	43.143
4.	Australien	AUS	43.298
5.	Deutschland	GER	43.455
6.	Niederlande	NED	43.552
7.	Polen	POL	43.555
8.	Venezuela	VEN	44.486

Mannschaftsverfolgung

1.	Großbritannien	GBR	3:50.265
2.	Australien	AUS	3:51.008
3.	Dänemark	DEN	3:53.789
4.	Neuseeland	NZL	3:56.753
5.	Deutschland	GER	3:59.485
6.	Italien	ITA	4:02.360
7.	Schweiz	SUI	4:01.786
8.	China	CHN	4:03.687

Keirin

1.	Kenny, Jason		GBR
2.	Buchli, Matthijs		NED
3.	Awang, Mohd Azizulhasni		MAS
4.	Eilers, Joachim		GER
5.	Puerta Zapata, Fabian H.		COL
6.	Zielinski, Damian		POL
7.	Webster, Sam		NZL
8.	D'Almeida, Michael		FRA
ZK	Levy, Maximilian		GER

Sprint

1.	Kenny, Jason	GBR	9.916
2.	Skinner, Callum	GBR	10.002
3.	Dmitriev, Denis	RUS	10.190
4.	Glaetzer, Matthew	AUS	10.234
5.	Eilers, Joachim	GER	10.525
6.	Xu, Chao	CHN	10.561
7.	Bauge, Gregory	FRA	10.678
8.	Constable, Patrick	AUS	10.740

Mehrkampf

1.	Viviani, Elia	ITA	207
2.	Cavendish, Mark	GBR	194
3.	Hansen, Lasse Norman	DEN	192
4.	Gaviria Rendon, Fernando	COL	181
5.	Boudat, Thomas	FRA	172
6.	Kluge, Roger	GER	167
7.	O'Shea, Glenn	AUS	144
8.	Kennett, Dylan	NZL	143

BMX — Einzel

1.	Fields, Connor	USA	34.642
2.	van Gorkom, Jelle	NED	35.316
3.	Ramirez Yepes, Carlos A.	COL	35.517
4.	Long, Nicholas	USA	35.522
5.	Nyhaug, Tory	CAN	35.674
6.	Willoughby, Sam	AUS	36.325
7.	Kimman, Niek	NED	36.579
8.	Dean, Anthony	AUS	DNF
15.	Brethauer, Luis	GER	

Rhythmische Sportgymnastik

■ FRAUEN — Einzel-Mehrkampf

1.	Mamun, Margarita	RUS	76.483
2.	Kudryavtseva, Yana	RUS	75.608
3.	Rizatdinova, Anna	UKR	73.583
4.	Son, Yeon-Jae	KOR	72.898
5.	Staniouta, Melitina	BLR	71.133
6.	Halkina, Katarina	BLR	70.932
7.	Vladinova, Neviana	BUL	70.733
8.	Rodriguez, Carolina	ESP	69.949
18.	Berezko-Marggrander, Jana	GER	68.249

Geräte

1.	Russland	RUS	36.233
2.	Spanien	ESP	35.766
3.	Bulgarien	BUL	35.766
4.	Italien	ITA	35.549
5.	Weißrussland	BLR	35.299
6.	Israel	ISR	34.549
7.	Ukraine	UKR	34.282
8.	Japan	JPN	34.200
10.	Deutschland	GER	32.400

Ringen

■ FRAUEN
Freistil — 48 kg

1.	Tosaka, Eri		JPN
2.	Stadnik, Maria		AZE
3.	Yankova, Elitsa		BUL
3.	Sun, Yanan		CHN
5.	Eshimova-Turtbaeva, J.		KAZ
5.	Bermudez, Patricia A.		ARG
7.	Matkowska, Iwona		POL
8.	Castillo Hidalgo, Carolina		COL

53 kg

1.	Maroulis, Helen		USA
2.	Yoshida, Saori		JPN
3.	Sinishin, Natalya		AZE
3.	Mattsson, Sofia		SWE
5.	Zhong, Xuechun		CHN
5.	Arguello Villegas, Betzabeth A.		VEN
7.	Jong, Myong Suk		PRK
8.	Sambou, Isabelle		SEN
14.	Hemmer, Nina		GER

58 kg

1.	Icho, Kaori		JPN
2.	Koblova, Valeria		RUS
3.	Amri, Marwa		TUN
3.	Malik, Sakshi		IND
5.	Tynybekova, Aysuluu		KGZ
5.	Ratkevich, Yulia		AZE
7.	Purevdorj, Orkhon		MGL
8.	Renteria, Jacqueline		COL
20.	Niemesch, Luisa		GER

63 kg

1.	Kawai, Risako		JPN
2.	Mamashuk, Maria		BLR
3.	Michalik, Monika		POL
3.	Larionova, Ekaterina		KAZ
5.	Pirozhkov, Elena		USA
5.	Trazhukova, Inna		RUS
7.	Sahin, Hafize		TUR
8.	Grigorjeva, Anastasija		LAT

69 kg

1.	Dosho, Sara		JPN
2.	Vorobieva, Natalya		RUS
3.	Syzdykova, Elmira		KAZ
3.	Fransson, Jenny		SWE
5.	Ahmed, Enas Mostafa Y.		EGY
5.	Yeats, Dorothy		CAN
7.	Tosun, Buse		TUR
7.	Ochirbat, Nasanburmaa		MGL
9.	Focken, Aline		GER

75 kg

1.	Wiebe, Erica		CAN
2.	Manyourova, Gouzel		KAZ
3.	Zhang, Fengliu		CHN
3.	Bukina, Ekaterina		RUS
5.	Marzaliuk, Vasilisa		BLR
5.	Ali, Annabel Laure		CMR
7.	Gray, Adeline		USA
8.	Adar, Yasemir		TUR
18.	Selmaier, Maria		GER

■ MÄNNER
Freistil — 57 kg

1.	Khinchegashvili, Vladimir		GEO
2.	Higuchi, Rei		JPN
3.	Rahimi, Hassan Sabzali		IRI
3.	Aliev, Hadji		AZE
5.	Bonne Rodriguez, Yowlys		CUB
5.	Dubov, Vladimir		BUL
7.	Lachinov, Asadulla		BLR
8.	Yang, Kyong-Il		PRK

65 kg

1.	Ramonov, Soslan		RUS
2.	Asgarov, Toghrul		AZE
3.	Chamizo Marquez, Frank		ITA
3.	Navruzov, Ikhtior		UZB
5.	Molinaro, Frank Aniello		USA
5.	Ganzorig, Mandakhnaran		MGL
7.	Valdes Tobier, Alejandro E.		CUB
8.	Novachkov, Borislav S.		BUL

74 kg

1.	Yazdani Charati, Hassan		IRI
2.	Geduev, Anuiar		RUS
3.	Demirtas, Söner		TUR
3.	Hasanov, Yabrail		AZE
5.	Usserbayev, Galymzhan		KAZ
5.	Abdurakhmanov, Bekzot		UZB
7.	Takatani, Sohsuke		JPN
8.	Khadjiev, Zelimkhan		FRA

86 kg

1.	Sadulaev, Abdulrashid		RUS
2.	Yasar, Selim		TUR
3.	Cox, J'den Michael Tbory		USA
3.	Sharifov, Sharif		AZE
5.	Salas Perez, Reineris		CUB
5.	Ceballos Fuentes, Pedro F.		VEN
7.	Karimi Machiani, Alireza		IRI
8.	Ganev, Mikhail		BUL

97 kg

1.	Snyder, Kyle		USA
2.	Gazumov, Khetag		AZE
3.	Ibragimov, Magomed		UZB
3.	Saritov, Albert		ROU
5.	Andriitsev, Valeri		UKR
5.	Odikadze, Elizabar		GEO

ERGEBNISSE / STATISTIK

| 7. | Yazdani, Reza | IRI |
| 8. | Ibragimov, Mahmed | KAZ |

125 kg

1.	Akguel, Taha	TUR
2.	Ghasemi, Komeil	IRI
3.	Petriashvili, Geno	GEO
3.	Saidov, Ibragim	BLR
5.	Dlagnev, Tervel	USA
5.	Berianidze, Levan	ARM
7.	Ligeti, Daniel	HUN
8.	Jarvis, Korey	CAN

Griechisch-Römisch

59 kg

1.	Borrero, Ismael	CUB
2.	Ota, Shinobu	JPN
3.	Berge, Stig Andre	NOR
3.	Tasmuradov, Elmurat	UZB
5.	Bayramov, Rovshan	AZE
5.	Eraliev, Arsen	KGZ
7.	Kebispaev, Almat	KAZ
8.	Wang, Lumin	CHN

66 kg

1.	Stefanek, Davor	SRB
2.	Harutunyan, Mihran	ARM
3.	Bolkvadze, Shmagi	GEO
3.	Chunayev, Rasul	AZE
5.	Inoue, Tomohiro	JPN
5.	Ryu, Han-Su	KOR
7.	Stäbler, Frank	GER
8.	Benaissa, Tarek Aziz	ALG

75 kg

1.	Vlasov, Roman	RUS
2.	Madsen Overgaard, Mark	DEN
3.	Abdvali, Saeid Morad	IRI
3.	Kim, Hyeon-Woo	KOR
5.	Bacsi, Peter	HUN
5.	Starcevic, Bozo	CRO
7.	Mursaliev, Elvin	AZE
8.	Nemes, Viktor	SRB

85 kg

1.	Chakvetadze, David	RUS
2.	Belenyuk, Zhan	UKR
3.	Hamzatov, Javid	BLR
3.	Kudla, Denis	GER
5.	Bayrakov, Nikolai	BUL
5.	Loerincz, Viktor	HUN
7.	Akhlaghi, Habibollah	IRI
8.	Assakalov, Rustam	UZB

98 kg

1.	Aleksanyan, Artur	ARM
2.	Lugo Cabrera, Yasmany D.	CUB
3.	Rezaie, Ghasem G.	IRI
3.	Ildem, Cenk	TUR
5.	Alexuc-Ciucariu, Alin	ROU
5.	Schön, Fredrik	SWE
7.	Guri, Elis	BUL
8.	Magomedov, Islam	RUS

130 kg

1.	Lopez Nunez, Mijain	CUB
2.	Kayaalp, Riza	TUR
3.	Semenov, Maxim	RUS
3.	Shariati, Sabar Saleh	AZE
5.	Nabi, Heiki	EST
5.	Popp, Eduard	GER
7.	Kajaia, Iakobi	GEO
8.	Euren, Johan	SWE

Rudern

■ FRAUEN

Einer

1.	Brennan, Kimberley	AUS	7:21.54
2.	Stone, Genevra	USA	7:22.92
3.	Duan, Jingli	CHN	7:24.13
4.	Twigg, Emma	NZL	7:24.48
5.	Gmelin, Jeannine	SUI	7:29.69
6.	Lobnig, Magdalena	AUT	7:34.86

Doppelzweier

1.	Polen	POL	7:40.10
2.	Großbritannien	GBR	7:41.05
3.	Litauen	LTU	7:43.76
4.	Griechenland	GRE	7:48.62
5.	Frankreich	FRA	7:52.03
6.	USA	USA	8:06.18
7.	Deutschland	GER	7:39.82

Doppelzweier Leichtgewicht

1.	Niederlande	NED	7:04.73
2.	Kanada	CAN	7:05.88
3.	China	CHN	7:06.49
4.	Neuseeland	NZL	7:10.61
5.	Südafrika	RSA	7:11.26
6.	Irland	IRL	7:13.09
11.	Deutschland	GER	7:32.73

Doppelzweier ohne Steuerfrau

1.	Großbritannien	GBR	7:18.29
2.	Neuseeland	NZL	7:19.53
3.	Dänemark	DEN	7:20.71
4.	USA	USA	7:24.77
5.	Südafrika	RSA	7:28.50
6.	Spanien	ESP	7:35.22
8.	Deutschland	GER	7:18.57

Doppelvierer

1.	Deutschland	GER	6:49.39
2.	Niederlande	NED	6:50.33
3.	Polen	POL	6:50.86
4.	Ukraine	UKR	6:56.09
5.	USA	USA	6:57.67
6.	China	CHN	6:59.45

Achter

1.	USA	USA	6:01.49
2.	Großbritannien	GBR	6:03.98
3.	Rumänien	ROU	6:04.10
4.	Neuseeland	NZL	6:05.48
5.	Kanada	CAN	6:06.04
6.	Niederlande	NED	6:08.37

■ MÄNNER

Einer

1.	Drysdale, Mahe	NZL	6:41.34
2.	Martin, Damir	CRO	6:41.34
3.	Synek, Ondrej	CZE	6:44.10
4.	Obreno, Hannes	BEL	6:47.42
5.	Shcharbachenia, Stanislav	BLR	6:48.78
6.	Fournier Rodriguez, Angel	CUB	6:55.90

Zweier ohne Steuermann

1.	Neuseeland	NZL	6:59.71
2.	Südafrika	RSA	7:02.51
3.	Italien	ITA	7:04.52
4.	Großbritannien	GBR	7:07.99
5.	Frankreich	FRA	7:09.91
6.	Australien	AUS	7:11.60

Doppelzweier

1.	Kroatien	CRO	6:50.28
2.	Litauen	LTU	6:51.39
3.	Norwegen	NOR	6:53.25
4.	Italien	ITA	6:53.25
5.	Großbritannien	GBR	7:01.25
6.	Frankreich	FRA	7:02.06
8.	Deutschland	GER	6:58.86

Doppelzweier Leichtgewicht

1.	Frankreich	FRA	6:30.70
2.	Irland	IRL	6:31.23
3.	Norwegen	NOR	6:31.39
4.	Südafrika	RSA	6:33.29
5.	USA	USA	6:35.07
6.	Polen	POL	6:42.00
9.	Deutschland	GER	6:32.30

Vierer ohne Steuermann

1.	Großbritannien	GBR	5:58.61
2.	Australien	AUS	6:00.44
3.	Italien	ITA	6:03.85
4.	Südafrika	RSA	6:05.80
5.	Niederlande	NED	6:08.38
6.	Kanada	CAN	6:15.93
12.	Deutschland	GER	6:06.24

Vierer ohne – Leichtgewicht

1.	Schweiz	SUI	6:20.51
2.	Dänemark	DEN	6:21.97
3.	Frankreich	FRA	6:22.85
4.	Italien	ITA	6:25.52
5.	Neuseeland	NZL	6:28.14
6.	Griechenland	GRE	6:36.47
9.	Deutschland	GER	6:35.83

Doppelvierer

1.	Deutschland	GER	6:06.81
2.	Australien	AUS	6:07.96
3.	Estland	EST	6:10.65
4.	Polen	POL	6:12.09
5.	Großbritannien	GBR	6:13.08
6.	Ukraine	UKR	6:16.30

Achter

1.	Großbritannien	GBR	5:29.63
2.	Deutschland	GER	5:30.96
3.	Niederlande	NED	5:31.59
4.	USA	USA	5:34.23
5.	Polen	POL	5:34.62
6.	Neuseeland	NZL	5:36.64

Rugby

■ FRAUEN

1.	Australien	AUS
2.	Neuseeland	NZL
3.	Kanada	CAN
4.	Großbritannien	GBR
5.	USA	USA
6.	Frankreich	FRA
7.	Spanien	ESP
8.	Fidschi	FIJ

■ MÄNNER

1.	Fidschi	FIJ
2.	Großbritannien	GBR
3.	Südafrika	RSA
4.	Japan	JPN
5.	Neuseeland	NZL

STATISTIK

6.	Argentinien	ARG
7.	Frankreich	FRA
8.	Australien	AUS

Schießen

FRAUEN — Luftpistole

1.	Zhang, Mengxue	CHN	199.4
2.	Batsarashkina, Vitalina	RUS	197.1
3.	Korakaki, Anna	GRE	177.7
4.	Vazquez Zavala, Alejandra	MEX	157.1
5.	Elhodhod, Afaf	EGY	137.1
6.	Franquet, Sonia	ESP	116.5
7.	Velickovic, Bobana	SRB	96.4
8.	Korshunova, Ekaterina	RUS	73.5
25.	Karsch, Monika	GER	379.0

Luftgewehr

1.	Thrasher, Virginia	USA	208
2.	Du, Li	CHN	207
3.	Yi, Siling	CHN	185
4.	Engleder, Barbara	GER	165
5.	Vdovina, Daria	RUS	143
6.	Ahmadi, Elaheh	IRI	122
7.	Pejcic, Snjezana	CRO	102
8.	Scherer, Sarah	USA	78
13.	Gschwandtner, Selina	GER	414,8

Sportpistole

1.	Korakaki, Anna	GRE	8.0
2.	Karsch, Monika	GER	6.0
3.	Diethelm Gerber, Heidi	SUI	8.0
4.	Zhang, Jingling	CHN	4.0
5.	Salukvadze, Nino	GEO	14.0
5.	Korshunova, Ekaterina	RUS	16.0
5.	Jo, Yong-Suk	PRK	12.0
5.	Boneva, Antoaneta	BUL	11.0

Dreistellungskampf

1.	Engleder, Barbara	GER	458.6
2.	Zhang, Bin Bin	CHN	458.4
3.	Du, Li	CHN	447.4
4.	Zublasing, Petra	ITA	437.7
5.	Hofmann, Olivia	AUT	424.5
6.	Christen, Nina	SUI	414.8
7.	Bruns, Adela	CZE	404.3
8.	Khedmati, Najmeh	IRI	402.3
14.	Rösken, Eva	GER	579.0

Trap

1.	Skinner, Catherine	AUS	12.0
2.	Rooney, Natalie Ellen	NZL	11.0
3.	Cogdell, Corey	USA	13.0
4.	Galvez, Fatima	ESP	13.0
5.	Scanlan, Laetisha	AUS	10.0
6.	Rossi, Jessica	ITA	10.0
7.	Meyer, Cynthia	CAN	67.0
8.	Dmitriyenko, Mariya	KAZ	66.0
19.	Beckmann, Jana	GER	61.0

Skeet

1.	Bacosi, Diana	ITA	
2.	Cainero, Chiara	ITA	
3.	Rhode, Kimberly	USA	
4.	Wei, Meng	CHN	
5.	Craft, Morgan	USA	
6.	Hill, Amber	GBR	
7.	Shakirova, Albina	RUS	69
8.	Gil, Melisa	ARG	69
11.	Wenzel, Christine	GER	68

MÄNNER — Luftpistole

1.	Hoang, Xuan Vinh	VIE	202
2.	Wu, Felipe Almeida	BRA	202
3.	Pang, Wei	CHN	180
4.	Tuzinsky, Juraj	SVK	159
5.	Jin, Jong Oh	KOR	139
6.	Giordano, Giuseppe	ITA	118
7.	Gotscharow, Wladimir	RUS	98
8.	Rai, Jitu	IND	78

Luftgewehr

1.	Campriani, Niccolo	ITA	206.1
2.	Kulish, Sergey	UKR	204.6
3.	Maslennikov, Vladimir	RUS	184.2
4.	Bindra, Abhinav	IND	163.8
5.	Sidi, Peter	HUN	142.7
6.	Charheika, Illia	BLR	121.6
7.	Gorsa, Petar	CRO	101.0
VK	Justus, Julian	GER	622.8
VK	Janker, Michael	GER	620.8

Freie Pistole

1.	Jin, Jong Oh	KOR	193.7
2.	Hoang, Xuan Vinh	VIE	191.3
3.	Kim, Song Guk	PRK	172.8
4.	Han, Seung Woo	KOR	151.0
5.	Wang, Zhiwei	CHN	129.4
6.	Gontcharov, Vladimir	RUS	111.0
7.	Kopp, Pavol	SVK	91.4
8.	Pang, Wei	CHN	67.2

Schnellfeuerpistole

1.	Reitz, Christian	GER	34.0
2.	Quiquampoix, Jean	FRA	30.0
3.	Li, Yuehong	CHN	27.0
4.	Zhang, Fusheng	CHN	21.0
5.	Pupo, Leuris	CUB	18.0
6.	Mazzetti, Riccardo	ITA	10.0
7.	Singh, Gurpreet	IND	581/24
8.	Kim, Jun Hong	KOR	581/19
17.	Geis, Oliver	GER	577/22

Dreistellungskampf

1.	Campriani, Niccolo	ITA	458.8
2.	Kamenski, Sergey	RUS	458.5
3.	Raynald, Alexis	FRA	448.4
4.	Brodmeier, Daniel	GER	435.6
5.	Link, Andre	GER	424.6
6.	Zhu, Qinan	CHN	414.8
7.	Vlasov, Fedor	RUS	403.1
8.	Bryhn, Ole Kristian	NOR	400.4

KK-Gewehr

1.	Junghänel, Henri	GER	209.5
2.	Kim, Jonghyun	KOR	208.2
3.	Grigoryan, Kirill	RUS	187.3
4.	Kamenski, Sergey	RUS	165.8
5.	Bubnovich, Vitali	BLR	144.2
6.	de Nicolo, Marco	ITA	123.6
7.	Campriani, Niccolo	ITA	102.8
8.	Uea-Aree, Attapon	THA	80.8
37.	Brodmeier, Daniel	GER	619.2

Trap

1.	Glasnovic, Josip	CRO	13.0
2.	Pelliello, Giovanni	ITA	13.0
3.	Ling, Edward	GBR	13.0
4.	Kostelecky, David	CZE	9.0
5.	Kamar, Ahmed	EGY	12.0
6.	Fabbrizi, Massimo	ITA	11.0
7.	Almudhaf, Khaled	KUW	187.0
8.	Ilnam, Yavuz	TUR	186.0

Doppeltrap

1.	Aldeehani, Fehaid	IOP	26.0
2.	Innocenti, Marco	ITA	24.0
3.	Scott, Steven	GBR	30.0
4.	Kneale, Tim	GBR	28.0
5.	Willett, James	AUS	26.0
6.	Löw, Andreas	GER	25.0
7.	Richmond, Joshua	USA	135.0
8.	Hu, Binyuan	CHN	135.0

Skeet

1.	Rossetti, Gabriele	ITA	16.0
2.	Svensson, Marcus	SWE	15.0
3.	Alrashidi, Abdullah	IOP	16.0
4.	Milchev, Mykola	UKR	14.0
5.	Hansen, Jesper	DEN	14.0
6.	Nilsson, Stefan	SWE	14.0
7.	Delaunay, Eric	FRA	121.0
8.	Terras, Anthony	FRA	121.0
23.	Buchheim, Ralf	GER	116.0

Schwimmen

FRAUEN — 50 m Freistil

1.	Blume, Pernille	DEN	24.07
2.	Manuel, Simone	USA	24.09
3.	Herasimenia, Aleksandra	BLR	24.11
4.	Halsall, Francesca	GBR	24.13
5.	Campbell, Cate	AUS	24.15
6.	Kromowidjojo, Ranomi	NED	24.19
7.	Campbell, Bronte	AUS	24.42
8.	Medeiros, Etiene	BRA	24.69
14.	Brandt, Dorothea	GER	24.71

100 m Freistil

1.	Oleksiak, Penny	CAN	52.70
2.	Manuel, Simone	USA	52.70
3.	Sjöström, Sarah	SWE	52.99
4.	Campbell, Bronte	AUS	53.04
5.	Kromowidjojo, Ranomi	NED	53.08
6.	Campbell, Cate	AUS	53.24
7.	Weitzeil, Abbey	USA	53.30
8.	Ottesen, Jeanette	DEN	53.36

200 m Freistil

1.	Ledecky, Katie	USA	1:53.73
2.	Sjöström, Sarah	SWE	1:54.08
3.	McKeon, Emma	AUS	1:54.92
4.	Pellegrini, Federica	ITA	1:55.18
5.	Shen, Duo	CHN	1:55.25
5.	Barratt, Bronte	AUS	1:55.25
7.	Coleman, Michelle	SWE	1:56.27
8.	Bonnet, Charlotte	FRA	1:56.29
VK	Bruhn, Annika	GER	1:58.48

400 m Freistil

1.	Ledecky, Katie	USA	3:56.46
2.	Carlin, Jazmine	GBR	4:01.23
3.	Smith, Leah	USA	4:01.92
4.	Kapas, Boglarka	HUN	4:02.37
5.	MacLean, Brittany	CAN	4:04.69
6.	Cook, Tamsin	AUS	4:05.30
7.	Ashwood, Jessica	AUS	4:05.68
8.	Balmy, Coralie	FRA	4:06.98
VK	Köhler, Sarah	GER	4:06.55

800 m Freistil

1.	Ledecky, Katie	USA	8:04.79
2.	Carlin, Jazmine	GBR	8:16.17
3.	Kapas, Boglarka	HUN	8:16.37

ERGEBNISSE / STATISTIK

4.	Belmonte Garcia, Mireia	ESP	8:18.55
5.	Ashwood, Jessica	AUS	8:20.32
6.	Smith, Leah	USA	8:20.95
7.	Friis, Lotte	DEN	8:24.50
8.	Köhler, Sarah	GER	8:27.75
25.	Beck, Leonie	GER	8:47.47

100 m Brust
1.	King, Lilly	USA	1:04.93
2.	Efimova, Yuliya	RUS	1:05.50
3.	Meili, Katie	USA	1:05.69
4.	Shi, Jinglin	CHN	1:06.37
5.	Nicol, Rachel	CAN	1:06.68
6.	Luthersdottir, Hrafnhildur	ISL	1:07.18
7.	Meilutyte, Ruta	LTU	1:07.32
8.	Atkinson, Alia Shanee	JAM	1:08.10

200 m Brust
1.	Kaneto, Rie	JPN	2:20.30
2.	Efimova, Yuliya	RUS	2:21.97
3.	Shi, Jinglin	CHN	2:22.28
4.	Tutton, Chloe	GBR	2:22.34
5.	McKeon, Taylor	AUS	2:22.43
6.	Renshaw, Molly	GBR	2:22.72
7.	Smith, Kierra	CAN	2:23.19
8.	Møller Pedersen, Rikke	DEN	2:23.74

100 m Rücken
1.	Hosszu, Katinka	HUN	58.45
2.	Baker, Kathleen	USA	58.75
3.	Fu, Yuanhui	CHN	58.76
3.	Masse, Kylie	CAN	58.76
5.	Nielsen, Mie	DEN	58.80
6.	Smoliga, Olivia	USA	58.95
7.	Seebohm, Emily	AUS	59.19
8.	Wilson, Madison	AUS	59.23

200 m Rücken
1.	Dirado, Madeline	USA	2:05.99
2.	Hosszu, Katinka	HUN	2:06.05
3.	Caldwell, Hilary	CAN	2:07.54
4.	Ustinova, Daria	RUS	2:07.89
5.	Hocking, Belinda	AUS	2:08.02
6.	Coventry, Kirsty	ZIM	2:08.80
7.	Liu, Yaxin	CHN	2:09.03
8.	Gustafsdottir, Eyglo Osk	ISL	2:09.44
13.	Graf, Lisa	GER	2:09.56
16.	Mensing, Jenny	GER	2:10.15

100 m-Schmetterling
1.	Sjöström, Sarah	SWE	55.48
2.	Oleksiak, Penny	CAN	56.46
3.	Vollmer, Dana	USA	56.63
4.	Chen, Xinyi	CHN	56.72
5.	Lu, Ying	CHN	56.76
6.	Ikee, Rikako	JPN	56.86
7.	McKeon, Emma	AUS	57.05
8.	Ottesen Gray, Jeanette	DEN	57.17
VK	Wenk, Alexandra	GER	58.49

200 m Schmetterling
1.	Belmonte Garcia, Mireia	ESP	2:04.85
2.	Groves, Madeline	AUS	2:04.88
3.	Hoshi, Natsumi	JPN	2:05.20
4.	Adams, Cammile	USA	2:05.90
5.	Zhou, Yilin	CHN	2:07.37
6.	Zhang, Yufei	CHN	2:07.40
7.	Flickinger, Hali	USA	2:07.71
8.	Throssell, Brianna	AUS	2:07.87
HF	Hentke, Franziska	GER	2:07.67

200 m Lagen
1.	Hosszu, Katinka	HUN	2:06.58
2.	O'Connor, Siobhan-Marie	GBR	2:06.88
3.	Dirado, Madeline	USA	2:08.79
4.	Margalis, Melanie	USA	2:09.21
5.	Coutts, Alicia	AUS	2:10.88
6.	Pickrem, Sydney	CAN	2:11.22
7.	Andreeva, Viktoria	RUS	2:12.28
8.	Ye, Shiwen	CHN	2:13.58
VK	Wenk, Alexandra	GER	2:12.46

400 m Lagen
1.	Hosszu, Katinka	HUN	4:26.36
2.	Dirado, Madeline	USA	4:31.15
3.	Belmonte Garcia, Mireia	ESP	4:32.39
4.	Miley, Hannah	GBR	4:32.54
5.	Overholt, Emily	CAN	4:34.70
6.	Beisel, Elizabeth	USA	4:34.98
7.	Willmott, Aimee	GBR	4:35.04
8.	Shimizu, Sakiko	JPN	4:38.06
HF	Hentke, Franziska	GER	4:43.32

4 x 100 m Freistil
1.	Australien	AUS	3:30.65
2.	USA	USA	3:31.89
3.	Kanada	CAN	3:32.89
4.	Niederlande	NED	3:33.81
5.	Schweden	SWE	3:35.90
6.	Italien	ITA	3:36.78
7.	Frankreich	FRA	3:37.45
8.	Japan	JPN	3:37.78

4 x 200 m Freistil
1.	USA	USA	7:43.03
2.	Australien	AUS	7:44.87
3.	Kanada	CAN	7:45.39
4.	China	CHN	7:47.96
5.	Schweden	SWE	7:50.26
6.	Ungarn	HUN	7:51.03
7.	Russland	RUS	7:53.26
8.	Japan	JPN	7:56.85
VK	Deutschland	GER	7:56.74

4 x 100 m Lagen
1.	USA	USA	3:53.13
2.	Australien	AUS	3:55.00
3.	Dänemark	DEN	3:55.01
4.	China	CHN	3:55.18
5.	Kanada	CAN	3:55.49
6.	Russland	RUS	3:55.66
7.	Großbritannien	GBR	3:56.96
8.	Italien	ITA	3:59.50
12.	Deutschland	GER	4:02.19

10 km Frauen
1.	van Rouwendaal, Sharon	NED	1:56:32.1
2.	Bruni, Rachele	ITA	1:56:49.5
3.	Okimoto Cintra, Poliana	BRA	1:56:51.4
4.	Xin, Xin	CHN	1:57:14.4
5.	Anderson, Haley	USA	1:57:20.2
6.	Härle, Isabelle	GER	1:57:22.1
7.	Payne, Keri-Anne	GBR	1:57:23.9
8.	Krapivina, Anastasia	RUS	1:57:25.9

Synchronschwimmen Duett
1.	Russland	RUS	194.9910
2.	China	CHN	192.3688
3.	Japan	JPN	188.0547
4.	Ukraine	UKR	187.1358
5.	Spanien	ESP	92.5024
6.	Italien	ITA	90.4412
7.	Kanada	CAN	89.2916
8.	Frankreich	FRA	86.2824

Synchronschwimmen Gruppe
1.	Russland	RUS	196.1439
2.	China	CHN	192.9841
3.	Japan	JPN	189.2056
4.	Ukraine	UKR	188.6080
5.	Italien	ITA	183.3809
6.	Brasilien	BRA	171.9985
7.	Ägypten	EGY	155.5505
8.	Australien	AUS	149.5000

■ MÄNNER

50 m Freistil
1.	Ervin, Anthony	USA	21.40
2.	Manaudou, Florent	FRA	21.41
3.	Adrian, Nathan	USA	21.49
4.	Proud, Benjamin	GBR	21.68
5.	Govorov, Andrey	UKR	21.74
6.	Fratus, Bruno	BRA	21.79
6.	Tandy, Bradley Edward	USA	21.79
8.	Bilis, Simonas	LTU	22.08
19.	Wierling, Damian	GER	22.18

100 m Freistil
1.	Chalmers, Kyle	AUS	47.58
2.	Timmers, Pieter	BEL	47.80
3.	Adrian, Nathan	USA	47.85
4.	Condorelli, Santo	CAN	47.88
5.	Scott, Duncan	GBR	48.01
6.	Dressel, Caeleb	USA	48.02
7.	McEvoy, Cameron	AUS	48.12
8.	Chierighini, Marcelo	BRA	48.41
HF	Wierling, Damian	GER	48.66
VK	Hornikel, Björn	GER	49.62

200 m Freistil
1.	Sun, Yang	CHN	1:44.65
2.	le Clos, Chad Guy	RSA	1:45.20
3.	Dwyer, Conor	USA	1:45.23
4.	Guy, James	GBR	1:45.49
5.	Haas, Francis	USA	1:45.58
6.	Biedermann, Paul	GER	1:45.84
7.	Hagino, Kosuke	JPN	1:45.90
8.	Krasnykh, Aleksander	RUS	1:45.91
VK	Fildebrandt, Christoph	GER	1:47.81

400 m Freistil
1.	Horton, Mack	AUS	3:41.55
2.	Sun, Yang	CHN	3:41.68
3.	Detti, Gabriele	ITA	3:43.49
4.	Dwyer, Conor	USA	3:44.01
5.	Jaeger, Connor	USA	3:44.16
6.	Guy, James	GBR	3:44.68
7.	McKeon, David	AUS	3:45.28
8.	Pothain, Jordan	FRA	3:49.07
9.	Vogel, Florian	GER	3:45.49
24.	Rapp, Clemens	GER	3:49.10

1.500 m Freistil
1.	Paltrinieri, Gregorio	ITA	14:34.57
2.	Jaeger, Connor	USA	14:39.48
3.	Detti, Gabriele	ITA	14:40.86
4.	Wilimovsky, Jordan	USA	14:45.03
5.	Horton, Mack	AUS	14:49.54
6.	Cochrane, Ryan	CAN	14:49.61
7.	Joly, Damien	FRA	14:52.73
8.	Christiansen, Henrik	NOR	15:02.66
32.	Wellbrock, Florian	GER	15:23.88

100 m Brust
1.	Peaty, Adam	GBR	57.13
2.	van der Burgh, Cameron	RSA	58.69
3.	Miller, Cody	USA	58.87
4.	Cordes, Kevin	USA	59.22
5.	Gomes Junior, Joao	BRA	59.31

STATISTIK

6.	Koseki, Yasuhiro	JPN	59.37
7.	Franca da Silva, Felipe A.	BRA	59.38
8.	Balandin, Dmitri	KAZ	59.95
HF	vom Lehn, Christian	GER	1:00.23

200 m Brust

1.	Balandin, Dmitri	KAZ	2:07.46
2.	Prenot, Josh	USA	2:07.53
3.	Chupkov, Anton	RUS	2:07.70
4.	Willis, Andrew	GBR	2:07.78
5.	Koseki, Yasuhiro	JPN	2:07.80
6.	Watanabe, Ippei	JPN	2:07.87
7.	Koch, Marco	GER	2:08.00
8.	Cordes, Kevin	USA	2:08.34

100 m Rücken

1.	Murphy, Ryan	USA	51.97
2.	Xu, Jiayu	CHN	52.31
3.	Plummer, David	USA	52.40
4.	Larkin, Mitch	AUS	52.43
5.	Lacourt, Camille	FRA	52.70
6.	Rylov, Evgeni	RUS	52.74
7.	Irie, Ryosuke	JPN	53.42
8.	Glinta, Robert Andrei	ROU	53.50
HF	Glania, Jan-Philip	GER	53.94

200 m Rücken

1.	Murphy, Ryan	USA	1:53.62
2.	Larkin, Mitch	AUS	1:53.96
3.	Rylov, Evgeni	RUS	!:53.97
4.	Xu, Jiayu	CHN	1:55.16
5.	Pebley, Jacob	USA	1:55.52
6.	Li, Guanyyuan	CHN	1:55.89
7.	Diener, Christian	GER	1:56.70
8.	Irie, Ryosuke	JPN	1:56.36
HF	Glania, Jan-Philip	GER	1:56.53

100 m Schmetterling

1.	Schooling, Joseph Isaac	SIN	50.39
2.	Cseh, Laszlo	HUN	51.14
2.	Phelps, Michael	USA	51.14
2.	le Clos, Chad Guy	RSA	51.14
5.	Li, Zhuhao	CHN	51.26
6.	Metella, Medhy	FRA	51.58
7.	Shields, Thomas	USA	51.73
8.	Sadovnikov, Aleksander	RUS	51.84
18.	Deibler, Steffen	GER	53.14

200 m Schmetterling

1.	Phelps, Michael	USA	1:53.36
2.	Sakai, Masato	JPN	1:53.40
3.	Kenderesi, Tamas	HUN	1:53.62
4.	le Clos, Chad Guy	RSA	1:54.06
5.	Seto, Daiya	JPN	1:54.82
6.	Bromer, Viktor B	DEN	1:55.64
7.	Cseh, Laszlo	HUN	1:56.24
8.	Croenen, Louis	BEL	1:57.04

200 m Lagen

1.	Phelps, Michael	USA	1:54.66
2.	Hagino, Kosuke	JPN	1:56.61
3.	Wang, Shun	CHN	1:57.05
4.	Fujimori, Hiromasa	JPN	1:57.21
5.	Lochte, Ryan	USA	1:57.47
6.	Heintz, Philip	GER	1:57.48
7.	Pereira, Thiago	BRA	1:58.02
8.	Wallace, Daniel	GBR	1:58.54

400 m Lagen

1.	Hagino, Kosuke	JPN	4:06.05
2.	Kalisz, Chase	USA	4:06.75
3.	Seto, Daiya	JPN	4:09.71
4.	Litchfield, Max	GBR	4:11.62
5.	Litherland, Jay	USA	4:11.68
6.	Fraser-Holmes, Thomas	AUS	4:11.90
7.	Mahoney, Travis	AUS	4:15.48
8.	Pons Ramon, Joan Lluis	ESP	4:16.58
18.	Hintze, Johannes	GER	4:18.25
DQ	Heidtmann, Jacob	GER	

4 x 100 m Freistil

1.	USA	USA	3:09.92
2.	Frankreich	FRA	3:10.53
3.	Australien	AUS	3:11.37
4.	Russland	RUS	3:11.64
5.	Brasilien	BRA	3:13.21
6.	Belgien	BEL	3:13.57
7.	Kanada	CAN	3:14.35
8.	Japan	JPN	3:14.48
VK	Deutschland	GER	3:14.97

4 x 200 m Freistil

1.	USA	USA	7:00.66
2.	Großbritannien	GBR	7:03.13
3.	Japan	JPN	7:03.50
4.	Australien	AUS	7:04.18
5.	Russland	RUS	7:05.70
6.	Deutschland	GER	7:07.28
7.	Niederlande	NED	7:09.10
8.	Belgien	BEL	7:11.64

4 x 100 m Lagen

1.	USA	USA	3:27.95
2.	Großbritannien	GBR	3:29.24
3.	Australien	AUS	3:29.93
4.	Russland	RUS	3:31.30
5.	Japan	JPN	3:31.97
6.	Brasilien	BRA	3:32.84
7.	Deutschland	GER	3:33.50
DQ	China	CHN	

10 km

1.	Weertman, Ferry	NED	1:52:59.8
2.	Gianniotis, Spyridon	GRE	1:52:59.8
3.	Olivier, Marc-Antoine	FRA	1:53:02.0
4.	Zu, Lijun	CHN	1:53:02.0
5.	Wilimovsky, Jordan	USA	1:53:03.2
6.	Ruffini, Simone	ITA	1:53:03.5
7.	Vanelli, Federico	ITA	1:53:03.9
8.	Hirai, Yasunari	JPN	1:53:04.6
9.	Reichert, Christian	GER	1:53:04.7

Segeln

■ FRAUEN

470er

1.	Großbritannien	GBR	52.0
2.	Neuseeland	NZL	75.0
3.	Frankreich	FRA	80.0
4.	Niederlande	NED	78.0
5.	Japan	JPN	85.0
6.	Slowenien	SLO	88.0
7.	USA	USA	79.0
8.	Brasilien	BRA	97.0
18.	Deutschland	GER	142.0

RS:X

1.	Picon, Charline	FRA	64.0
2.	Chen, Pei-Na	CHN	66.0
3.	Elfutina, Stefania	RUS	69.0
4.	de Geus, Lilian	NED	70.0
5.	Alabau Neira, Marina	ESP	71.0
6.	Tartaglini, Flavia	ITA	71.0
7.	Davidovich, Maayan	ISR	78.0
8.	Freitas, Patricia	BRA	80.0

Laser Radial

1.	Bouwmeester, Marit	NED	61.0
2.	Murphy, Annalise	IRL	67.0
3.	Rindom, Anne-Marie	DEN	71.0
4.	van Acker, Evi	BEL	78.0
5.	Tenkanen, Tuula	FIN	86.6
6.	Olsson, Josefin	SWE	90.0
7.	Scheidt, Gintare	LTU	90.0
8.	Young, Alison	GBR	93.0

49er FX

1.	Brasilien	BRA	48.0
2.	Neuseeland	NZL	51.0
3.	Dänemark	DEN	54.0
4.	Spanien	ESP	60.0
5.	Italien	ITA	82.0
6.	Frankreich	FRA	97.0
7.	Großbritannien	GBR	101.0
9.	Deutschland	GER	110.0

■ MIXED

Nacra 17

1.	Argentinien	ARG	77.0
2.	Australien	AUS	78.0
3.	Österreich	AUT	78.0
4.	Neuseeland	NZL	81.0
5.	Italien	ITA	84.0
6.	Frankreich	FRA	93.0
7.	Schweiz	SUI	100.0
8.	USA	USA	106.0
13.	Deutschland	GER	112.0

■ MÄNNER

Finn Dinghi

1.	Scott, Giles	GBR	36.0
2.	Zbogar, Vasilij	SLO	68.0
3.	Paine, Caleb	USA	76.0
4.	Zarif, Jorge	BRA	87.0
5.	Kljakovic Gaspic, Ivan	CRO	89.0
6.	Salminen, Max	SWE	90.0
7.	Junior, Joshua	NZL	92.0
8.	Lilley, Jake	AUS	97.0

470er

1.	Kroatien	CRO	43.0
2.	Australien	AUS	58.0
3.	Griechenland	GRE	58.0
4.	USA	USA	71.0
5.	Großbritannien	GBR	75.0
6.	Schweden	SWE	79.0
7.	Frankreich	FRA	87.0
8.	Österreich	AUT	87.0
11.	Deutschland	GER	94.0

RS:X

1.	van Rijsselberge, Dorian	NED	25.0
2.	Dempsey, Nick	GBR	52.0
3.	le Coq, Pierre	FRA	86.0
4.	Myszka, Piotr	POL	88.0
5.	Kokkalanis, Vyron	GRE	96.0
6.	Wilhelm, Toni	GER	100.0
7.	Santos, Ricardo	BRA	118.0
8.	Cheng, Chun Leung M.	HKG	126.0

Laser

1.	Burton, Tom	AUS	73.0
2.	Stipanovic, Tonci	CRO	75.0
3.	Meech, Sam	NZL	85.0
4.	Scheidt, Robert	BRA	89.0
5.	Bernaz, Jean-Baptiste	FRA	90.0
6.	Thompson, Nick	GBR	103.0
7.	Kontides, Pavlos	CYP	104.0
8.	Maegli, Juan Ignacio	GUA	117.0
14.	Buhl, Philipp	GER	126.0

168 — 169

ERGEBNISSE / STATISTIK

49er

1.	Neuseeland	NZL	35.0
2.	Australien	AUS	78.0
3.	Deutschland	GER	83.0
4.	Dänemark	DEN	98.0
5.	Frankreich	FRA	100.0
6.	Großbritannien	GBR	100.0
7.	Argentinien	ARG	111.0
8.	Polen	POL	118.0

Taekwondo

■ FRAUEN

49 kg

1.	Kim, So-Hui	KOR
2.	Bogdanovic, Tijana	SRB
3.	Wongpattanakit, Panipak	THA
3.	Abakarova, Patimat	AZE
5.	Manjarrez Bastidas, Itzel A.	MEX
5.	Aziez, Yasmina	FRA
7.	Wu, Jingyu	CHN
7.	Diez Canseco, Julissa	PER

57 kg

1.	Jones, Jade	GBR
2.	Calvo Gomez, Eva	ESP
3.	Wahba, Hedaya	EGY
3.	Alizadeh Znoorin, Kimia	IRI
5.	Glasnovic, Nikita	SWE
5.	Asemani, Raheleh	BEL
7.	Harnsujin, Phannapa	THA
7.	Bakkal, Naima	MAR

67 kg

1.	Oh, Hye-Ri	KOR
2.	Niare, Haby	FRA
3.	Tatar, Nur	TUR
3.	Gbagbi, Ruth Marie C.	CIV
5.	Chuang, Chia-Chia	TPE
5.	Azizova, Farida	AZE
7.	Pagnotta, Melissa	CAN
7.	Louissaint, Aniya Necol	HAI
9.	Gülec, Rabia	GER

+ 67 kg

1.	Zheng, Shuyin	CHN
2.	Espinoza, Maria	MEX
3.	Galloway, Jackie	USA
3.	Walkden, Bianca	GBR
5.	Epangue, Gwladys	FRA
5.	Dislam, Wiam	MAR
7.	Rawal, Nisha	NEP
7.	Alora, Kirstie Elaine	PHI

■ MÄNNER

58 kg

1.	Zhao, Shuai	CHN
2.	Hanprab, Tawin	THA
3.	Pie, Lusito	DOM
3.	Kim, Tae-Hun	KOR
5.	Tortosa Cabrera, Jesus	ESP
5.	Navarro Valdez, Carlos R.	MEX
7.	Khalil, Safwan	AUS
7.	Hajjami, Omar	MAR
DQ	Tuncat, Levent	GER

68 kg

1.	Abughaus, Ahmad	JOR
2.	Denisenko, Aleksey	RUS
3.	Lee, Dae-Hoon	KOR
3.	Gonzalez Bonilla, Joel	ESP
5.	Contreras, Edgar	VEN
5.	Achab, Jaouad	BEL
7.	Tazeguel, Servet	TUR
7.	Ahmed, Ghofran	EGY

80 kg

1.	Cisse, Cheikh Sallah	CIV
2.	Muhammad, Lutalo	GBR
3.	Oueslati, Oussama	TUN
3.	Beigi Harchegani, Milad	AZE
5.	Pazinski, Piotr	POL
5.	Lopez, Steven	USA
7.	Shkara, Hayder	AUS
7.	Gülec, Tahir	GER

+ 80 kg

1.	Isaev, Radik	AZE
2.	Issoufou Alfaga, Abdoulrazak	NIG
3.	Siqueira, Maicon	BRA
3.	Cha, Dong-Min	KOR
5.	Cho, Mahama	GBR
5.	Shokin, Dmitri	UZB
7.	N'Diaye, M'bar	FRA
7.	Zhaparov, Ruslan	KAZ

Tennis

■ FRAUEN

Einzel

1.	Puig, Monica	PUR
2.	Kerber, Angelique	GER
3.	Kvitova, Petra	CZE
4.	Keys, Madison	USA
5.	Siegemund, Laura	GER
5.	Konta, Johanna	GBR
5.	Kasatkina, Daria	RUS
5.	Svitolina, Elina	UKR
VK	Beck, Annika	GER
VK	Petkovic, Andrea	GER

Doppel

1.	Russland	RUS
2.	Schweiz	SUI
3.	Tschechien	CZE
4.	Tschechien	CZE
5.	Taiwan	TPE
5.	Russland	RUS
5.	Spanien	ESP
5.	Italien	ITA
VK	Deutschland	GER
VK	Deutschland	GER

■ MIXED

1.	USA	USA
2.	USA	USA
3.	Tschechien	CZE
4.	Indien	IND
5.	Italien	ITA
5.	Großbritannien	GBR
5.	Rumänien	ROU
5.	Brasilien	BRA

■ MÄNNER

Einzel

1.	Murray, Andy	GBR
2.	del Potro, Juan Martin	ARG
3.	Nishikori, Kei	JPN
4.	Nadal, Rafael	ESP
5.	Bautista Agut, Roberto	ESP
5.	Monfils, Gael	FRA
5.	Johnson, Steve	USA
5.	Bellucci, Thomaz	BRA
ZK	Kohlschreiber, Philipp	GER
VK	Brown, Dustin	GER
VK	Struff, Jan-Lennard	GER

Doppel

1.	Spanien	ESP
2.	Rumänien	ROU
3.	USA	USA
4.	Kanada	CAN
5.	Itallien	ITA
5.	Österreich	AUT
5.	Spanien	ESP
5.	Brasilien	BRA

Tischtennis

■ FRAUEN

Einzel

1.	Ding, Ning	CHN
2.	Li, Xiao Xia	CHN
3.	Kim Song-I	PRK
4.	Fukuhara, Ai	JPN
5.	Han, Ying	GER
5.	Feng, Tian Wei	SIN
5.	Cheng, I-Ching	TPE
5.	Yu, Meng Yu	SIN
17.	Solja, Petrissa	GER

Mannschaft

1.	China	CHN
2.	Deutschland	GER
3.	Japan	JPN
4.	Singapur	SIN
5.	Österreich	AUT
5.	Hongkong	HKG
5.	Korea	KOR
5.	Nordkorea	PRK

■ MÄNNER

Einzel

1.	Ma, Long	CHN
2.	Zhang, Jike	CHN
3.	Mizutani, Jun	JPN
4.	Samsonov, Vladimir	BLR
5.	Aruna, Quadri	NGR
5.	Niwa, Koki	JPN
5.	Freitas, Marcos	POR
5.	Ovtcharov, Dmitri	GER
ZK	Boll, Timo	GER

Mannschaft

1.	China	CHN
2.	Japan	JPN
3.	Deutschland	GER
4.	Korea	KOR
5.	Österreich	AUT
5.	Hongkong	HKG
5.	Schweden	SWE
5.	Großbritannien	GBR

Trampolinturnen

■ FRAUEN

1.	MacLennan, Rosannagh	CAN	56.465
2.	Page, Bryony	GBR	56.040
3.	Li, Dan	CHN	55.885
4.	He, Wena	CHN	55.570
5.	Piatrenia, Tatyana	BLR	54.650
6.	Driscol, Katherine	GBR	53.645

7.	Golovina, Luba	GEO	51.010
8.	Harchonak, Hanna	BLR	5.700
10.	Adam, Leonie	GER	97.885

■ **MÄNNER**

1.	Hancharov, Vladiszlav	BLR	61.745
2.	Dong, Dong	CHN	60.535
3.	Gao, Lei	CHN	60.175
4.	Munetomo, Ginga	JPN	59.535
5.	Ushakov, Dmitri	RUS	59.525
6.	Ito, Masaki	JPN	58.800
7.	Schmidt, Dylan	NZL	57.140
8.	Yudin, Andrei	RUS	6.815

Triathlon

■ **FRAUEN**

1.	Jorgensen, Gwen	USA	1:56.16
2.	Spirig, Nicola	SUI	1:56.56
3.	Holland, Vicky	GBR	1:57.01
4.	Stanford, Non	GBR	1:57.04
5.	Riveros Diaz, Barbara	CHI	1:57.29
6.	Moffatt, Emma	AUS	1:57.55
7.	Hewitt, Andrea	NZL	1:58.15
8.	Duffy, Flora	BER	1:58.25
28.	Lindemann, Laura	GER	2:01.52
36.	Haug, Anne	GER	2:02.56

■ **MÄNNER**

1.	Brownlee, Alistair	GBR	1:45.01
2.	Brownlee, Jonathan	GBR	1:45.07
3.	Schoeman, Henri	RSA	1:45.43
4.	Murray, Richard	RSA	1:45.50
5.	Pereira Ferreira, Joao	POR	1:45.52
6.	van Riel, Marten	BEL	1:46.03
7.	Luis, Vincent	FRA	1:46.12
8.	Mola, Mario	ESP	1:46.26

Volleyball

■ **FRAUEN**

1.	China	CHN
2.	Serbien	SRB
3.	USA	USA
4.	Niederlande	NED
5.	Korea	KOR
5.	Brasilien	BRA
5.	Japan	JPN
5.	Russland	RUS

■ **MÄNNER**

1.	Brasilien	BRA
2.	Italien	ITA
3.	USA	USA
4.	Russland	RUS
5.	Argentinien	ARG
5.	Iran	IRI
5.	Polen	POL
5.	Kanada	CAN

Wasserball

■ **FRAUEN**

1.	USA	USA
2.	Italien	ITA
3.	Russland	RUS
4.	Ungarn	HUN
5.	Spanien	ESP
6.	Australien	AUS
7.	China	CHN
8.	Brasilien	BRA

■ **MÄNNER**

1.	Serbien	SRB
2.	Kroatien	CRO
3.	Italien	ITA
4.	Montenegro	MNG
5.	Ungarn	HUN
6.	Griechenland	GRE
7.	Spanien	ESP
8.	Brasilien	BRA

Wasserspringen

■ **FRAUEN** — Synchron 3 m

1.	China	CHN	345.60
2.	Italien	ITA	313.83
3.	Australien	AUS	299.19
4.	Kanada	CAN	298.32
5.	Malaysia	MAS	293.40
6.	Großbritannien	GBR	292.83
7.	Deutschland	GER	284.25
8.	Brasilien	BRA	258.75

Synchron 10 m

1.	China	CHN	354.00
2.	Malaysia	MAS	344.34
3.	Kanada	CAN	336.18
4.	Nordkorea	PRK	322.44
5.	Großbritannien	GBR	319.44
6.	Mexiko	MEX	304.08
7.	USA	USA	301.02
8.	Brasilien	BRA	280.98

Kunstspringen 3 m

1.	Shi, Tingmao	CHN	406.05
2.	He, Zi	CHN	387.90
3.	Cagnotto, Tania	ITA	372.80
4.	Abel, Jennifer	CAN	367.25
5.	Keeney, Maddison	AUS	349.65
6.	Qin, Esther	AUS	344.10
7.	Ware, Pamela	CAN	323.15
8.	Reid, Grace	GBR	318.60
9.	Subschinski, Nora	GER	317.10
17.	Punzel, Tina	GER	291.60

Kunstspringen 10 m

1.	Ren, Qian	CHN	439.25
2.	Si, Yajie	CHN	419.40
3.	Benfeito, Meaghan	CAN	389.20
4.	Espinosa Sanchez, Paola	MEX	377.10
5.	Wu, Melissa	AUS	368.30
6.	Filion, Roseline	CAN	367.95
7.	Kim, Un Hyang	PRK	357.90
8.	Itahashi, Minami	JPN	356.60
17.	Wassen, Elena	GER	276.40
21.	Kurjo, Maria	GER	287.00

■ **MÄNNER** — Synchron 3 m

1.	Großbritannien	GBR	454.32
2.	USA	USA	450.21
3.	China	CHN	443.70
4.	Deutschland	GER	410.10
5.	Mexiko	MEX	405.30
6.	Italien	ITA	395.19
7.	Russland	RUS	385.17
8.	Brasilien	BRA	332.61

Synchron 10 m

1.	China	CHN	496.98
2.	USA	USA	457.11
3.	Großbritannien	GBR	444.45
4.	Deutschland	GER	438.42
5.	Mexiko	MEX	423.30
6.	Ukraine	UKR	421.98
7.	Russland	RUS	417.57
8.	Brasilien	BRA	368.52

Kunstspringen 3 m

1.	Cao, Yuan	CHN	547.60
2.	Laugher, Jack	GBR	523.85
3.	Hausding, Patrick	GER	498.90
4.	Kuznetsov, Evgeny	RUS	481.35
5.	Ipsen, Kristian	USA	475.80
6.	Kvasha, Illya	UKR	475.10
7.	Pacheco, Rommel	MEX	451.20
8.	Dingley, Oliver	IRL	442.90
17.	Feck, Stephan	GER	354.20

Kunstspringen 10 m

1.	Chen, Aisen	CHN	585.30
2.	Sanchez, German	MEX	532.70
3.	Boudia, David Alasdair	USA	525.25
4.	Auffret, Benjamin	FRA	507.35
5.	Wolfram, Martin	GER	492.90
6.	Qiu, Bo	CHN	488.20
7.	Quintero, Rafael	PUR	485.35
8.	Minibaev, Viktor	RUS	481.60
9.	Klein, Sascha	GER	424.15

MEDAILLENSPIEGEL

Platz	Land	GOLD	SILBER	BRONZE
1	USA	46	37	38
2	Großbritannien	27	23	17
3	Volksrepublik China	26	18	26
4	Russland	19	18	19
5	Deutschland	17	10	15
6	Japan	12	8	21
7	Frankreich	10	18	14
8	Südkorea	9	3	9
9	Italien	8	12	8
10	Australien	8	11	10
11	Niederlande	8	7	4
12	Ungarn	8	3	4
13	Brasilien	7	6	6
14	Spanien	7	4	6
15	Kenia	6	6	1
16	Jamaika	6	3	2
17	Kroatien	5	3	2
18	Kuba	5	2	4
19	Neuseeland	4	9	5
20	Kanada	4	3	15
21	Usbekistan	4	2	7
22	Kasachstan	3	5	9
23	Kolumbien	3	2	3
24	Schweiz	3	2	2
25	Iran	3	1	4
26	Griechenland	3	1	2
27	Argentinien	3	1	0
28	Dänemark	2	6	7
29	Schweden	2	6	3
30	Südafrika	2	6	2
31	Ukraine	2	5	4
32	Serbien	2	4	2
33	Polen	2	3	6
34	Nordkorea	2	3	2
35	Belgien	2	2	2
	Thailand	2	2	2
37	Slowakei	2	2	0
38	Georgien	2	1	4
39	Aserbaidschan	1	7	10
40	Weißrussland	1	4	4
41	Türkei	1	3	4
42	Armenien	1	3	0
43	Tschechien	1	2	7
44	Äthiopien	1	2	5
45	Slowenien	1	2	1
46	Indonesien	1	2	0
47	Rumänien	1	1	3
48	Bahrain	1	1	0
	Vietnam	1	1	0
50	Taiwan	1	0	2
51	Bahamas	1	0	1
	Elfenbeinküste	1	0	1
	Unab. Olympiateilnehmer	1	0	1
54	Fidschi	1	0	0
	Jordanien	1	0	0

Platz	Land	GOLD	SILBER	BRONZE
	Kosovo	1	0	0
	Puerto Rico	1	0	0
	Singapur	1	0	0
	Tadschikistan	1	0	0
60	Malaysia	0	4	1
61	Mexiko	0	3	2
62	Algerien	0	2	0
	Irland	0	2	0
64	Litauen	0	1	3
65	Bulgarien	0	1	2
	Venezuela	0	1	2
67	Indien	0	1	1
	Mongolei	0	1	1
69	Burundi	0	1	0
	Grenada	0	1	0
	Katar	0	1	0
	Niger	0	1	0
	Philippinen	0	1	0
74	Norwegen	0	0	4
75	Tunesien	0	0	3
	Ägypten	0	0	3
77	Israel	0	0	2
78	Dominikan. Republik	0	0	1
	Estland	0	0	1
	Finnland	0	0	1
	Marokko	0	0	1
	Moldawien	0	0	1
	Nigeria	0	0	1
	Portugal	0	0	1
	Trinidad und Tobago	0	0	1
	Ver. Arabische Emirate	0	0	1
	Österreich	0	0	1

Europäische Union | 106 | 109 | 110

Vergleich der Kontinente

		GOLD	SILBER	BRONZE
1	Europa	135	145	152
2	Amerika	76	59	74
3	Asien	73	65	103
4	Australien	12	20	15
5	Afrika	10	18	8

Medaillengewinner, die des Dopings beschuldigt wurden, bleiben solange in den Siegerlisten, bis das Urteil rechtsgültig ist.

WWW.WERKSTATT-VERLAG.DE

Hardy Grüne / Dietrich Schulze-Marmeling
Das goldene Buch des deutschen Fußballs
496 Seiten
ISBN 978-3-7307-0314-4
39,90 €

Neuauflage mit EURO 2016

Bernd-M. Beyer / Dietrich Schulze-Marmeling (Hrsg.)
Das Goldene Buch der Fußball-Weltmeisterschaft
448 Seiten
ISBN: 978-3-7307-0159-1
29,90 €

»Delikatesse in Gold«
(FAZ)

»Grandios«
(Tagesspiegel)

»Nicht weniger als eine quasi lückenlose Gesamtschau des Spiels von den Anfängen um 1870 bis in die Gegenwart.«
(11Freunde)

Basketball Bundesliga GmbH (Hrsg.)
50 Jahre Basketball Bundesliga
220 Seiten
ISBN: 978-3-7307-0242-0
29,90 €

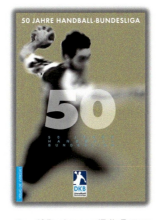

Arnulf Beckmann/Erik Eggers
50 Jahre Handball-Bundesliga
272 Seiten
ISBN: 978-3-7307-0283-3
29,90 €

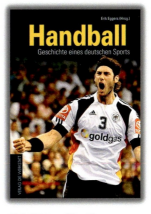

Erik Eggers (Hrsg.)
Handball Geschichte eines deutschen Sports
464 Seiten
ISBN: 978-3-7307-0085-3
29,90 €

Bernd Imgrund
1000 verrückte Tischtennis-Tatsachen
208 Seiten
ISBN: 978-3-89533-868-7
12,90 €

Richard Abraham
Tour de France 20 legendäre Anstiege
224 Seiten
ISBN: 978-3-7307-0259-8
34,90 €

Lars Christensen
Intuitives Bogenschießen Übungen für Technik und Geist
126 Seiten
ISBN: 978-3-7307-0167-6
16,90 €

WWW.FACEBOOK.COM/VERLAGDIEWERKSTATT